ISBN: 978-84-615-3838-6

© 201099901556428

Diseño de cubierta : Nicolás Tomé

Ilustración de cubierta : Oleo del pintor francés Laumosnier (1690-1725), actualmente expuesto en el Museo de Tesse (Le Mans - Francia), representando la entrevista de Luís XIV y de Felipe IV en la isla de los Faisanes, en 1659. Se distingue detrás de Felipe IV de España a su hija María-Teresa de Austria, futura reina de Francia.
El Tratado de los Pirineos, también llamado Paz de los Pirineos, fue firmado por las coronas de las monarquías española y francesa, el 7 de noviembre de 1659, en la Isla de los Faisanes (río Bidasoa, frontera franco-española), para poner fin a un conflicto iniciado en 1635, durante la Guerra de los Treinta Años (1618-1648). Los soberanos Luís XIV de Francia y Felipe IV de España, están representados por sus Primeros ministros respectivos, el cardenal Mazarino y Don Luís de Haro

Mi pequeña
HISTORIA DE FRANCIA

Mi pequeña HISTORIA DE FRANCIA

Mª Teresa Uralde Guichard   www.mariateresauralde.com

Agradecimientos

A Pino, mi marido, por su infinita paciencia, su apoyo incondicional, su amor y su ayuda. Sin él no lo hubiera logrado.
A mi hija Alida por ser mi primera "fan".
A mi hijo Fabio por "prestarme" su preciosa voz, para el audio de este libro.
A mi madre Solange y a mi tío Txiqui, por su crítica constructiva.
A mi amiga Frédérique por su amistad y especialmente por toda la ayuda que me ha brindado.
A mis amigos Merche y Andrés, que me han ayudado tanto.
A mis amigas Adita y Monique, por haberme apoyado en este proyecto y haberme dado excelentes consejos.

Ilustraciones del dominio público que provienen de Wikipedia salvo fotografías y documentos personales, propiedad exclusiva del autor de este libro - derechos de reproducción reservados.

Todos los derechos de traducción, reproducción y adaptación de cualquier extracto de este libro por cualquiera que sea el procedimiento, particularmente por fotocopia o microfilm, reservados para todo país.

ÍNDICE

TIEMPOS LEJANOS – LOS PRIMEROS HOMBRES

Los Galos	pag. 15
La Conquista Romana	pag. 20
Las Grandes Invasiones	pag. 26
El Nacimiento de Francia	pag. 29
Carlomagno	pag. 34
Los Normandos	pag. 40

EN TIEMPOS DE SEÑORES FEUDALES Y DE PRIMEROS GRANDES REYES DE FRANCIA

La Época Feudal	pag. 45
Los Reyes Capetos	pag. 50
La Iglesia y las Cruzadas	pag. 59
El Final de la Edad Media	pag. 66
El Final de los Capetos y la Guerra de los Cien Años	pag. 68

NUEVOS TIEMPOS – EL RENACIMIENTO

Un Gran Rey, Luís XI	pag. 82
Grandes Inventos	pag. 86
Grandes Descrubrimientos	pag. 89
El Renacimiento	pag. 91
La Reforma y la "Guerra Monstruosa"	pag. 96
El Buen Rey Enrique IV	pag. 100

LOS REYES ABSOLUTISTAS

Luís XIII y Richelieu preparan la Monarquía Absolutista	pag. 105
Luís XIV, Rey Absolutista	pag. 109
Francia bajo el reinado de Luís XV	pag. 121
Luís XVI	pag. 125

LA REVOLUCIÓN Y NAPOLEÓN PRIMERO

Las Grandes Jornadas de la Revolución Francesa	pag. 130
La Caída de la Monarquía	pag. 136
La Convención Nacional	pag. 138
El Directorio	pag. 143
El Consulado y el Imperio	pag. 147

LA REPÚBLICA

Retorno de la Monarquía, el Segundo Imperio y la República	pag. 155
La Revolución de 1848 y la Segunda República	pag. 160
La Tercera República	pag. 167
Grandes Logros de la Tercera República	pag. 172

FRANCIA DE 1914 A NUESTROS TIEMPOS

La Guerra de 1914-1918	pag. 181
La Guerra de 1939-1945	pag. 192
La Posguerra	pag. 213
La Quinta República	pag. 219

Prólogo

"Mi pequeña Historia de Francia"

En esta frenética y electrónica época en la que vivimos, "Mi Pequeña Historia de Francia" es una bocanada de aire fresco y un libro muy diferente a otros volúmenes de este tipo. Este libro, bellamente ilustrado y escrito de una manera sencilla pero muy experta, está dirigido tanto al lector adolescente como al lector adulto, padres, abuelos o maestros...

El autor nos hace participes de un viaje que comienza al principio de la historia de la humanidad, pasando por duros tiempos feudales, por el Renacimiento y años sucesivos a la Revolución, por el retorno de la monarquía y la Segunda República y por muchas otras épocas fascinantes. La última parte del libro es tan cautivadora y fresca como la primera, con muchas fotos y documentos inéditos.

Este trabajo es el resultado de una cuidadosa investigación y un obvio amor por el tema así como de la ambición por parte del autor, de presentar un relato coherente y vibrante de la historia de su querida Francia. El texto es conciso y completo, de agradable y fácil lectura y con un índice cronológico excelente al final del libro.

Este libro está también disponible en su edición bilingüe español/francés. La edición bilingüe es ideal para un estudiante tanto de francés como de español, ya que página por página, el texto francés refleja el texto español en páginas opuestas. Más que un ejercicio puramente académico, la traducción refleja la profundidad del significado, haciendo hincapié en los matices que a veces pueden causar confusión en una traducción. Esto hace que la edición bilingüe sea una herramienta significativa y agradable para el aprendizaje, tanto del lenguaje como de la historia de Francia.

El CD estará pronto disponible, con secciones de audio en español y francés y también en lengua Inglesa.

Leer o escuchar este libro es a la vez placer y aprendizaje, haciendo de este volumen un regalo perfecto para un estudiante de lengua o de historia francesa. La versión en audio, muy bien leída por un actor profesional, con música de fondo seleccionada por épocas, es perfecta para escuchar en el coche o en casa. Los diferentes episodios pueden ser tan interesantes, que algunas secciones son ideales como libro de cabecera o también para ser utilizadas como una herramienta en clase de lengua, para renovar el entusiasmo por este tema fascinante.

La versión bilingüe y completa del libro Español/Inglés y Francés/Inglés, se publicará en breve plazo, con secciones de audio en CD.

CAPÍTULO PRIMERO
TIEMPOS LEJANOS

LOS PRIMEROS HOMBRES

Hace miles de años, no podríamos haber encontrado ni ciudades, ni pueblos, ni granjas. Los bosques, la landa y los pantanos cubren todo el territorio. El nivel de los mares es por lo menos 85 metros más bajo que el actual, por lo que el canal de la Mancha no existe y los países que más tarde serán llamados Francia e Inglaterra, forman un mismo continente y están aún cubiertos por numerosos glaciares, como en todo el norte de Europa.

El Homo Erectus es un gran viajero. Hace aproximadamente 1,4 o 1,3 millones de años antes de nuestra era, logró llegar desde África hasta Oriente Medio, China, Indonesia y Europa. Grandes cuevas creadas por infiltraciones de agua, le sirven de cobijo. Estos hombres primitivos, se refugian en cavernas sombrías de las que tapan la entrada para protegerse contra el ataque de animales feroces. Las mujeres vigilan el fuego que nunca debe apagarse y con él, preparan sus alimentos. Los hombres pescan y cazan con bolas de piedra, unidas por una correa de cuero. Matan bisontes, renos, osos y otros animales, para comerse su carne y viven en sociedades bien organizadas, ocupándose de los enfermos y enterrando a sus difuntos.

Son inteligentes. Saben tallar la piedra y fabricar hachas, venablos y flechas. Preparan también las pieles de animales que cosen con punzones de hueso, que utilizan como agujas, y con tendones de animales, que les sirven de hilo. Ocupan su ocio, cincelando huesos y madera. Empiezan a servirse de materias colorantes, y a veces adornan las paredes de sus cavernas con bonitos dibujos, como los que podemos ver en las cuevas de Lascaux situadas en la región de la Dordoña, donde podemos admirar pinturas extraordinarias de bisontes, toros, caballos y ciervos. Es la gruta prehistórica más famosa de Francia y fue descubierta en 1940. En la gruta de Arago, situada en los Pirineos, se han encontrado fósiles de hace más de trescientos mil años, así como numerosas herramientas y astillas de sílex. Estos hombres no sabían escribir por lo que nos imaginamos su existencia, basándonos en los restos fósiles obtenidos en excavaciones arqueológicas, que se siguen realizando hoy en día y donde se van encontrando huesos humanos, herramientas, armas, restos de animales y cementerios.

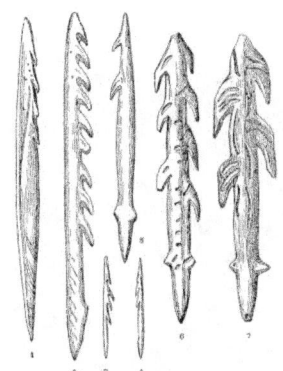
Arpones realizados en cornamenta de reno

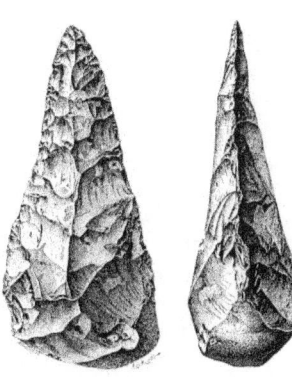
Bifaz de silex de Saint-Acheul (Somme – Francia) dibujo de A. de Mortillet

Frisia esculpida y grabada (Roc-aux-Sorciers, Vandea - Francia)   *Pintura rupestre (Aurochs) gruta de Lascaux*

Llevan una vida muy dura y tienen que luchar a diario, contra todo tipo de amenazas. A veces, durante largas épocas muy calurosas, la tierra se cubre de árboles gigantescos y de gruesos arbustos. En épocas de mucho frío, pasa todo lo contrario : cae mucha nieve y el hielo no permite que las plantas crezcan. Durante los periodos cálidos, se tienen que defender contra animales salvajes como jabalíes, rinocerontes, leones y tigres gigantes y en épocas frías, contra osos con colmillos enormes de unos veinte centímetros y también contra los mamuts, enormes elefantes de pelo largo. Podemos hoy en día, admirar un verdadero mamut, encontrado en mayo de 2007 por un ganadero de renos del norte de Rusia. Este ejemplar de bebé mamut, seguía aún congelado diez mil años después de su muerte y se encuentra en perfecto estado de conservación.

Los primeros hombres, al igual que los animales, piensan sólo en comer, beber y dormir, pero son más hábiles que los animales ya que pueden caminar erguidos y también usar sus manos. Son sobre todo inteligentes y aprovechan todas las fuerzas de la naturaleza tales como la piedra, la tierra, el agua, el viento y el sol. Utilizan herramientas y armas que fabrican ellos mismos y además, hablan y pueden comprenderse entre sí. Poco a poco, van haciendo grandes progresos.

La Edad de la Piedra

En la edad de la piedra, es decir, hace cien mil años por lo menos, los primeros hombres saben que frotando fuertemente dos trozos de sílex o de piedras muy duras, unos contra otros, pueden afilarlos y usarlos como armas. Las primeras piedras son talladas generalmente de forma "bifaz". Fabrican pesadas hachas que aprenden a colocar sobre un mango, puñales, puntas de flecha o de lanza y otros objetos que les son útiles. Con los huesos de los animales que cazan, fabrican agujas, raspadores, arpones y anzuelos. También saben esculpir mujeres con redondeadas formas, signo de fertilidad, como la Venus de Laussel.

Venus de Laussel. Fotografía del original, conservado en el Museo de Aquitania (Burdeos) descubierta en el año 1909 por el Doctor Lalanne, en la localidad de Marquay (Dordoña)

El hombre de Cromañón vivió entre cuarenta mil y diez mil años antes de nuestra era, y se parece mucho al hombre de hoy. Se le ha llamado Homo Sapiens y es nuestro antepasado. Su descubrimiento más importante es el fuego, y aprende que frotando dos piedras de sílex, una contra otra, o frotando dos trozos de madera muy seca, puede conseguir chispas que se convierten en llamas cuando prenden en hojas secas. A la entrada de sus cuevas, el fuego arde noche y día y sirve para calentarse y para cocinar. Alumbra su cueva quemando grasa que coloca dentro de un canto ahuecado, pero aún no sabe cultivar la tierra.

En verano, la temperatura es de unos 15ºC pero en invierno hace mucho frío y la temperatura puede llegar a 10ºC bajo cero. Hombres y mujeres llevan ropa caliente hecha con pieles de bisontes y por la noche duermen apelotonados sobre pieles de animales, los unos contra los otros, en el interior de la cueva. El fuego que se encuentra a la entrada, ahuyenta a los animales nocivos.

Museo de la Prehistoria de Île-de-France, Nemours (Seine-et-Marne)

Dolmen de los Erves en Sainte-Suzanne (Mayenne – Francia)

En la edad de la piedra pulimentada, hace seis mil o siete mil años, los hombres abandonan las cavernas y empiezan a construir chozas sobre pilotes en los pantanos. Otros hombres venidos de Asia, se instalan sobre algunas tierras fértiles y construyen los primeros pueblos. Cultivan cereales como trigo, cebada, mijo, centeno y avena, así como manzanos, viña, verduras y legumbres. Domestican a los animales como el caballo, la vaca, el cordero, la cabra, el cerdo y el perro que adiestran para la caza. Pulen sus armas, frotándolas contra rocas muy duras y dan forma a la arcilla que cuecen para fabricar jarrones. Aprenden a tejer y a confeccionar prendas de vestir. Levantan por doquier dólmenes y menhires.

La Edad del Bronce

En la edad del bronce, hace 3.000 o 4.000 años, otros hombres venidos de Oriente, les hacen descubrir los secretos de nuevos metales. Trabajan el oro y el cobre, copiando las herramientas y las armas que antaño se hacían de piedra y fabrican hachas, puñales y joyas.

Más tarde, fundiendo y juntando el cobre con el estaño, obtienen un metal más duro, el bronce, con el que fabrican objetos que no se pueden hacer de piedra, como la hoz, alfileres, broches para la ropa, sierras y espadas afiladas. El país tiene, en aquella época, unos cuatro millones de habitantes. Es uno de los más poblados de Europa.

Colección de bronces antiguos   *Armas Rumanas de la edad de bronce*

   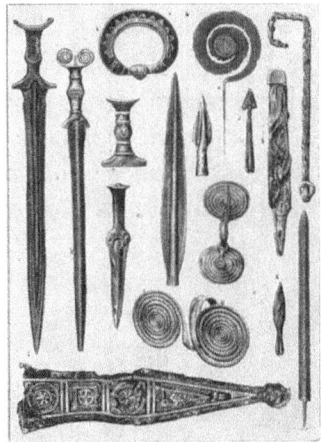

¡Cuántos progresos ha hecho el hombre desde la edad de la piedra!

En la edad de los metales, el hombre ya no vive como un animal. Posee una choza, lleva ropa que se ha tejido él mismo, se nutre de alimentos cocidos, de pan y queso y utiliza herramientas. Está ya lejos el tiempo en el que el hombre vivía atemorizado por los animales feroces y comía solo carne cruda.

Fotografía de alineamientos de menhires del Menec en Carnac (Francia), tomada por Yolan Chériaux en 2005

Difusión del cobre nativo

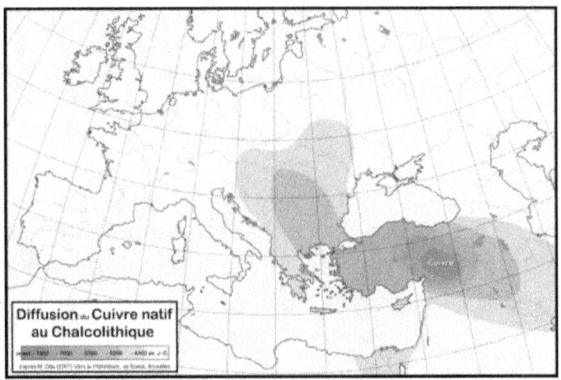

La Edad del Hierro

En la edad del hierro, hace unos dos mil años, los hombres fabrican con este metal todo lo que antes fabricaban con el bronce. Estos nuevos objetos de hierro son cuchillos, sierras, hachas, espadas y clavos que logran afilar mucho mejor y son más puntiagudos que los que se fabricaban antaño.

"Coraza" del Reino de Silla (Corea), con protección para el cuello – Museo Nacional Coreano

Intercambian todos los objetos que fabrican. ¡Es es el inicio del comercio! Los más intrépidos, no dudan en lanzarse a la mar sobre rudimentarios armazones de madera que cubren con pieles de animales. Tienen inquietudes y anhelan tener nuevos contactos, para poder hacer más y mejores intercambios comerciales.

LOS GALOS

Hace más de dos mil años, lo que es ahora Francia se llamaba "Galia" y sus habitantes, "los Galos". La Galia, está aún cubierta por bosques y pantanos. La civilización de los galos ha existido desde el año 500 hasta más o menos el año 58 antes de Cristo, lo que representa un periodo larguísimo de cinco siglos. Los galos, son en realidad celtas que habitan una inmensa parte de Europa, desde el Danubio hasta las islas Británicas. Tienen en común una misma lengua que es el celta y el uso de un nuevo metal llamado hierro. Los celtas presentan una unidad extraordinaria de civilización, aunque no formen un verdadero estado.

El nombre de galos viene de los romanos. Para ellos, los "Galli" (Galos) eran los habitantes de la "Gallia" (Galia), región situada entre los Pirineos, el río Rin y los Alpes. Esta Galia es mucho más grande que la Francia actual ya que comprende también lo que ahora es Bélgica, Luxemburgo, una parte de Alemania, Suiza y el Noroeste de Italia. Los galos están rodeados de un cierto misterio ya que escribían muy raramente. Solían escribir sólo unas líneas sobre sus muertos y sus Dioses... ¡nada más!

Los únicos textos que hablan de los galos, provienen de los griegos y de los romanos.

Desde el final del Siglo XIX, uno de los emblemas de Francia es un gallo que se dice proveniente de la Galia. En realidad, los galos no han utilizado nunca este animal como símbolo. ¡Se trata de una confusión que nos viene de los romanos, ya que traducían "Galos" y "gallo" con la misma palabra "gallus" y se supone que creían que el gallo fuera originario de la Galia!

Los "Brochs" como el de Dun Carloway (Isla de Lewis - Escocia) – Construcciones de la Edad del Hierro

Trabajan el hierro, el bronce y tejen la lana. Usan carretas, cultivan trigo y saben fabricar vino y cerveza. Viven en chozas redondas, con tejados de paja que tienen un orificio por donde sale el humo del fuego del hogar. No tienen muebles y para comer, se sientan sobre gavillas, durmiendo en el suelo sobre pieles de oveja. Se nutren con carne de cerdo, cordero y cabra. Toman papillas de trigo y centeno y comen productos que provienen de la caza y de la pesca. Utilizan sus dedos para comer ya que no conocen el tenedor.

No son hombres salvajes. Adoran a los árboles, a los manantiales, al sol y a los truenos como si fueran Dioses y sus sacerdotes se llaman Druidas. El pueblo Celta tiene una tradición sobre todo oral y todo lo que sabemos sobre ellos, viene de leyendas relatadas por los Druidas. Son paganos, así como sus prácticas, tales como los bailes en los bosques durante la noche de San Juan alrededor de grandes hogueras. La magia atribuida a los celtas perdura aún en nuestros días.

La Galia y los pueblos Galos (58 antes de J.-C)

La Galia es un país rico y los pueblos cercanos, envidian la fertilidad de sus tierras y la dulzura de su clima. A la orilla de sus ríos y en los grandes claros de sus bosques, los galos cultivan la tierra y crían animales. Las minas de hierro y oro de la Galia, tienen ya gran renombre.

Poco a poco, numerosos pueblecitos aparecen en los campos arbolados. Se componen de chozas redondas hechas de madera y arcilla, donde el aire y la luz no penetran. A menudo, se puede encontrar la cabeza de un animal salvaje clavada sobre la puerta de entrada. Las chozas más ricas, se alumbran con lámparas de bronce.

La Galia es un puzle de tribus, a veces aliadas y otras en guerra. Algunos galos viven aislados en granjas, otros en aldeas o en burgos fortificados llamados "oppidum" que se encuentran generalmente construidos sobre colinas o islas de fácil defensa. Las ciudades, aún poco numerosas, están situadas en sitios de difícil acceso. Lutecia (Paris) se encuentra en una isla del río Sena y otras ciudades sobre altas mesetas donde los habitantes pueden refugiarse, en caso de peligro. Es un país muy poblado y se calcula que en esa época pueda tener hasta doce millones de habitantes. La única gran ciudad es Massilia, actualmente Marsella. El país está formado por centenares de pequeños pueblos independientes, celosos los unos de los otros y que están continuamente en guerra. Los gobernantes son terratenientes a los que se les llamará más adelante Señores y que son obedecidos por obreros, campesinos y mercaderes. Los hombres tienen derecho de vida y muerte sobre sus mujeres, hijos y esclavos.

 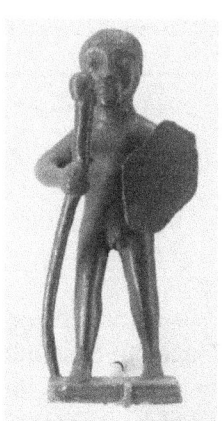

Dos Druidas (bajo relieve de Autun)   *Estatua de un guerrero Céltico (Museo de Bretaña - Rennes)*

Los galos son valientes, pero muy indisciplinados. Son altos y no se cortan el pelo que se tiñen de rubio o de pelirrojo, con agua y cal. Se afeitan la barba, pero dejan crecer largos bigotes. Llevan túnicas de colores llamativos hasta las rodillas, así como amplios pantalones y un abrigo de lana. Las mujeres llevan camisola, enagua y delantal. Los pobres caminan descalzos, pero los ricos llevan ya zapatos. Hombres y mujeres suelen llevar joyas, a veces de oro, como anillos, pulseras, collares y pendientes. Tienen la reputación de ser francos y generosos y les horroriza la cobardía.

Existe la creencia común, de que los galos temiesen que se les cayera el cielo sobre sus cabezas. En realidad nada más lejos de la verdad.... Se cuenta que en el año 335 antes de Cristo, Alejandro Magno recibió en Tracia a varios embajadores Galos. Los invitó a comer y les preguntó qué era lo que más temían, esperando oír que era a él, al que más temían! Los galos no se dejaron intimidar y contestaron que únicamente temían "que el cielo cayera sobre sus cabezas", sobreentendiendo que no temían a nada ni a nadie... Esta anécdota, fue lo que dio nacimiento a esta creencia.

Durante los combates, no es difícil ver a soldados Galos avanzando semidesnudos, a pocos pasos del enemigo, gritando: ¿"Quien quiere combatir contra mí?" Están orgullosos de enseñar la sangre que brota de sus heridas. Cortan las cabezas de sus enemigos vencidos, para colgarlas a las sillas de montar. A menudo, desobedecen las órdenes de sus jefes y se sublevan fácilmente, cuando se les quiere castigar. Son charlatanes y pendencieros. Abandonan rápidamente cualquier proyecto, cuando no logran un éxito inmediato.

Los Druidas

Creen en muchos dioses. Adoran a todo lo que temen y a todo lo que es bello, como el viento, los truenos, el sol, las montañas, los bosques, los ríos y los manantiales. Veneran a una multitud de dioses, con nombres extraños. Taranis es el dios del cielo y de la luz; Esus el del bosque y Cernunnos el de la madera y el hierro. Otros dioses son más extraños aún. Uno de ellos tiene tres rostros y está sentado con las piernas cruzadas, sosteniendo entre sus brazos a dos serpientes con cabezas de carnero. Se supone que este animal extraordinario, puede ser el símbolo de la fertilidad.

Taranis, Dios del Trueno (Jupiter)

(Le Chatelet, Gourzon - Haute-Marne - Francia)

Los servidores de estos dioses, son los Druidas. Son sacerdotes, médicos, jueces y maestros, respetados por todos. Tienen la costumbre de celebrar cada año una gran ceremonia en el bosque de las Carnutas, que se piensa haya podido dar su nombre a la ciudad de Chartres. Durante estas ceremonias, los druidas cortan el muérdago sagrado que crece sobre los robles, con una hoz de oro. El muérdago es una planta rara, así que el roble donde crece, se convierte en "roble sagrado".

Druidas
Representación fantasiosa de
Alphonse-Marie de Neuville, Siglo XIX

Cuando el druida ha encontrado el muérdago, organiza una gran ceremonia y se traen toros blancos para el sacrificio. El druida trepa sobre el árbol para recolectar las bolas de muérdago que va tirando sobre una gran sábana blanca. Para complacer a los dioses, se sacrifican a los toros y la ceremonia se termina con un inmenso festín. Ocurre que de vez en cuando, se degüellen a seres humanos sobre los dólmenes, o se les queme vivos en jaulas de mimbre. Se han encontrado esqueletos sin cráneo en el pueblo de Gournay-sur-Aronde, en el departamento del Oise.

En lengua celta, "druid" significa "hombre que sabe". El druida conoce las plantas que curan, estudia el firmamento, los astros y el viento. Sabe fijar un calendario según los ciclos de la luna y no sobre los del sol, como se hace en nuestros días. Los druidas se ocupan de educar a los hijos de los galos ricos, enseñándoles a montar a caballo, manejar las armas y cazar el jabalí. Las escuelas al aire libre de los druidas, situadas en pleno bosque, no se asemejan en nada a las escuelas actuales. No se enseña a escribir y los alumnos, a menudo las frecuentan más de veinte años seguidos. Las lecciones de los druidas no han sido escritas, así que se desconocen totalmente. Únicamente, una de sus máximas ha llegado hasta nosotros: "Honra a los dioses, no hagas el mal, actúa con prudencia..." La escritura llegará más adelante, con los griegos.

Guerreros e inventores agrícolas

A los galos les gusta la guerra y la consideran como un juego, ya que no temen a la muerte. Marchan a combatir a países muy lejanos y allá por donde pasan, saquean, queman, exterminan a los habitantes o se los llevan como esclavos. En una ocasión, marcharon hacia Roma con la intención de saquear la ciudad, pero las ocas del Capitolio lograron evitarlo. En efecto, las ocas sagradas protegían el templo de Juno, situado sobre la colina del Capitolio de Roma. En el año 390 antes de Cristo, los galos llegaron silenciosamente por la noche, despertaron a las ocas que empezaron a gritar, avisando así del ataque a los romanos.

Galos en Roma por Alphonse-Marie de Neuville

Los galos son buenos cultivadores y revolucionan la agricultura labrando sus campos con la ayuda de arados de hierro, que existen desde hace más de 3.500 años, pero que ellos han renovado volviéndolos más eficaces. En la punta añaden un trozo de hierro en forma de reja triangular, que permite cavar surcos en tierra dura y compacta que hasta entonces no podía ser labrada. Para lograr que el arado sea más manejable, lo equipan con dos ruedas. ¡Han reinventado la carreta! Pronto, en el siglo primero después de Cristo, los galos inventan una forma muy perfeccionada de utensilio para recoger el trigo. Utilizan una caja con dos ruedas, empujada por un burro y provista de dientes, como los de un peine gigantesco. Esta máquina, que va a asombrar a los romanos, es una cosechadora.

Los hombres del siglo XIX, sólo "reinventarán" este hallazgo. Los carros de los galos, llegan a ser conocidos y nombrados hasta en Grecia y en Roma. Algunos de ellos sirven para transportar cualquier mercancía y otros, hechos de madera y de mimbre, son verdaderos carros de guerra muy ligeros, que pueden ser arrastrados por caballos a gran galope sin que sientan apenas su peso. Cultivan el trigo, la avena, la cebada, el lino y el cáñamo. Crían caballos, vacas, corderos, cabras, gallinas y cerdos. Saben hacer pan, cerveza y queso, pero aún ignoran como se hace la mantequilla. Son también hábiles obreros que tejen telas con lana, lino y cáñamo, que las mujeres hilan con la ayuda de sus ruecas y husos. Conocen el secreto de los tintes, y para fabricarlos se sirven de plantas como jaintos, aulagas, perejil y ortigas. No les gustan los tintes oscuros. Les gusta la ropa resplandeciente de color y tejidos a rayas o rombos.

Los herreros son obreros excelentes. Forjan herramientas de hierro como la hoz y los cuchillos, así como armas (espadas y cascos) y utensilios de cocina como cubos, jarrones y cazos. Otros obreros fabrican magníficas joyas de oro o de plata, cerámicas, calzado de cuero, alfileres, agujas, botones de hueso, lámparas de bronce, toneles, carretillas y barcos de vela. También saben hacer jabón, con la grasa de los animales.

Numerosas palabras francesas tienen un origen Galo. Por ejemplo, ciudades y regiones deben su nombre a diferentes tribus Galas que han ocupado ese emplazamiento, como la región de Auvernia (tribu de los Arvernos), la región del Berry (tribu de los Biturigios), la ciudad de Vannes (tribu de los Venetos) o Paris (tribu de los Parisios)…

LA CONQUISTA ROMANA

JULIO CÉSAR

Los romanos, bien armados, disciplinados y dirigidos por Julio Cesar, invaden la Galia. Ellos viven en Italia y ya se han apoderado de España, Grecia, una parte de Asia y del norte de África. Se aprovechan de las continuas guerras que los pueblos Galos tienen entre sí, para instalarse en Galia y penetran por las regiones que ahora se llaman, Provenza y Languedoc. Luego, sin atacar a los galos, ocupan el valle del río Saona, Bélgica, Bretaña y Aquitania. En el año 58 antes de Cristo, el general romano Julio Cesar puede afirmar, que es el amo del país Galo.

Soldados Galos

Cerámica Gala (Museo de la Cour d'Or de Metz)

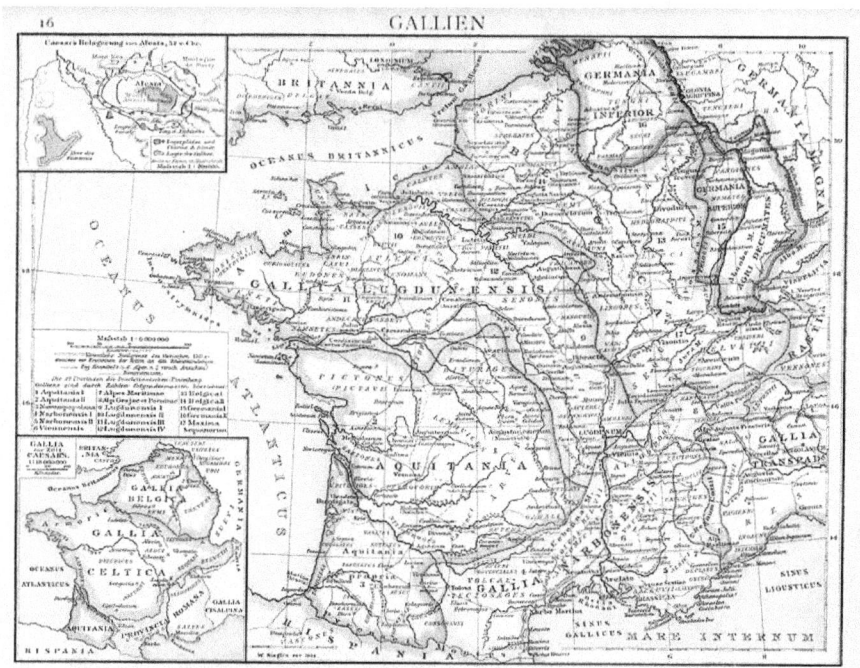

La Galia en tiempos de Domiciano en el año 81

VERCINGETÓRIX

Los galos, resisten valientemente la invasión enemiga durante ocho años, pero sus Jefes no están unidos. Uno de estos jefes, de diez y nueve años de edad llamado Vercingetórix, educado por los druidas, valiente e inteligente, intenta unir a su pueblo demostrando a todos los demás jefes Galos que los Romanos, van a conseguir ser los amos del país, haciéndoles perder su libertad. Los jefes Galos se reúnen en secreto, y llegan a la conclusión de que ya no serán libres si no se unen para luchar contra el invasor. Juran obediencia a Vercingetórix I, quien les pide que lo sacrifiquen todo para defender a la patria. Les ordena destrozar las cosechas para que los romanos no encuentren comida, tapar los manantiales para que no puedan beber, cortar los puentes para que no puedan cruzar los ríos y quemar los pueblos y las ciudades para que no puedan encontrar cobijo.

Durante varios años, Vircingetórix se enfrenta victoriosamente a sus enemigos. Derrota a los Romanos en Gergovia, cerca de Clermont-Ferrand en el año 52 antes de Cristo, pero el adversario está mejor armado y entrenado.

Vircingetórix y su ejército, quedan asediados en la plaza fuerte de Alesia (cerca de Dijon). Para apoderarse de Alesia, los legionarios romanos construyen una doble barrera de fosos y trampas, impidiendo a los galos cualquier posibilidad de evasión así como la llegada de refuerzos desde el exterior. Después de unos treinta días y para salvar a sus compañeros de armas, Vircingetórix se rinde. Llevando su más preciada armadura y montando su mejor caballo de batalla, se presenta ante Julio Cesar, tirando sus armas ante el vencedor. Se le atribuyen estas palabras, dichas a Julio Cesar en el momento de su rendición: "Soy valiente, pero tú lo eres aún más". Este héroe Galo, fue llevado prisionero a Roma y encerrado durante seis años. Los romanos lo mataron, cortándole la cabeza de un hachazo.

Estátera de oro de Vercingetórix, figura probable del dios Apolo (Cabinet des Médailles)

Vercingetórix arroja sus armas a los pies de Julio César, por Lionel Noel Royer (1899). Museo del Puy-en-Velay

Ocupación romana

Durante un periodo de más de cuatro siglos, los romanos ocupan la Galia y consiguen que reine la paz. Durante este largo periodo de ocupación, el país se transforma gracias a la avanzada civilización romana. Los galos, convertidos ya en "Galorromanos", aprenden a construir bellas mansiones para los nobles, y viviendas más cómodas para los campesinos. En las ciudades, se erigen grandiosos monumentos como templos, donde se adoran a los Dioses romanos y al emperador de Roma. Se construyen "Arenas", que son circos al aire libre donde los hombres combaten contra animales salvajes, así como muchas otras obras monumentales tales como el gran puente sobre el río Gard, inmenso acueducto que lleva agua potable a la ciudad de Nimes. Se construyen también teatros, anfiteatros, baños públicos, arcos de triunfo y todo ello, con bellas piedras talladas o con mármol. Aún se pueden contemplar restos de estos magníficos monumentos, en muchas ciudades Europeas.

Teatro de Fourvière en Lyon (Francia)

Puente del Gard

Los Galorromanos construyen larguísimas carreteras, bien custodiadas y empedradas con anchos adoquines, que facilitan las relaciones y el comercio entre las diferentes regiones. En todo el país convertido ya en una provincia romana, se jalonan las carreteras con mojones que indican la distancia hasta Roma. A cuatro mil km de ahí, en Judea, Jesucristo acaba de nacer.

Organización administrativa y costumbres romanas

Los romanos dividen el país en cuatro provincias, dirigidas cada una por un gobernador. Se trata de las provincias Aquitana, Lionesa, Belga y Narbonesa. Lugdunum (Lyon), es la capital de estas cuatro provincias. Cada año, los diputados de cada ciudad se reúnen en Lyon, para examinar con detenimiento los asuntos de todo el país. Lyon, es la capital de la Galia romana y cuenta con doscientos mil habitantes. Los galos se acostumbran rápidamente a la moda Romana. Numerosos ciudadanos Romanos residen en Galia, donde mantienen sus costumbres y su forma de vida. Muy pronto los galos los imitan, abandonando el traje galo y dejando sus piernas descubiertas. Se calzan con sandalias y envuelven su cuerpo en un largo abrigo de lana, llamado toga. Llevan el pelo corto y se afeitan, tanto la barba como el bigote. Hablan el latín como los romanos y les gusta cambiar sus nombres galos por otros romanos, como Claudius o Julius. En las ciudades, se abren escuelas donde los hijos de los nobles aprenden gramática, aritmética y el arte de hablar en público. Estas escuelas se pueden encontrar en Burdeos, Autun, Marsella, Lyon y Toulouse.

En el medio rural, los campos se cultivan mejor. Los romanos desbrozan los bosques y enseñan a los galos a cultivar la vid, desde los Pirineos hasta el valle del Rin, donde los vinos tendrán pronto muy buena reputación. El vino se exporta en toneles, gran invención Gala.

Los romanos les enseñan a cultivar el olivo, el melocotonero, el cerezo, el nogal, la higuera, el castaño, la rosa y la violeta. Utilizan molinos de agua y aprenden a cavar pozos para obtener agua potable.

Mausoleo de Glanum

Puerta San Andrés de Autun

La Galia se convierte en la provincia más rica del imperio romano. Su tierra es muy fértil y las cosechas muy abundantes. Se exporta trigo, fruta, carne en salazón así como la lana. La cerámica del Aveyron y de Auvernia tiene gran reputación y se empiezan a fabricar maquinas agrícolas para la venta y la exportación.

Empiezan a cuidar de su salud, sobre todo en la ciudad de Marsella donde Crinas es el médico más célebre del imperio y su alumno Teodoto, sabe ya operar cataratas.

Los cristianos galos

La Galia romana se vuelve cristiana. Durante la ocupación Romana, se empieza a predicar una nueva religión llamada Cristianismo, llegada a través de la ciudad de Marsella. Esta religión ha sido fundada en Palestina, por Jesucristo. Predica la existencia de un solo Dios y la igualdad de todos los hombres, debiendo amarse los unos a los otros. La base de esta religión gusta a la gente humilde, a los pobres y a los esclavos que la van difundiendo, pero los Romanos están totalmente en contra pues ellos creen en numerosos Dioses y no piensan, en absoluto, que todos los hombres sean hermanos. Los Romanos tienen numerosos esclavos, hombres, mujeres y niños a los que hacen trabajar duramente y a los que pueden matar cuando les place. Por ello arrestan a los primeros cristianos y a veces los matan, arrojándolos a las fieras, en los circos. Muchos cristianos prefieren morir, antes que abandonar su nueva religión. Se les llamara "Mártires".

En el año 177 después de Cristo, numerosos cristianos son encarcelados y martirizados en Lyon. Su Obispo Potinio de 90 años, es lapidado. Una muchacha llamada Blandina, por el hecho de ser cristiana, es arrojada al circo romano para que las fieras la destrocen. La atan a un poste cerca de otro joven cristiano llamado Ponticus, condenado a morir con ella. Al soltar a las fieras, Ponticus muere descuartizado pero Blandina sigue viva. Al ver que no perece, los romanos torturan a la desgraciada muchacha, azotándola y forzándola a sentarse sobre una silla de hierro incandescente. No sabiendo que más hacer para que muera, la envuelven en una red y la dan como juguete a un toro, que la lanza al aire con sus cuernos. Blandina, inexplicablemente sobrevive y los romanos la tienen que rematar. Esta joven es conocida desde entonces como "Santa Blandina".

> *Santa Colomba de Sens en Arceniega (Álava)*
>
> *Cuenta la leyenda que mientras Colomba se encontraba en prisión, uno de los guardias intentó violarla. Un oso que se encontraba en un anfiteatro cercano, atacó al guardia y la rescató. La condenaron a morir en la hoguera, pero al resistir a las llamas, la degollaron en un bosque cercano de Sens. Donde cayó su sangre, creció un arroyo.*

Martirio de Santa Blandina. Aguafuerte del ilustrador Jan Luyken (El Espejo de los Mártires)

Es costumbre que durante semanas enteras, el pueblo insulte y ultraje a los cadáveres que se dejan tirados por las calles, y a los que nadie entierra. Después de varios días, al fin son quemados, y sus cenizas tiradas al río Ródano. Sin embargo, la muerte de todos estos mártires no impide que esta nueva religión progrese, y cuatrocientos años después de Cristo, casi toda Galia es ya cristiana. Uno de los símbolos que usan los cristianos, es el pez. El dibujo de un pez, se usa para representar a Cristo. La palabra griega "pez", se puede traducir por "Jesucristo, hijo de Dios Redentor". Cuando dos personas se encuentran y desean reconocerse como cristianos, una de ellas dibuja varias curvas y rectas representando "medio pez", y si la otra persona completa el pez añadiendo otras líneas para terminar el dibujo, da a entender que es también cristiano.

Los primeros monasterios aparecen con Martín de Tours, el santo que ofreció la mitad de su abrigo a un pobre. Martín de Tours funda la abadía de Ligugé, primera comunidad de frailes en Galia. Se les llama "Cenobitas". Hasta entonces, los monjes que decidían consagrar su vida a Dios, se aislaban en el desierto y se les conocía como "Anacoretas". San Martín y sus discípulos, se dedican a evangelizar el medio rural aún pagano. Su sobrino San Patricio, continuará su obra y marchará a Irlanda a predicar la doctrina cristiana, convirtiéndose en su santo patrón.

San Martín, cortando su abrigo para compartirlo con un pobre. Detalle de la fachada del Duomo di San Martino de Lucca (Italia)

Relicario del final del siglo XIV, famoso por albergar la cabeza de San Martín. Hecha de plata y cobre, originalmente expuesta en la iglesia de Soudeilles y hoy en día conservado en el museo del Louvre en Paris.

LAS GRANDES INVASIONES

LOS "BARBAROS"

Desgraciadamente, el bienestar de los pueblos adormece el recelo y debilita su defensa... La paz romana dura cuatrocientos años, pero los emperadores de Roma pierden poco a poco todo su poder. Ya no les interesa ser soldados y para defender sus fronteras, hacen venir a soldados de Germania, hoy conocida como Alemania, país extremadamente pobre donde los habitantes viven como vivían los galos, antes de la invasión Romana. La vida fácil de los Galorromanos les atrae, y poco a poco cruzan el río Rin y se instalan en Galia.

Desde Asia, llega un pueblo muy temible llamado los "Hunos". Avanzan, empujando ante ellos a los Germanos, para penetrar en Galia. Los Hunos, sobrepasan en ferocidad a todo lo que se haya conocido hasta entonces. Montados continuamente sobre sus pequeños caballos incansables, se abren paso destruyéndolo todo ante ellos. Se cuenta que su jefe Atila afirmaba con orgullo, que la hierba no volvía a crecer por donde su caballo había pasado.

Los romanos construyen sólidas fortificaciones en las fronteras y mientras el imperio romano mantiene suficientes legiones en Galia, los Bárbaros, es decir los extranjeros para los romanos, no logran cruzar el río Rin. En cuanto el imperio se debilita, comienzan las grandes invasiones... En el siglo V, los Germanos fuerzan numerosas fronteras mal defendidas, sembrando muerte y desolación allá por donde pasan. No respetan nada. Finalmente, los Visigodos se instalan en los márgenes del río Garona, los Burgundios en el valle de la Saona (la futura Borgoña y Provenza), los Alamanes en el Este y los Francos en las llanuras del Norte. Los Germanos son altos y rubios. Llevan sus cabellos recogidos y anudados sobre la cabeza, cayendo hacia atrás como en una cola de caballo. Se afeitan el rostro, pero llevan largos bigotes. Dejan que los ancianos y las mujeres se ocupen de labrar la tierra, para poderse dedicar plenamente a la caza y a la guerra. Adoran a numerosos Dioses y sobre todo a Odín, Dios de la guerra. Creen que un guerrero muerto en combate, irá directamente al paraíso. Acostumbran a combatir durante el día, y por la noche asisten a grandes cenas, durante las cuales beben cerveza en los cráneos de sus enemigos. Los Germanos son muy valientes y feroces pero huyen ante los Hunos dirigidos por Atila, conocidos como "la plaga de Dios".

Los Hunos son hombres pequeños, de piel amarillenta, pómulos prominentes y ojos pequeños y rasgados. Tienen por costumbre darse cortes en la cara, para parecer aún más feroces. Arremeten contra todo, sobre sus pequeños caballos que no desmontan ni para comer, ni para dormir. Para no tener que pararse, deslizan un trozo de carne debajo de su silla de montar con el fin de que se vuelva más tierna, y se la puedan comer sin desmontar. Esto es lo que más tarde se llamará: "Steak Tartare".

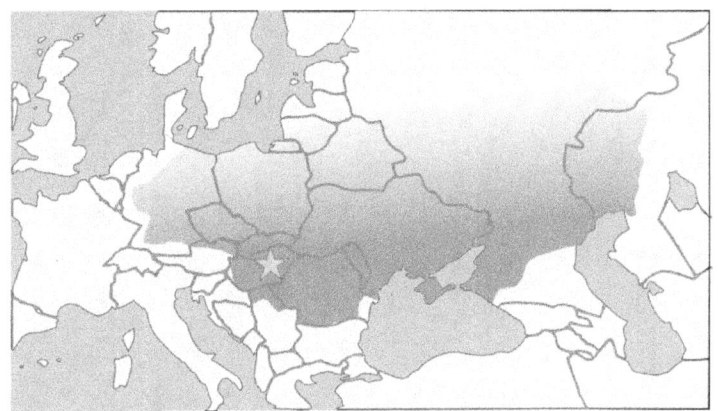

El Imperio de los Hunos de Atila, se extendía desde las estepas del Asia Central hasta la actual Alemania y desde el Danubio hasta el Báltico.

SANTA GENOVEVA Y LOS FRANCOS

Los Hunos, destrozan miles de pueblos e incendian centenares de ciudades. El terror que inspiran es tal, que la gente huye en cuanto se acercan. Sitian la ciudad de Lutecia, cuyos habitantes atemorizados se disponen a rendirse cuando providencialmente Santa Genoveva, joven y valiente parisina, incita a sus conciudadanos a resistir el ataque de Atila y de sus guerreros. Logra impedir la fuga de los parisinos y ante esta resistencia, Atila decide no atacar la ciudad. Santa Genoveva es la patrona de Paris.

Los Hunos en combate contra los Alanos (Iraníes) – Ilustración de Geiger (1873)

Posteriormente, Romanos y Germanos lograrán echarlos durante una gran batalla librada en la región de Champagne. El general Aecio de las últimas legiones romanas en Galia, logrará parar las hordas salvajes de los Hunos, en la ciudad de Châlons.

Entre los pueblos germanos que vencieron a los Hunos, se hallan los Francos de Meroveo que en aquella época, no son los más numerosos pero si los más temibles, por su audacia y astucia. Son guerreros valientes que durante los combates, seguros de sí mismos, matan a sus enemigos con su hacha llamada "francisca".

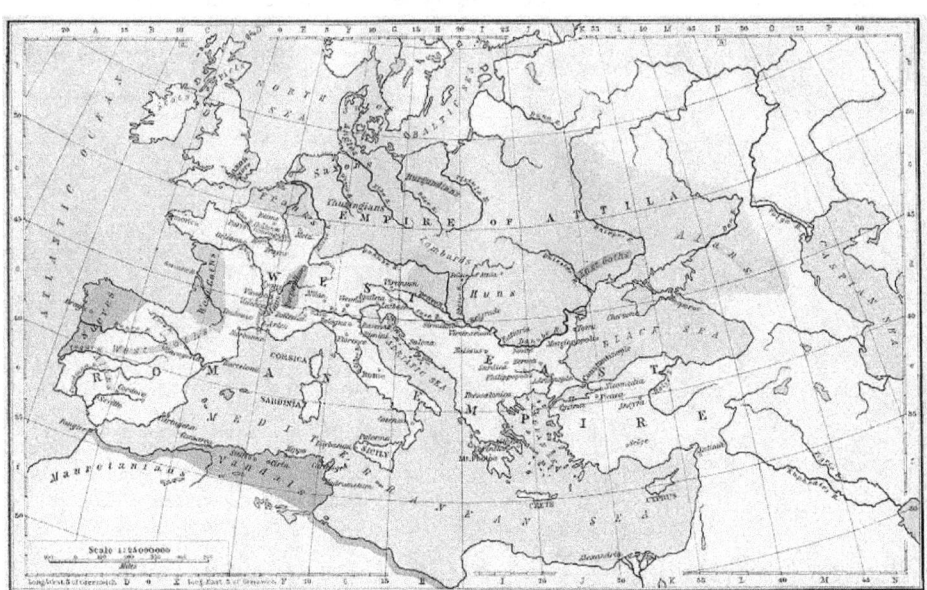

Imperio Romano e Imperio Huno, en el año 450

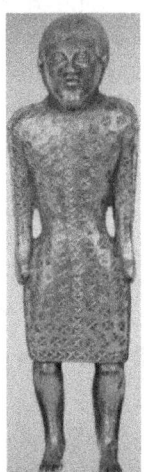

Estatuilla encontrada en la ciudad de Le Mans, representando a un Franco (Dumbarton Oaks – Washington)

Estatua de Santa Genoveva por Pierre Hébert, sobre la fachada de la iglesia Saint-Étienne-du-Mont

EL NACIMIENTO DE FRANCIA

CLODOVEO

En 481, los Francos eligen como rey a un joven de quince años, llamado Clodoveo. Es el nieto del Rey Meroveo. La ceremonia es un tanto curiosa. Pasean a Clodoveo sobre un escudo y le dan tres veces la vuelta alrededor del campamento, aclamándole y golpeando sus armas ruidosamente. Clodoveo es un hombre inteligente, hábil, también bribón, ambicioso y cruel. Se hace amigo de los obispos que le apoyan y se casa con una princesa católica, Clotilde, sobrina del Rey de los Burgundios. Promete a su esposa convertirse al cristianismo, si sale vencedor de la batalla de Tolbiac. Habiendo vencido mantiene su promesa, y tres mil soldados son bautizados con él durante la misma ceremonia. Pronto se convierte en el único amo de los Francos. Recibe el bautismo de San Remi, obispo de Soissons, quien le dice en la iglesia: "Baja humildemente la cabeza, quema lo que has adorado, adora lo que has quemado". Clodoveo obedece.

Clodoveo, rey de los Francos, por François-Louis Dejuinne 1786-1844 (Museo de Versalles)

Cristiano y al mismo tiempo severo, se cuenta que castigó a uno de sus soldados, partiéndole el cráneo por haber roto un jarrón robado al obispo de Soissons. La anécdota relatada por Gregorio de Tours, obispo e historiador, ha sido uno de los episodios más celebres de la historia de Francia.

Clodoveo Primero y el jarrón de Soissons
Grandes Crónicas de Francia, siglo XIV
Biblioteca nacional de Francia

Bautismo de Clodoveo I, que le convirtió en el primer rey Franco cristiano. Anónimo conocido como Le Maître de Saint Gilles. Colección de H. Kress (National Gallery of Art – Washington)

Después de ser bautizado, Clodoveo, aunque apoyado por los obispos, permanece tan bárbaro como cuando era pagano y ordena el asesinato de otros reyes Francos. Habiendo vencido al rey de los Burgundios y al rey de los Visigodos en la batalla de Vouillé, extiende su reino hasta los Pirineos. A su muerte en el año 511, el reino de los Francos tiene casi las fronteras actuales de Francia. Las poblaciones de las regiones conquistadas están aún lejos de hablar la misma lengua, pero grandes ciudades forman ya parte de un reino que a partir de entonces, se llamará el reino de Francia.

Los hijos y nietos de Clodoveo

Clodoveo era cruel pero sus hijos, quienes después de su muerte se repartirán su reino como si de una tarta se tratara, lo son aún más. No se llevan bien entre ellos y la Galia, perturbada por un siglo de guerras civiles, vuelve a caer en la peor de las barbaries. La historia de aquella época, que conocemos gracias a un manuscrito que nos legó el obispo Gregorio de Tours, está plagada de continuas guerras entre hermanos, traiciones, robos, asesinatos y tormentos. Sus hijos Thierris, Clodomiro, Childeberto y Clotario, se disputan la herencia del reino, así como lo harán también sus nietos.

Reparto del reino franco entre los cuatro hijos de Clodoveo. Grandes Crónicas de Saint-Denis. Toulouse, biblioteca municipal.

Los nietos de Clodoveo son asesinados por sus tíos y el odio es tan feroz entre ellos, que llegan a cometer celebres crímenes. Clotario II, hijo de la reina Fredegonda, tomando por suyas las peleas de su madre, hará que paseen a su tía Brunegilda de ochenta y cuatro años, desnuda sobre un camello, y para mayor crueldad será atada a la cola de un caballo y arrastrada hasta morir.

Asesinato de Teobaldo y Gunthar
Manuscrito del siglo XV

Crónicas de Francia
Biblioteca nacional, Paris

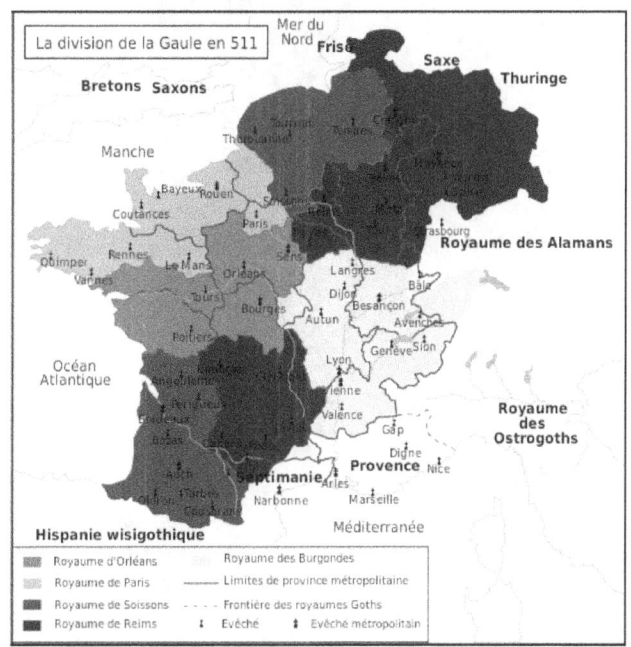

Suplicio de la reina Brunegilda
Grandes Crónicas de Francia de Carlos V
Francia, siglo XIV

La industria, el comercio y las artes, sufren mucho de toda esta barbarie. Los habitantes ya han olvidado las bellas ciudades y los preciosos monumentos Galorromanos. Los reyes Merovingios, pierden toda su autoridad.

Cien años después de la muerte de Clodoveo, los reyes de los Francos no son más que unos perezosos, incapaces de luchar ni de hacer ningún esfuerzo. Se cuenta que cuando se quieren desplazar de un lugar a otro, se hacen transportar acostados en sus carros. Se les llama, los "Reyes Vagos". Estos son los descendientes de Dagoberto, rey Merovingio y tataranieto de Clodoveo.

Dagoberto y los últimos reyes merovingios

El Rey Dagoberto es el único que administra sabiamente el reino, asesorado por el orfebre Eloy, quien se ocupa de las finanzas y por Audoeno, obispo de Rouen, encargado de las relaciones exteriores. El territorio de Francia está dividido en cuatro partes: Austrasia o el reino del Este, Neustrasia o reino del Oeste (Paris, Normandía y la región del río Loira), Borgoña y Aquitania.

Dagoberto I, rey de Austrasia, de Neustrasia y de Borgoña, retratado por Émile Signol (1804-1892). Cuadro conservado en el museo nacional del castillo y de los trianones de Versalles.

Dagoberto y sus ministros, logran unir nuevamente el territorio y fundan la Basílica de San Denis, donde más tarde serán enterrados todos los reyes de Francia. En aquellos tiempos, San Wandril funda una abadía en Normandía que más tarde llevará su nombre. Trescientos monjes viven en ella, según las reglas definidas en Italia, cien años antes por San Benito. En aquella época, cuando el mismo Rey no sabía leer, el país necesitaba de los monjes. Únicamente un medio por ciento de la población sabe leer, frente al veinte por ciento del periodo Galorromano. Además de la enseñanza, los monjes se dedican al servicio de hospitales y hospicios y en las diócesis, los obispos escogidos entre las familias ricas, son el único sostén de la población ya que velan por la subsistencia de los débiles e imparten justicia.

Los últimos reyes Merovingios llegados al poder desde su tierna infancia, piensan únicamente en divertirse. Dejan los asuntos serios de la nación a sus intendentes, llamados "alcaldes de palacio". Entre estos alcaldes de palacio, se encuentra una familia Austrasiana, los Pipinidos, quien tiene cada vez más poder. Cuando Pipino de Heristal gobierna, el cargo ya se ha convertido en hereditario y en adelante, los Pipinos tendrán el cargo de alcaldes de palacio que se pasarán de padre a hijo.

San Eligio entrega al rey Clotario II, dos sillas de montar.

Un artista del siglo XV tradujo de forma errónea la palabra « sella » lo que le condujo a representar al santo, ofreciendo dos sillas de montar a Clotario II

Tríptico del siglo XV, Poitiers.

Construcción de Saint-Denis.

Campaña militar de Dagoberto I en Poitou. Obra de Robinet Testard, Poitiers, Siglo XV.

Grandes Crónicas de Francia. Biblioteca nacional de Francia

Uno de ellos, Carlos, reúne a toda prisa la gran caballería de los Francos para combatir contra los Árabes, nuevos invasores llamados también Sarracenos, que vienen de España montados sobre sus pequeños y rápidos caballos, vestidos con largas túnicas blancas. Se cuenta que su invasión es tan rápida, como el mismísimo relámpago. Saquean todo el sur de la Galia, pero Carlos y su ejército Franco son vencedores en la terrible batalla de Poitiers, en el año 732. La caballería del emir de España, Abd-al-Rahmán, ataca ferozmente a los soldados del ejército Franco que resiste "como un muro de hierro", y el emir muere durante la batalla. Carlos utiliza su espada como si fuera un martillo, y destroza las cabezas de sus enemigos. Por ello, a partir de ese día, se le llamará Carlos Martel. Los Árabes dan media vuelta. Por primera vez, se logra frenar el avance del Islam. La cristiandad ha vencido y Carlos aprovecha esta victoria, para obtener la sumisión del duque de Aquitania, extendiendo su autoridad hasta la Provenza.

Representación del Siglo XIX de Carlos Martel en la Batalla de Poitiers, año 732 (Steuben 1837)

Los reyes carolingios

Ante esta victoria, el pueblo de Francia piensa que Carlos Martel tendría que ser nombrado verdadero jefe del reino. Su hijo, Pipino "El Breve", así llamado por su reducida talla, se convierte en rey. Es un hombre pequeño, pero con una fuerza prodigiosa. ¡Se cuenta que habría matado a un toro, con un solo golpe de su espada! Pipino tiene dos hijos de su esposa Berta, llamados Carlos y Carlomán. Pipino el Breve, desea ardientemente ser rey y para lograrlo, escribe al Papa preguntándole: "¿Quién tiene que ser rey, el que no hace nada o el que se comporta como rey?". El Papa le contesta que tiene que ser rey, "el que hace el trabajo de un rey". Pipino aprovecha esta respuesta para encerrar en un monasterio al último rey Merovingio, Childerico III.

Pipino el Breve por Louis Félix Amiel
(Museo Histórico de Versalles)

Es nombrado rey por primera vez, en Soissons por San Bonifacio. Dos años más tarde, el Papa quien había venido a pedirle ayuda para luchar contra los Lombardos, lo vuelve a consagrar en la basílica de San Denis. A partir de entonces y por voluntad divina, acaba de ser inventada la "monarquía de derecho divino". Su hijo Carlos, conocido bajo el nombre de Carlomagno, es decir Carlos el Grande, se convertirá más adelante en rey de los Francos. Los reyes de su familia que reinarán posteriormente, serán llamados Reyes Carolingios.

Carlos Martel divide el reino
entre sus hijos, Pipino y Carlomán

Grandes Crónicas de Francia
Biblioteca Nacional

CARLOMAGNO

Carlos Primero, único rey de los Francos a la muerte de su hermano Carlomán, es uno de los más grandes guerreros que haya jamás existido. Guerreará durante casi 50 años.

Se desplaza a Italia para combatir contra el rey de los Lombardos, quien amenaza al Papa. Más de treinta veces y durante unos diez y ocho años, combatirá contra los Sajones en Germania por el mero hecho de ser paganos y amenazar el reino por el Este del país. Allí Carlomagno se muestra muy cruel. En un solo día, ordena cortar cuatro mil quinientas cabezas de guerreros Sajones. Carlomagno piensa que cualquier medio es bueno, para hacer triunfar la religión cristiana.

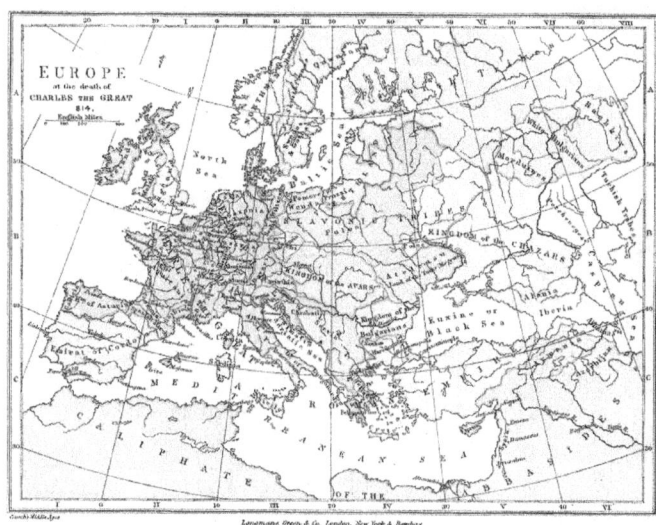

El Imperio de Carlomagno en el año 814

La conquista de la región Lombarda se le hace más fácil. Las Baleares, Baviera, Austria y la mitad de Hungría, pronto forman también parte de su imperio. Carlomagno combatirá contra los Árabes que ocupan España. Volviendo de una expedición a Pamplona contra los Sarracenos, la retaguardia de su ejército dirigida por Roldán, será exterminada por los Vascos al pasar por el puerto de Roncesvalles en los Pirineos. Roldán, sobrino de Carlomagno, morirá durante la batalla. El Cantar de Roldán, poema épico escrito a finales del siglo XI, contará, tres siglos más tarde, el fatal combate, la muerte del caballero Roldán y de sus fieles soldados, así como la venganza de Carlomagno.

Batalla de Roncesvalles en 778 – Muerte de Roldán
Grandes Crónicas de Francia, ilustradas por Jean Fouquet
(Tours - Biblioteca nacional de Francia)

Retrato de Carlomagno, por Alberto Durero
Se pintó varios siglos tras su muerte
El escudo de armas muestra el águila alemana y la flor de lis francesa

Carlomagno, gobierna con prudencia. Después de todas estas guerras y de sus victorias, es el amo de Germania, Italia y la Galia menos la Bretaña. Es casi tan poderoso, como los emperadores romanos de antaño. En todas partes se le teme y se le admira. El príncipe árabe Harún al-Rashid, intenta obtener su amistad enviándole esplendidos regalos.

El día de Navidad del año 800, Carlomagno está en Roma. Mientras reza arrodillado, el Papa León III deposita una corona sobre su cabeza. Es ahora jefe único de los cristianos de Occidente, es decir de la mayoría de los Europeos.

El 25 de Diciembre del 800, en San Pedro de Roma, Carlomagno fue coronado emperador, por el papa León III

*Coronación de Carlomagno
Grandes Crónicas de Francia
ilustradas por Jean Fouquet*

(Tours, hacia 1455-1460)

Carlomagno es muy inteligente y sabe poner orden en todo su reino. Se traslada con sus numerosos siervos, a las grandes ciudades de su imperio y al final de su vida, se asienta en Aix-la-Chapelle, ciudad conocida por sus manantiales de aguas termales. Elabora Leyes justas y quiere ser obedecido. Está al tanto de todo lo que pasa en sus numerosas granjas, gracias a sus "intendentes" que lo mantienen informado de todo lo que ocurre en el país. Realiza grandes obras, repara numerosas carreteras y saca provecho de los bosques. Divide su inmenso imperio en provincias, dirigidas por los Jefes de su ejército que son duques y condes que hacen respetar las Leyes llamadas "Capitulares". Para vigilarlos, manda todos los años a cada provincia, dos "missi dominici" o enviados del amo, que suelen ser un conde y un obispo. Cada mes de mayo, Carlomagno reúne a todos los grandes personajes de su imperio, y les interroga sobre las noticias de las regiones donde habitan. Les pregunta: "¿Está el pueblo contento?, ¿No ha sido atacado?, ¿No hay enemigos que estén preparándose para atravesar las fronteras? De esta forma, Carlomagno se entera de todo lo que pasa en su imperio, y puede hacer reinar el orden.

Este gran rey, aunque un poco tripón, hace mucho ejercicio. Le gusta la caza y la natación. Ama a todo lo que es bello y durante sus almuerzos, escucha obras musicales y lecturas. Aún en nuestros tiempos, se sigue considerando a Carlomagno como al mayor príncipe y guerrero que haya jamás existido.

En aquella época, ya casi no existen las escuelas. Carlomagno hace que abran una escuela en cada monasterio, y organiza una en su propio palacio. Pide a todos los monjes y frailes, que se instruyan seriamente para poder ser capaces de enseñar a sus alumnos. Se muestra muy severo con los niños perezosos. Se enseña la lectura, con la ayuda de los libros de oraciones en latín, se enseña también el cálculo, el canto y un poco de escritura. Los alumnos utilizan tablillas de cera y pergaminos para trabajar. En Francia, se celebra la fiesta de los escolares el día de San Carlomagno. La Universidad de Paris, lo toma como Santo Patrón en 1661.

Carlomagno, rodeado por sus oficiales, mas importantes, recibe à Alcuin quien le presenta algunos manuscritos, obras de sus monjes.

Victor Schnetz, 1830
Museo del Louvre, Paris

Hace venir hombres sabios de diferentes países extranjeros y llega a proclamar en todo su reino que "todo padre de familia, debe enviar a su hijo a la escuela y dejarlo en ella, hasta que esté bien instruido". Gracias a estas palabras que desgraciadamente no se dirigen al género femenino, Carlomagno tendrá la reputación de haber inventado la escuela. No obstante, aunque él no fuera su creador, difundió su práctica en las parroquias del medio rural. Carlomagno piensa sobre todo, en la preparación de futuros frailes y sacerdotes. La enseñanza es gratuita, pero los monjes aceptan pequeños obsequios llamados "liberalidades", ofrecidos por los niños, tales como fruta, huevos, leche, etc.

Habiéndose perdido el uso del latín por parte del clero, Carlomagno pide a los obispos y a los monjes que copien los libros antiguos, para poder facilitar su difusión. Siguiendo sus órdenes, los monjes copian a mano, con una bella escritura, todos los libros antiguos. Estos libros llevarán pequeños grabados pintados con colores vivos, y serán guarnecidos con una magnifica encuadernación cubierta de oro, marfil y piedras preciosas. Se cuenta que Carlomagno tenía la costumbre de levantarse por la noche, para ejercitarse en la escritura. En aquel tiempo, se inventó una nueva letra más legible: la minúscula.

Cuando predica el sermón durante la misa, el sacerdote se transforma también en maestro. Relata el evangelio y habla de la fe cristiana en lengua ordinaria, el "Román", ya que los pobres no comprenden el latín.

Carlomagno y la escuela, por Paul Lehugeur, siglo XIX

Bajo el reinado de Carlomagno, la tierra es la única fuente de riqueza de los campesinos. Ésta les proporciona comida, calor y prendas de vestir que se fabrican ellos mismos. Desgraciadamente, los instrumentos son aún rudimentarios y las cosechas escasas. La miel es el único producto que se conoce para endulzar los alimentos y muchos campesinos poseen numerosas colmenas. La cultura de la vid está en plena expansión y la gran feria de San Denis, está considerada como una de las mejores para el comercio del vino. La caza es abundante, pero desgraciadamente está reservada a los Señores.

Las medicinas aún no existen y para cuidar la salud de la población, Carlomagno da consejos al pueblo y recomienda el uso de los "simples", que son plantas medicinales, cultivadas en los jardines particulares. Recomienda el hinojo por ser bueno contra el estreñimiento y la tos y el perifollo para combatir las hemorragias. También se difunde el uso de las "sangrías", el remedio más utilizado entre los ricos. En estas condiciones tan duras, muchos niños mueren antes de cumplir los cinco años y entre los adultos, son raros los que llegan a los sesenta. Los súbditos de Carlomagno intentan protegerse de las enfermedades, del hambre y de la muerte. Para ello rezan al Dios de Jesucristo, e invocan a los Santos cristianos. No obstante, también rezan a los dioses Romanos y Celtas, lo que demuestra que son aún paganos.

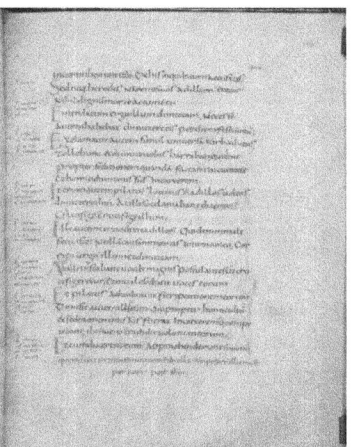

Página del texto de un evangelio carolingio, escrito en minúscula carolingia (British Library)

Carlomagno muere en el año 814, cuando su imperio llega más allá de los Alpes y del Rin y es tres veces mayor que la Francia actual. Su hijo Luís el Piadoso, le sucede pero es incapaz de dirigir un país tan grande. Cuando muere Luís el Piadoso en el año 840, sus tres hijos, Lotario, a quien su padre hizo reconocer como emperador, Luís y Carlos, se hacen la guerra entre sí. Luís y Carlos deciden aliarse en el año 842, para luchar contra Lotario, el hermano mayor. Esta unión se sella mediante el famoso juramento de Estrasburgo, en el que Carlos jura en lengua Germánica y Luís lo hace en lengua Romance. El texto del juramento de Luís se considera el primer documento oficial, escrito en lengua Romance. A partir de ese momento, la lengua de los Francos ha dejado de ser el latín para convertirse en el francés.

Extracto de los Juramentos de Estrasburgo

Lotario renuncia a continuar luchando y por el tratado de Verdún en 843, los tres hermanos se reparten el imperio. Lotario con el titulo de emperador, recibe Italia. Luís recibe la Germania y Carlos llamado el Calvo, se queda con Francia. Los reyes Carolingios son ya casi tan débiles como los "Reyes Vagos", y los duques y los condes, antes sumisos, ya no quieren obedecerles. La unidad europea ha quedado destrozada. Un poeta se lamenta: "En lugar de un rey, reyezuelos; en lugar de un reino, trozos de reinos."

Cuando muere Lotario, Luís y Carlos se reconcilian, repartiéndose el reino. La muerte de Luís II, hijo mayor de Lotario, rey de Italia y emperador, provoca que el Papa Juan VIII corone a Carlos II el Calvo, como nuevo emperador.

Carlos II el Calvo

(Biblioteca Nacional de Francia)

Las luchas se reanudan con más fuerza. Los Sarracenos desembarcan en Provenza y los Húngaros, llegan hasta Borgoña. "Brazo de hierro", también llamado Balduino Primero, rapta a la bella Judith, hija de Carlos el Calvo, quien no tiene otra alternativa que la de nombrar a su yerno, conde de Flandes.

Las divisiones de Europa según los tratados de Verdún en 843, y de Meerssen en 870

LOS NORMANDOS

Los últimos reyes Carolingios, no pueden defender su reino contra los ataques Normandos. Los duques y los condes desobedecen al rey y reivindican la independencia de sus tierras, que se llamarán condado de Borgoña, ducado de Francia, condado de Champaña y condado de Flandes. El rey ya no tiene ejército que le obedezca. Empieza la época feudal, que durará varios siglos.

Los Vikingos

Los Normandos, hombres del Norte, grandes constructores de barcos y exploradores intrépidos, llegan de Dinamarca, Noruega y Suecia por el mar y aprovechan el hecho que el imperio de Carlomagno ha quedado troceado, para intentar una invasión. Saben que la hora de la conquista ha llegado. Tienen barcas con velas y remos, en cuya proa figura un dragón, que ellos llaman "Drakkar". Son hábiles marinos que no temen al mar y que cantan durante las tormentas. Han logrado construir un navío robusto y ligero y puede atravesar tanto mares como remontar ríos: el "Drakkar", es una verdadera obra de arte. Con él, remontan los ríos y asedian las ciudades que los reyes ni siquiera intentan defender. Saquean y queman monasterios, iglesias y pueblos costeros. Se dice de ellos, que no tienen "ni fe ni Ley".

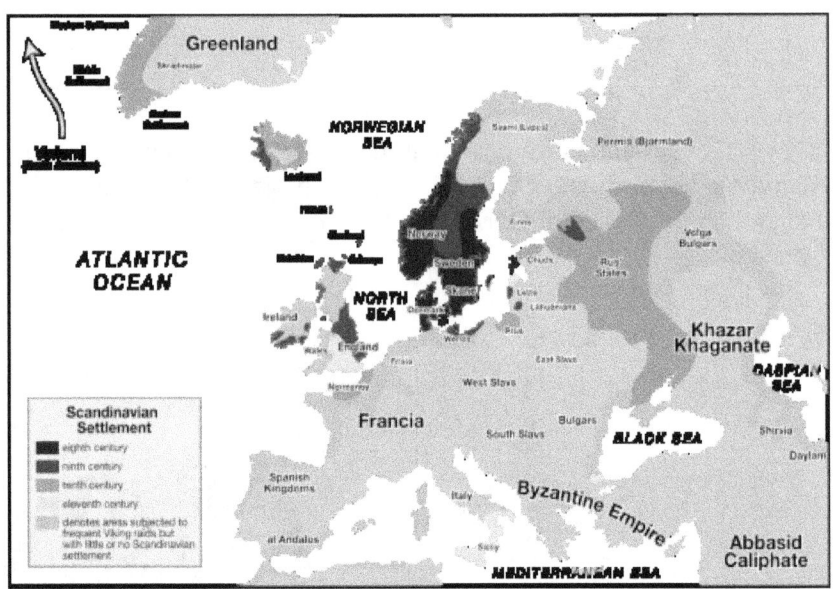

Expansión Vikinga del siglo VIII al siglo XI

Los campesinos les temen y cuando saben que se aproximan, corren a refugiarse en los castillos que los Señores han construido para defenderse de cualquier ataque. Los Normandos matan sin piedad e intentan sitiar París con setecientos barcos, pero el conde Eudes defiende victoriosamente la ciudad. Gracias al obispo Gauzlin, París está rodeada de murallas pero únicamente protegida por doscientos caballeros y sus hombres de armas, quienes la defienden valientemente, dirigidos por el conde Eudes. Cuando los asaltantes intentan atacar las murallas con picos de hierro, Eudes ordena que tiren sobre ellos aceite y cera hirviendo. Los Vikingos responden lanzando flechas ardientes y París se quema. Antes de llegar a París, los Normandos han logrado saquear también la abadía de San Denis y han convertido la de San Germain-des-Prés, en un establo. Los Vikingos logran aislar la ciudad de París. Los Parisinos, agotados y hambrientos, sufren de numerosas enfermedades y hasta de la peor de todas, la peste.

En esta situación, el conde Eudes quiere terminar con el asedio y logra salir de la ciudad sin ser visto, para pedir refuerzos al emperador Carlos el Gordo, rey de Italia y de Germania. Los Normandos se retiran de París, pero logran apoderarse de la ciudad de Rouen.

Representación de Vikingos del siglo IX

El conde Eudes en el asedio de Paris

El jefe de los Normandos llamado Hrolf Ganger o más conocido por el sobrenombre de Rollon el Caminante, y el Rey de Francia Carlos el Simple, es decir Carlos el tonto, se enfrentan entre sí hasta que el Rey acepta que los Normandos se queden en el país, con la condición de que se conviertan al cristianismo y que Rollon lo reconozca como su soberano. Rollon acepta. Mantienen un encuentro en Saint-Clair-sur-Epte, en el año 911, a 64 kilómetros al Sur-Este de Rouen, y firman un tratado muy importante, en el que Rollon recibe el territorio que se convertirá en el "ducado de Normandía". A cambio, tiene que convertirse al cristianismo haciéndose bautizar y prestando juramento de fidelidad a Carlos III.

Se cuenta que según las costumbres de la época, todo nuevo conde o duque debía besar el pie del rey para demostrarle sumisión y respeto. Rollon no quiere hacerlo y afirma ante el rey: "Nunca me arrodillaré ante nadie". Ordena entonces a uno de sus guerreros, de hacerlo en su lugar. El guerrero se acerca y sin arrodillarse, agarra bruscamente el pie del rey, lo levanta y lo besa, provocando que el rey pierda el equilibrio y bascule hacia atrás, ante la mirada atónita de su sequito.

Los Normandos que se habían dedicado a saquear los monasterios, a partir de ahora tienen que protegerlos. Eran sobre todo marineros y ahora se convierten en caballeros, y cuando el Rey Carlos lo llama, Rollon como buen vasallo, corre a socorrerle, aunque también aproveche las circunstancias para ampliar su territorio. A partir de esta fecha, Rollon representa al Rey en esta región y se convierte en "conde de los Normandos".

Estatua de Rollon en los jardines del Ayuntamiento de Rouen

Los Normandos tienen la fama de ser muy astutos. Se cuenta que uno de sus jefes llamado Hastings, decide conquistar una ciudad por el mero hecho de tener una bonita iglesia. No lo logra ya que la ciudad está bien defendida, pero Hastings tiene una idea. Envía un comunicado al obispo, a quien informa de encontrarse enfermo y prácticamente moribundo, deseando convertirse a la religión cristiana antes de morir. Se tumba en un ataúd, vestido con su armadura, donde permanece inmóvil haciéndose pasar por muerto. Sus guerreros han colocado capas sobre sus armaduras, disimulando sus armas y fingiendo lamentarse por la muerte de su jefe. El obispo acude habiendo decidido que el jefe normando, arrepentido, tiene que ser enterrado en la iglesia como cualquier otro cristiano. Ordena llevar el ataúd a la iglesia, seguido por todos los guerreros normandos que no paran de sollozar. Una vez en la iglesia, de repente el ataúd se abre y los normandos sacan sus armas, matan al obispo y toman la ciudad.

Tapiz de Bayeux. Bordado ejecutado en el siglo XI de autor desconocido, que cuenta la conquista de Inglaterra por los Normandos, después de su asentamiento en Francia. En realidad es una obra de propaganda a favor de los Normandos. Proclama que Guillermo I (El Conquistador), tenía el derecho de invadir Inglaterra ya que el Rey Harold II de Inglaterra, había roto su juramento de obediencia.

DINASTÍA DE LOS CAPETOS

El debilitamiento de la autoridad real, llevará al país al régimen feudal. Los monjes y los Señores ya no aceptan las debilidades del Rey y quieren, en adelante, defenderse ellos mismos. Fortifican los castillos y los monasterios. Los campesinos, aterrorizados por los Vikingos, se ponen bajo la protección de los Señores y el poder Real se ve amenazado. Los Vikingos han logrado que el imperio de Carlomagno, se tambalee.

Luís V, con veinte años y sin hijos, muere en un accidente de caza, en el bosque de Compiègne. Hugo Capeto, así llamado por llevar a menudo una capucha, hijo del conde de París, soberano del Poitou, heredero del ducado de Borgoña, casado con Adelaida de Aquitania y amigo del arzobispo de Reims, parece ser el más indicado para asegurar la sucesión. Así empieza la dinastía de los Capetos.

Estamos cerca del año mil. Mucha gente teme esa cifra redonda, pensando que pueda ser signo de apocalipsis, o hasta del fin del mundo…

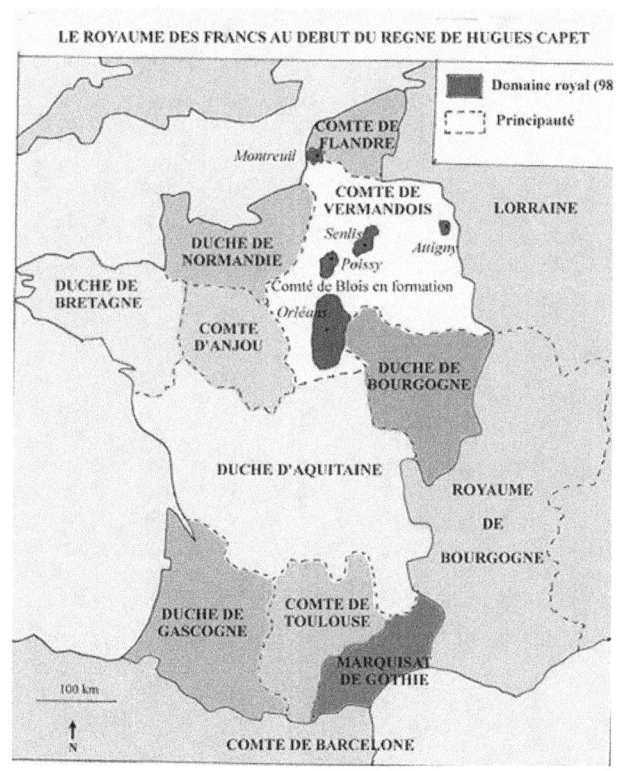

El reino de Francia al inicio del reino de Hugo Capeto.

Campesinos en los campos. Códice iluminado medieval (Biblioteca real del Escorial, Madrid, siglo XIII)

CAPÍTULO SEGUNDO

En tiempo de señores feudales y de primeros grandes reyes de Francia

En realidad, en el año mil no pasa nada extraordinario y el pueblo se da cuenta que se ha exagerado mucho, al hablar de las catástrofes vaticinadas para dicho año... Los ciudadanos están contentos de que todo siga igual y se afanan en vivir lo mejor posible.

Organización feudal

Los campesinos y los habitantes de las ciudades, temen a los Normandos y viven aún con el temor de ver aparecer a esos crueles saqueadores. Para protegerse, ciudadanos y aldeanos se dirigen al duque, al conde o también al rico propietario de la región, en busca de protección. Este protector será el "Señor Feudal".

El Señor, es el propietario de las tierras llamadas feudos y de ahí su nombre de Señor feudal. Los propietarios de pequeños feudos, es decir Señores feudales de menor importancia, solicitan la ayuda de Señores más poderosos y los protegidos son llamados vasallos.

El vasallo rinde homenaje a su Señor y con la cabeza descubierta, sin espada, sin espuelas, de rodillas, las manos en las manos de su Señor que permanece sentado, afirma: "Me convierto en vuestro hombre y os seré fiel y leal". Promete defender a su Señor "contra toda criatura viva o muerta, servirlo en su ejército durante cuarenta días al año, pagar su rescate en el caso de que sea hecho prisionero, pagar los gastos de caballería de su hijo y del matrimonio de su hija". A cambio, el Señor promete proteger, ayudar y aconsejar a su vasallo.

Un vasallo arrodillado realiza la "inmixtiomanum", durante el homenaje a su señor. Sentado, un escribiente toma nota.
(Miniatura de los Archivos de Perpiñán)

Todos los que temen a los Normandos y a otros invasores, se refugian al amparo de los castillos que son verdaderas fortalezas construidas por los Señores feudales, hombres ricos y valientes que no temen a sus enemigos. Ante las invasiones, el hambre y los saqueadores que mantienen un estado de inseguridad permanente en el reino, los habitantes se agrupan junto al que entienden ser el más capacitado para defenderlos. Estando el rey demasiado alejado, es el Señor feudal quien cumple con ese papel. En su castillo, se garantiza ayuda y protección y se imparte justicia. Los campesinos le pagan con una gran parte de sus cosechas y con el mantenimiento de las murallas y fosos del castillo. Los Judíos, venidos de Palestina de donde habían sido expulsados, no tienen derecho ni de poseer tierras ni de cultivarlas. Se establecen a menudo en comunidades que se encuentran cerca de las ciudades ya que lo único que se les permite hacer es dedicarse al comercio, y principalmente al préstamo de dinero, actividad prohibida a los cristianos.

Campesino arando en el mes de marzo
(Les Très Riches Heures du Duc de Berry – hacia 1410)

Los castillos empiezan siendo de madera y más tarde de piedra, con murallas de cinco a seis metros de grosor. Estos gigantescos castillos, se sitúan a menudo sobre la cima de una colina por razones de seguridad. Están rodeados por fosas llenas de agua, que se pueden atravesar únicamente sobre puentes levadizos. En el centro del castillo, se encuentra el torreón compuesto de tres pisos, donde viven el señor, su familia y sus sirvientes. Uno de los pisos se utiliza como alacena, otro como vivienda y el más alto se reserva para los hombres armados y para los vigilantes. En algunos castillos, un túnel subterráneo permite abandonar el torreón sin ser visto, para llegar muy lejos en pleno campo.

Las primeras fortificaciones de madera en Dinan (Bretaña) según el tapiz de Bayeux

Los señores feudales protegen a sus siervos, pero a cambio exigen obediencia, ayuda y a menudo, la cesión de tierras que pertenecen a los campesinos a los que defienden. Son como pequeños reyes en el reino de Francia. Cuando el enemigo ataca, todos los campesinos se refugian detrás de las murallas, con sus pertenencias y sus rebaños. Se levanta el puente levadizo, y hombres armados suben a las murallas para vigilar. A menudo el enemigo intenta derribarlas con arietes, o lanzando grandes piedras con catapultas. Los defensores del castillo, disparan flechas y derraman aceite hirviendo y plomo fundido sobre ellos.

A los Señores feudales, les gusta la guerra. Con el mínimo pretexto, se pelean con su vecino. Las pequeñas tropas se enfrentan abalanzándose una contra otra, escogiendo a su adversario y cargando con sus espadas. Intentan no matar al enemigo sino hacerle prisionero ya que de esta forma, recibirán un rescate para otorgar su libertad. A menudo, si el vencido logra escapar refugiándose en su propio castillo, el vencedor intenta apoderarse del mismo y en el caso de no conseguirlo, incendia las casas de los campesinos asentados en los alrededores, se lleva sus cosechas y roba su ganado.

Cuando una guerra termina, los señores feudales tienen que mantenerse en forma para la siguiente. Mantienen sus armaduras y sus armas en perfecto estado. Para entrenarse, de vez en cuando se desafían en torneos donde los caballeros ponen en juego su valor y su notoriedad. Estos torneos pueden ser mortales, como en el caso del rey Enrique II que perdió la vida en uno de ellos.

Torneo con espadas
Siglo XIII principio del siglo XIV
(Codex Manesse, 1320)

Ataque de los muros de una ciudad con un ariete

Libro de Torneos – René d'Anjou (Provenza siglo XV)

Cuando no se atacan mutuamente, los Señores buscan diversión. Los castillos son fríos, tristes y aburridos. El Señor organiza cacerías de ciervos, jabalíes y de vez en cuando, de osos. La caza se cocina en el inmenso asador de la chimenea del castillo y el anfitrión invita a todos sus amigos a compartir el festín. Comen y beben muchísimo y al mismo tiempo se entretienen con malabaristas, juglares y adiestradores de osos. También escuchan a músicos, peregrinos o a algún trovador que cuenta las hazañas de Carlomagno y de Rolando. Otra de sus diversiones, es la de asistir a la ceremonia de nombramiento de nuevos caballeros.

División territorial

Francia está dividida por castillos y tierras de miles de Señores feudales. El habitante de una ciudad o de un señorío, está considerado como un extranjero en otra ciudad vecina. Para poder llevar mercancías de una ciudad a otra, hay que obtener un permiso especial y pagar un impuesto. Los grandes Señores tienen su propio estandarte, su ejército y a veces también su capital.

Las calles de las ciudades son estrechas y sucias. Las tiendas de los comerciantes, están abiertas hacia la calle. El rey impone a los artesanos, trabajar a la vista de todos. En las ciudades, los días de feria, el pueblo se divierte admirando a malabaristas, saltimbanquis y actores que representan el misterio de la pasión de Jesucristo. Las fiestas religiosas son también una ocasión de júbilo. Desgraciadamente el pueblo no siempre es feliz ya que las guerras y las epidemias causan estragos entre la población. Las ciudades están llenas de barro, pues las calles no están asfaltadas. Son estrechas y sombrías y están constantemente obstruidas por animales como cerdos o aves de corral, criadas en las mismas calles.

Calle y mercaderes de la Edad Media, miniatura del Libro del Gobierno de los Príncipes, Paris

La circulación en el París medieval, es prácticamente tan difícil como la de hoy en día, debido a que los mercaderes exponen sus mercancías en el medio de la calle. El transeúnte, tiene que abrirse paso a través de una multitud. En la ciudad, las plazas son escasas y pequeñas y en cuanto cae la noche, ya no hay luz ni vida por las calles y la gente se queda en sus casas. Dentro de las viviendas hay poca luz, y escasamente se calientan por miedo a provocar incendios que amenazan continuamente las casas de madera. A menudo las ciudades están al borde de la hambruna, pero nadie se muere de hambre gracias a las reservas de trigo que se tienen almacenadas.

Los campesinos viven alrededor de los castillos, en chozas miserables, pequeñas y a menudo sin ventanas. Sus viviendas se componen de una sola habitación, donde conviven con los animales. Están amuebladas únicamente con una mesa, una artesa para amasar el pan, un gran cofre para guardar las prendas de vestir y con algunos bancos o taburetes. El campesino duerme sobre trozos de madera, colocados en el suelo y cubiertos de paja o de helechos secos. Cuando vuelve del trabajo, no encuentra ni plato, ni vaso, ni tenedor sobre la mesa. Una sola gran escudilla de madera contiene la comida de la familia entera que se compone de sopa, pan negro y verdura. Los días de fiesta se suele comer un poco de tocino, y cada miembro de la familia sumerge directamente su cuchara de madera, en la escudilla común.

Siervos y villanos

Trajes de esclavos y siervos.

La mayoría de los campesinos son siervos que pertenecen, así como la granja que cultivan, al Señor feudal y no tienen ni siquiera el derecho de abandonar esa granja. En el caso de que el Señor venda la tierra, vende al mismo tiempo a sus siervos que tienen como único privilegio, el de no poder ser separados de sus familias. Cuando muere un campesino, no deja ninguna herencia a sus hijos y el Señor feudal, será el único que herede todo lo que tenga. A partir del siglo XII, el siervo ve mejorar su condición y obtiene algunos nuevos derechos como el de rescatar algunas servidumbres, o el derecho de utilizar el horno y el molino del Señor.

Siempre han existido campesinos menos maltratados que otros, y que se han llamado "villanos". Son trabajadores de la villa, o de la hacienda. Casi todos los villanos, son también siervos y pertenecen al señor, pudiendo ser vendidos con la tierra. Sin embargo, algunos villanos poseen tierras ellos mismos pero, a cambio, tienen que dar al señor una gran parte de sus cosechas. Le pagan para utilizar el molino, el horno y el lagar. Algunos villanos son libres y pueden abandonar las tierras del señor, pero son apenas menos miserables que los siervos. Trabajan muy duramente la tierra que remueven con una laya o con un arado de madera, tirado por bueyes o burros. Las cosechas son escasas y a menudo están, o bien estropeadas por las cacerías del Señor feudal quien tiene el derecho de "estrago" sobre dichos terrenos cuando caza, o bien quemadas por numerosas batallas. También pueden ser robadas por saqueadores que se dedican al pillaje. Esta situación provoca frecuentes hambrunas.

Campesinos arando los campos – Octubre
Les Très Riches Heures du duc de Berry

Museo Condé de Chantilly

Los castillos se construyen muy cerca los unos de los otros, a veces a menos de diez km de distancia, lo que los hace muy numerosos. Hay más de diez mil castillos construidos en madera, de los cuales ya no quedan rastros. Los pueblos dependen totalmente de los castillos, pero tampoco estos castillos podrían subsistir sin los pueblos, ya que los señores obtienen el dinero para pagar a sus guerreros, del ganado y del grano que les aportan sus siervos.

Cuando los campesinos son demasiado desgraciados, se rebelan y atacan al señor pero nunca llegan a ser los más fuertes. Los señores se vengan cruelmente, cortándoles las manos o colgándoles de los árboles, en los bosques cercanos.

Campesino de la Edad Media (Pierpont Morgan Library, New York)

LOS REYES CAPETOS

En el año 987, Hugo Capeto, conde de Paris, es elegido rey por los obispos y los nobles del norte de Francia. Es el soberano de todos los señores feudales, pero su reino, situado entre los ríos Sena y Loira, es pequeñísimo.

Medallón representando a Hugo Capeto de perfil (Biblioteca Nacional de Francia)

Este rey es más pobre y menos poderoso que la mayoría de sus vasallos, los duques de Bretaña, de Normandía y de Aquitania. Algunos de ellos, tratan al rey con insolencia. Se cuenta que en una ocasión, el rey Hugo Capeto preguntó al conde de Toulouse "¿Quién te ha nombrado conde?" y este le replicó "¿Y a ti quién te ha nombrado rey?" Sin embargo, aunque Hugo Capeto no tenga medios para exigir obediencia, antes de morir, hace que coronen rey a su hijo mayor. De esta forma, la realeza se convierte en hereditaria.

Acaba de nacer la dinastía de los Capetos, y durará ocho siglos.

Hugo Capeto enfrentándose a un vasallo por Alphonse Marie de Neuville, 1883

Los sucesores de Hugo Capeto, Roberto el Piadoso (996-1031), Enrique I (1031-1060) y Felipe I (1060-1108), apenas dejaron huella...

San Valéry apareciéndose a Hugo Capeto (Grandes Crónicas de Francia, siglo XIV)

Paris, Biblioteca nacional de Francia

Moneda de Hugo Capeto, « duque por la gracia de Dios » (Dux Dei Gratia), taller de París (Parisi Civita), fines del S. X

Luis VI "El Gordo"

Después del reinado de estos débiles reyes, Luís VI llamado "el Gordo" (1108-1137), hijo de Felipe I, sube al trono. Es un gigante alegre y valiente, que tiene un apetito increíble. Engorda de tal forma, que le llega a ser imposible montar a caballo. Durante más de treinta años, combate contra pequeños señores malvados, como los Señores de Coucy, de Montléry y de Puiset, que se dedican a atacar a los viajeros y a los peregrinos en las carreteras, para robarles o para hacerles pagar un rescate. Hartos de esta situación, tropas de campesinos armados y liderados por sus curas, se apoderan del castillo de Puiset. Luís VI el Gordo, ordena entonces que incendien el castillo, que arrasen las murallas y que tapen los pozos para que nadie pueda volver a vivir en el. El pueblo ama de verdad a este rey "policía", que lo defiende contra los señores que abusan de su poder.

Luís VI "el Gordo", rey de Francia

En el año 1066, un señor feudal francés, el duque de Normandía llamado Guillermo el Conquistador, se convierte en rey de Inglaterra gracias a su victoria contra el rey Harold en la batalla de Hastings, durante la cual este último muere. Es coronado rey de Inglaterra el 25 de diciembre, en la abadía de Westminster y así se convierte en un hombre tan poderoso como su propio soberano, el rey de Francia.

Al final de su reinado, Luís VI el Gordo une en matrimonio a su hijo primogénito Luís, hombre aburrido y devoto, con Leonor de Aquitania, bella y espiritual, quien aporta como dote esta magnífica provincia. Después de algún tiempo, Leonor, deseando la separación, descubre que estando emparentada con su marido, se habrían tenido que pedir las necesarias dispensas matrimoniales, cosa que no se hizo. Insta a su esposo a que solicite la anulación del matrimonio y una vez obtenida, se casa con Enrique II Plantagenet. Francia vuelve a perder Aquitania. Luís VII, sucede a su padre en el trono.

Luís VII de Francia

La coronación de Luís VI en Orléans
Crónicas de Saint-Denis (Castillo de Saint-Germain en Laye)

Leonor de Aquitania (detalle)

Felipe Augusto

Con Felipe II de Francia llamado Felipe Augusto, séptimo rey de la dinastía de los Capetos e hijo heredero de Luis VII, comienza el verdadero poder de los Capetos (1180-1223). Es el primer soberano que ostenta el título de "rey de Francia", habiéndose suprimido el de "rey de los Francos" que no volvió a utilizarse jamás. Es un hombre fuerte y vigoroso. Cuando está participando en alguna batalla, lleva una pesada prenda hecha de malla de hierro y un casco que le tapa todo el rostro. Felipe Augusto anhela sobre todo que al final de su reinado, la realeza sea tan poderosa como lo fue en tiempos de Carlomagno. Se afana en luchar contra los vasallos rebeldes, tales como el conde de Flandes, el conde de Champaña y el duque de Borgoña que se han unido contra él. El rey los derrota y conquista el Artois y la Picardía. Lucha también contra el rey de Inglaterra que posee en Francia un territorio siete veces mayor que el suyo, y que se ha aliado con un emperador Germano llamado Otón y con un vasallo desobediente llamado Ferrand, conde de Flandes.

Francia, 1154-1184 - La boda de Leonor de Aquitania con Enrique de Anjou y su sucesión al trono de Inglaterra, creo un imperio. (William R. Shepherd 1871/1934)

De forma muy astuta, Felipe Augusto logra enemistar al rey de Inglaterra con sus dos hijos, Ricardo Corazón de León y Juan sin Tierra. Más tarde, aprovecha la muerte de Ricardo Corazón de León para adueñarse de Normandía y después de sitiar la ciudad de Château-Gaillard, se apodera también del Anjou, del Poitou, del Maine y de la Turena, y continúa luchando contra el emperador de Alemania.

Dos grandes Señores feudales Franceses, se alían con este emperador para luchar contra él. Temen que Felipe Augusto se convierta en un rey demasiado poderoso, y juntos invaden el norte de Francia. Felipe Augusto cuenta no obstante, con el apoyo de la Iglesia y la ayuda de las milicias comunales, soldados enviados por las comunas del reino. Gracias a ello, consigue una gran victoria en Bouvines (1214), cerca de la ciudad de Lille. La victoria es rápida y total sobre los Ingleses y sus aliados, Alemanes y Flamencos.

Coronación de Felipe Augusto (Jean Fouquet siglo XV)

Batalla de Bouvines por Horace Vernet (1789-1863)

Los Ingleses se ven obligados a abandonar todas las regiones que ocupaban al norte del río Loira y al verles marchar, toda Francia expresa su gran júbilo haciendo repicar las campanas de todas las iglesias del reino. Las casas y las calles se engalanan y las celebraciones duran siete días y siete noches en París.

Los campesinos piensan que la época feudal ha sido vencida, cuando ven pasar al conde de Flandes hecho prisionero. Aclaman a Felipe Augusto, por gobernar sensatamente el territorio real. El rey sabe elegir bien a los gobernadores de las provincias, entre los pequeños nobles y los burgueses. Estos le demuestran abnegación y se esfuerzan por lograr el amor del pueblo hacia su rey.

Felipe Augusto lleva prisioneros a Ferrand de Portugal y Renaud de Dammartin (Biblioteca Nacional de Francia)

En el Sur del país nace una nueva religión, inmediatamente condenada por la Iglesia. Es la religión de los Cátaros o los "purificados". Felipe Augusto anhela sobre todo la paz del reino y para ello, obliga a los Señores Feudales a respetar una nueva Ley. Prohíbe que ninguno de ellos emprenda una guerra, si no es cuarenta días después del inicio de su disputa. Esta Ley se llama la "cuarentena del rey". A menudo ocurre que después de cuarenta días, los Señores no se acuerden ya de la causa de su pelea, olvidando así el problema y logrando de esta forma, vivir en paz...

La ciudad de Paris tiene que estar muy agradecida al rey Felipe Augusto, quien hace adoquinar sus calles, construir el mercado Central y el palacio del Louvre, terminar la construcción de la catedral de Notre-Dame y rodear la ciudad con una muralla continua. Más bella, más salubre y mejor fortificada, París se convierte verdaderamente en la capital de Francia.

Homenaje del conde de Flandes al rey de Francia Felipe Augusto, entregado en Compiègne en 1196, ante el arzobispo de Reims

La población expulsada de Carcasona, en 1209

Muros de Paris bajo el reinado de Felipe Augusto en 1223 (Bib. nacional de Francia)

San Luís de Francia

Luís IX o San Luís (1226-1270), nieto de Felipe Augusto, se convierte en rey a los doce años. Es un rey admirable. Su madre, Blanca de Castilla, hace de él un perfecto caballero. Se dice que tiene "los ojos de una paloma". Es un hombre caritativo y justo. No teme a los leprosos, de los cuales todos se alejan con terror. Se cuenta que fue a visitar a un fraile enfermo de lepra. La enfermedad le había roído la nariz y agrietado los labios. San Luis fue a visitarlo a la hora de la comida y el buen rey se arrodillo ante él, le cortó la carne a trozos, le dio de comer procurando que la sal no entrara en las grietas, para evitarle el dolor. Le ayudó a beber, cuidando de él de una forma admirable y volviendo repetidas veces a visitarle y a ayudarle.

Luís IX o San Luís (Recueil des rois de France de Jean Du Tillet - Biblioteca national de Francia)

Para poder dar cobijo a trescientos ciegos, ordena la construcción en París de un hospicio llamado "Quinze-Vingt". Permite a diario que los pobres coman en su mesa, sirviéndoles personalmente. Escucha regularmente a todos los que reclaman justicia, en los peldaños de la Santa-Capilla y en verano, lo hace bajo un roble del bosque de Vincennes. Atiende a todos los que vienen a quejarse, e intenta ayudarles.

Hospital de los Quinze-Vingt, Paris 1567 (Tarjeta postal de 1900)

Tiene la reputación de ser severo consigo mismo, y también con los demás. Los Señores saqueadores o criminales, son castigados duramente. Es un buen rey, que hace que el pueblo ame a la realeza. Para este rey, gobernar bien es no tomar nada de los demás y vivir en paz con todos.

También tiene el admirable gesto de devolver al rey de Inglaterra las provincias del Perigord y del Limusín que su abuelo, Felipe Augusto, había conquistado. En el momento de la entrega, le dice: "La tierra que le doy, se la doy sin obligación alguna, pero lo hago para que sus hijos y los míos se lleven bien".

Coronación de San Luís (Luís IX de Francia) en Reims (Siglo XIII)

Capilla del hospital de los Quinze-Vingt
Vidriera del martirio de Crispín y Crispiniano (siglo XV)

Sin embargo, en aquel tiempo los tribunales de la Inquisición son inapelables y los que no comparten la creencia oficial de la Iglesia, son a menudo quemados vivos, como los doscientos Cátaros de Montségur. San Luis prohíbe las guerras feudales para evitar el terrible daño que estas causan a los campesinos. Logra mantener la paz entre sus vasallos así como entre los reyes vecinos, durante casi cincuenta años.

Siendo muy devoto, únicamente lucha contra los infieles y se une a la cruzada del año 1248. Al ser hecho prisionero, tiene que pagar un gran rescate para obtener su libertad. Se cuenta que volviendo de esa cruzada, el barco del rey en el que navegaba con muchos soldados, chocó contra una roca cerca de una isla, amenazando zozobrar. Los caballeros que se encontraban con San Luís, le aconsejaron abandonar el navío ya que su vida corría peligro. Él se negó en rotundo, alegando que si lo hacía, todos los demás cruzados lo imitarían. Afirmó que no permitiría que éstos se asustasen e intentaran llegar hasta la isla donde se tendrían que quedar para siempre, sin poder volver a su patria. Sus palabras fueron: "no quiero que por mi ejemplo, se vean privados de volver a Francia. Me pongo en manos de Dios y me quedo".

Más tarde, San Luís volverá a unirse a otra cruzada, partiendo del puerto de Aigues-Mortes, hoy un arenal. Será la última de las cruzadas, en el año 1269. Apenas llegado a Túnez, muere de la enfermedad de la peste en 1270. Toda Francia llora, al que un Señor feudal Ingles llamó: "el rey de todos los reyes de la tierra".

Luís IX embarcado hacia Egipto

Felipe IV, el Hermoso

Felipe IV el Hermoso, se convierte entonces en el soberano más respetado de Europa (1285-1314). Nieto de San Luís que había logrado que el pueblo amara la realeza, Felipe el Hermoso logra todo lo contrario, es decir que la teman. Un obispo comenta "es el hombre más bello del mundo, pero solo sabe mirar fijamente sin decir palabra. No es un hombre, sino una estatua". No duda en arrestar al Papa Bonifacio VIII, cuando éste intenta impedir que el clero tenga que pagar impuestos. Este anciano de ochenta y seis años, no soporta el encarcelamiento y muere rápidamente. El rey aprovecha esta circunstancia para nombrar a un nuevo Papa Francés, Clemente V y hace que se instale en la ciudad de Aviñón, en Francia y no en Roma, sede del Papado.

Arresto de Bonifacio VIII (Giovanni Villani) *Iglesia de Santiago en Compiègne* *Felipe IV, el Hermoso*

A Felipe el Hermoso, le gusta rodearse de consejeros. Por primera vez y como consecuencia de su pelea con el Papa, convoca en 1302 a los Estados Generales de Francia. Se trata de una asamblea compuesta de nobles, gente del clero y burgueses.

Tributo de Eduardo I de Inglaterra a Felipe el Hermoso (Grandes Crónicas de Francia – Biblioteca Nacional, Paris)

Nadie en Europa, se atreve a resistir al rey de Francia que amplía su reino con la región de Champaña, una parte de Flandes y Aquitania. También se apodera de las ciudades de Lyon, Chartres y Montpellier. Mientras que en el siglo X, el rey de Francia Hugo Capeto es únicamente un Señor Feudal que posee un territorio diminuto equivalente a dos de los departamentos franceses actuales, trescientos años más tarde, el rey Felipe el Hermoso gobierna como dueño y señor, un reino equivalente a la extensión de unos sesenta departamentos. Los Capetos serán llamados: los "acumuladores de tierra".

LA IGLESIA Y LAS CRUZADAS

La fe cristiana, se encuentra muy viva durante la Edad Media. Las reliquias de los Santos son llevadas en procesión los días de fiesta, y la multitud se desplaza en peregrinación a lugares donde han vivido algunos de ellos, como a San Martín de Tours en Francia, o a Santiago de Compostela en España. Algunos van incluso hasta Jerusalén a pié, para rezar sobre la tumba de Cristo.

La Iglesia es rica y poderosa. Casi todos los obispos viven como Señores feudales en sus fortalezas y poseen bienes inmensos que les han sido regalados por reyes o nobles, por el perdón de sus pecados. Estas riquezas aumentan sin cesar, y los donativos llegan de todas partes. Algunos regalan una gallina o un cordero, otros regalan un prado, una vid o granjas enteras así como grandes sumas de dinero. La Iglesia percibe también el "diezmo", es decir aproximadamente una décima parte de las cosechas y de los productos ganaderos de los campesinos.

El conjunto de la Iglesia se compone de obispos, curas y frailes. Los curas en sus pobres parroquias, celebran misa y enseñan el catecismo. En los monasterios, los frailes trabajan la tierra, copian manuscritos, dan hospitalidad y protegen a los campesinos necesitados. Ayudan a los débiles e intentan apaciguar a los Señores para que no sean tan brutales y se conviertan en verdaderos cristianos, caritativos y justos con los pobres.

Tumba de Felipe el Hermoso en la Basílica de San Denis

A pesar de todas sus promesas, los Señores pasan la mayoría de su tiempo luchando entre si y de forma regular, incendian las cabañas de los campesinos, arrasando también sus tierras. Esta pobre gente sufre continuamente esa terrible situación, hasta que la Iglesia decide imponer una tregua semanal. Ordena a los Señores que acaten la imposición de suspender sus batallas, semanalmente entre el miércoles y el Domingo noche. ¡Esta tregua se llama la "tregua de Dios" y permite que los campesinos, puedan vivir tranquilos unos cuantos días por semana!

La Iglesia es la única institución que se ocupa de los enfermos pobres, y de los huérfanos. Protege las ciudades y los pueblos, así como todas las casas donde se atienden a enfermos, como hospitales, leproserías y monasterios que acogen a los peregrinos. Imparte justicia infligiendo a veces penitencias públicas en las que el penitente debe, ante toda una multitud, pedir perdón. De vez en cuando, impone también la excomunión a grandes criminales, sean éstos reyes o emperadores. El excomulgado se encuentra excluido del mundo por los hombres, y su familia lo rehúye como si tuviera la peste.

Se dice que un obispo que había realizado una excomunión, ordenó a la población: "Que nadie lo salude ni le haga compañía, ni lo reciba en su casa, ni coma ni beba ni hable con él. Que sea maldecido, vivo y muerto".

Excomunión de Roberto II de Francia, dicho el Piadoso (998) por Jean-Paul Laurens (1875)- Museo de Orsay

Los monasterios o abadías

En la Edad Media, los frailes son unos sabios. Viven en abadías y en monasterios donde, retirados del mundo, pasan su vida rezando y trabajando. Algunos aran la tierra y desbrozan los bosques. Otros enseñan a los niños a leer, a escribir y a cantar en latín. Los mejores artistas, enriquecen los manuscritos con magníficas miniaturas. Algunos curas incitan al estudio repitiendo: "Lean, moldeen, escriban: una letra trazada en este mundo, borra un pecado en el otro mundo". En realidad podemos dar gracias a los frailes, ya que son los únicos que nos han dejado información precisa, sobre la forma de vida de nuestros antepasados durante la Edad Media.

Manuscrito del Breviario de Alarico (Universidad de Auvernia - Clermont I)

Detalle de un manuscrito – Letra "C" que contiene una escena de monjes, desfigurados por la peste y bendecidos por un cura.
Omne Bonum por James le Palmer (1360-1375) Biblioteca Británica

A menudo, los monasterios se convierten en "burgos" y hasta en ciudades. La población desea estar bajo la protección de los frailes, por lo que construyen sus casas alrededor de los monasterios.

Como aún no existen los ayuntamientos, son los sacerdotes los que llevan registros precisos de bautizos, bodas y entierros. También hacen construir bellas iglesias, donde el pueblo puede ir a rezar y donde los perseguidos encuentran refugio, ya que en aquella época no se puede capturar a nadie que se haya refugiado en una iglesia.

Las Catedrales

Las ciudades son ricas, y la fe religiosa es la base de la sociedad. El abad de San Denis, Suger, es la primera persona que decide transformar su iglesia en una catedral, monumento digno de Dios y de su rey. A partir de entonces, todas las ciudades tendrán su catedral como en Sens, Senlis, París, Soissons, Bourges, Chartres, Rouen, Amiens y Reims.

Catedral de Notre-Dame-la-Grande (Poitiers) de estilo románico - Cathédrale de Notre-Dame-la-Grande (Poitiers) de style roman

Las catedrales y las iglesias, son consideradas como casas del pueblo. Pueden ser románicas: enormes y achaparradas, o góticas: elegantes y esbeltas. Tanto una inmensa catedral como una modesta iglesia de un pueblecito, son consideradas como la casa de todos. Allí se reza, se trabaja y hasta se disfruta. En ellas, se organizan reuniones para discutir de los asuntos del país, como las de un Ayuntamiento de nuestra época. Sus campanas llaman al trabajo, anuncian los días de fiesta y hasta los combates. Muy a menudo se utilizan las catedrales como sala de espectáculo y también, como sala de reunión para los diferentes gremios de trabajadores de la ciudad. Abierta día y noche, se encuentra ocupada permanentemente por una multitud de peregrinos, que comen y duermen bajo su techo, al abrigo de los peligros de la ciudad.

A veces, mercaderes ambulantes y vendedores de vino, se mezclan con los peregrinos. Algunos se instalan en la catedral con sus perros, y los campesinos que se desplazan a los mercados, llevan también a sus animales. Los días de fiesta, algunos domadores y malabaristas, muestran sus espectáculos en el atrio de la catedral. También se representan obras de teatro sagrado, llamadas "misterios", en las que se cuenta la vida de los santos y otras llamadas "farsas", que son más cómicas. Algunas veces, las catedrales sirven de mercado donde se almacenan las reservas de trigo, cuando se teme la llegada de alguna hambruna.

En el siglo XIII, los alrededores de la catedral están bastante menos despejados que hoy en día. Junto a la catedral, se encuentran el claustro y las casas de los canónigos, aisladas del resto de la ciudad por un muro. La gran riqueza de estos hombres de Iglesia, a menudo provoca el enojo del pueblo. Cerca de la catedral, se puede ver también el hospital, llamado en aquella época el "Hôtel-Dieu", donde se cura a los enfermos, así como la escuela creada por el obispo. En algunas ciudades como Chartres, la escuela atrae a mucha gente, tanto de Alemania como de Inglaterra, ya que sus maestros tienen una excelente reputación.

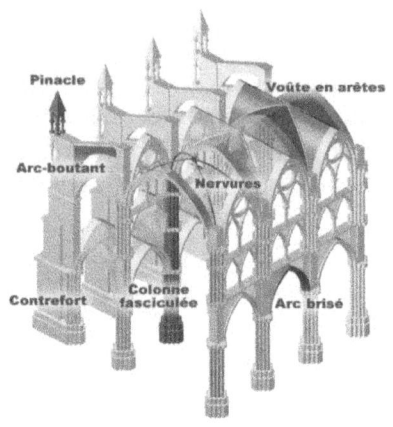

Arquitectura gótica

BNF (Paris)
Miniatura de la Construcción del Templo de Jerusalén, que describe la construcción de una catedral gótica
(Jean Fouquet 1470)

Los habitantes del barrio de la catedral, son simples artesanos o comerciantes. Los peregrinos se paran en las callecitas estrechas y animadas, para comprar tejidos, carne, vino, así como pequeñas imágenes de plomo que representan la efigie de la Virgen. En aquella época existe la creencia de que el que lleve esta imagen de plomo, obtendrá la protección de la Virgen.

Para poder construir bellas catedrales, los arquitectos elaboran planos sobre los cuales numerosos obreros, trabajan con entusiasmo durante largos años. Los albañiles izan grandes bloques de piedra que los escultores tallan y esculpen, dando forma a bellas imágenes. Los maestros vidrieros, preparan preciosas y coloridas vidrieras en forma de grandes rosetones y ventanales. Estas bellas catedrales son como un libro, donde el cristiano aprende y se instruye.

Catedral de Saint-Dié-des-Vosges,
bella cristalera del siglo XIII

Detalle de una cristalera de Notre-Dame de Paris

Las ciudades rivalizan entre ellas, para tener la mejor iglesia o catedral. Se pueden contar hasta doscientos obreros, en una de estas obras. Los picapedreros hacen un trabajo de alta precisión. Con gestos rápidos y precisos, tallan las asperidades de la piedra. Los bloques tienen que estar completamente lisos, para poderse ajustar perfectamente y cada piedra tiene su sitio. Otros obreros llevan pesados cuévanos de tierra, y desplazan las piedras. Más arriba se pueden ver obreros muy cualificados, que son los verdaderos constructores. Para poder levantar las pesadas piedras, los carpinteros han inventado una sorprendente "jaula de ardillas". Se trata de una enorme rueda de madera, en la cual dos hombres caminan sin parar para subir bloques de doscientos kg, a más de quince metros. Bajo los andamios, varios tejadillos protegen a los escultores. Estos talladores de imágenes, son los artesanos mejor pagados de la obra. Vienen de diferentes regiones de Francia y son muy apreciados.

Bonito ejemplo de la vida en el siglo XIII
Se aprecia la utilización de una grúa en la construcción de una fortaleza

"Jaula de ardillas" de Guédelon
(obra medieval de reconstrucción histórica
de una fortaleza con técnicas y materiales
utilizados en la Edad Media)

Cada ciudadano colabora con lo que puede. El rico burgués dona dinero y el noble, regala una vidriera o una estatua. La gente del pueblo proporciona la mano de obra. Para animar a los albañiles y a los escultores, los Señores y los frailes les ofrecen vino, aceite y muchas otras cosas. Los obispos y los curas controlan a menudo el desarrollo de las obras, discuten con el maestro de obras y felicitan a los obreros con buenas palabras.

Las Cruzadas

Cuando se propaga la noticia de que los Turcos han tomado la ciudad de Jerusalén y que muchos peregrinos cristianos que se dirigían a Tierra Santa han sido masacrados, la emoción del pueblo es inmensa. El Papa Urbano II, aconseja ir a liberar esta ciudad Santa. Comienzan las cruzadas.

Se organizarán ocho cruzadas en total. Se trata de expediciones contra los pueblos musulmanes que han conquistado Jerusalén, ciudad santa, donde se encuentra la tumba de Cristo. La Iglesia recomienda a los cristianos, que derramen únicamente su sangre en nombre de Dios. Cuando el Papa Urbano II y Pedro el Ermitaño, llaman a las armas para arrancar Jerusalén a los infieles, campesinos, burgueses y nobles parten alegremente gritando: "Dios lo quiere". Caballeros y peregrinos cosen sobre su pecho o sobre su hombro derecho, una cruz de tela roja y "para seguir la vía de Dios, cada cruzado abandona su casa, su viñedo, sus bienes o los venden a muy bajo precio".

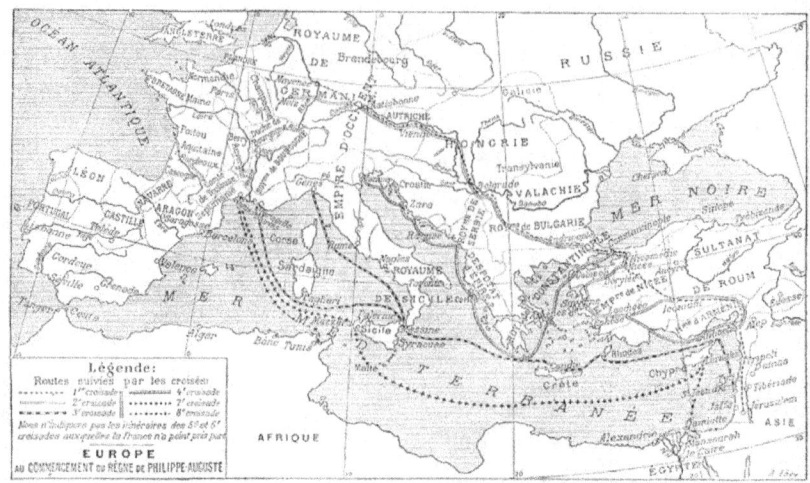

Las Cruzada - Rutas tomadas por los cruzados

La gran mayoría de estos cruzados, son exterminados por los Turcos o mueren de hambre y de cansancio durante el largo camino. Estamos en el año 1095. Durante este recorrido, frailes-soldados llamados "Hospitalarios", construyen enormes fortalezas como el "Crac de los Caballeros", construida sobre un espolón del desierto Sirio, para proteger a los cruzados contra los ataques de los musulmanes.

Imagen de cruzados

Crac de los Caballeros (Siria)

Jacques de Molay, noble Franco, Gran Maestre de la Orden del Temple, que lucho como cruzado

En 1096, una gran armada de caballeros conducida por Godofredo de Bouillon, duque de Lorena, parte hacia la ciudad santa. Después de grandes sufrimientos, llega a Palestina el 15 de julio de 1099 y se apodera de Jerusalén, al igual que de varias ciudades vecinas. Se forma allí mismo una "pequeña Francia", de la que Godofredo de Bouillon será rey.

Godofredo de Bouillon (ilustración de 1882)

Balance de las Cruzadas

Un siglo más tarde, Jerusalén vuelve a ser conquistada por los musulmanes. Los reyes de Francia organizan nuevas cruzadas para volverla a conquistar, pero no tienen éxito. Sin embargo, las cruzadas tienen otros resultados positivos muy importantes. Muchos Señores mueren en Tierra Santa, y otros se asientan allí para siempre. Algunos vuelven empobrecidos, teniendo que vender "libertades" a la gente del pueblo, para poder obtener dinero.

Batalla de Ascalón (18 de noviembre 1177)

En Tierra Santa, los Señores han aprendido a vestirse con ricas telas preciosas y a adornar sus castillos con bellas tapicerías, magníficas alfombras y esplendidos espejos. A su vuelta, enseñan a Francia y a Europa, el cristal, el papel, la brújula y la ballesta que se han traído de esas tierras lejanas. Traen consigo también plantas de limoneros, de ciruelos, de albaricoqueros y de moras así como arroz, trigo negro, algodón y caña de azúcar.

El comercio se desarrolla muy activamente, entre los países bañados por el mar mediterráneo.

La toma de Jerusalén en 1099
Manuscrito de la Edad Media

Los jefes de la cruzada atravesando el Bósforo

EL FINAL DE LA EDAD MEDIA

El tiempo de las invasiones parece haber pasado y permite que numerosas ciudades puedan ser construidas y ampliadas, sin miedo a ser atacadas. Los puentes de madera se sustituyen por puentes de piedra y los molinos de agua en los ríos, se convierten en los primeros motores de la industria.

Los campesinos, abandonan sus tierras, para convertirse en artesanos o comerciantes que se agrupan en influyentes corporaciones. En París, la corporación de los vendedores de agua y su preboste, obtienen el mandato de administrar la ciudad. En el siglo XIII, París cuenta ya con doscientos mil habitantes. Es la ciudad más poblada de Europa. En aquella época, las ciudades son aún fortalezas que se encuentran rodeadas por gruesas murallas y llevan el nombre de "burgo".

Una gran parte de sus habitantes, los más acaudalados, se llaman "burgueses". Estas ciudades son a menudo pasto de las llamas, ya que las casas son de madera y se encuentran construidas muy juntas, las unas de las otras. Aunque se tomen grandes precauciones para intentar evitar estos incendios, la ciudad de Rouen se incendia seis veces en veinticinco años. Los obreros no tienen derecho a trabajar de noche, con la luz de las lámparas. Cada tarde se toca a queda y únicamente se permite conservar algunas brasas incandescentes en las cenizas de los braseros, para poder volver a encender el fuego fácilmente, teniendo en cuenta que no existen ni cerillas ni mecheros.

En cuanto el vigilante anuncia el amanecer con su trompeta, las tiendas abren sus postigos y se empiezan a oír los gritos de los mercaderes por las calles. En cada puesto, junto a un maestro o patrón, trabajan dos o tres sirvientes u oficiales y otros tantos aprendices. La jornada de trabajo es muy larga y dura entre diez y dieciséis horas. El aprendizaje es largo y puede durar más de diez años. El mismo artesano vende lo que fabrica y para poder ser maestro, el oficial debe probar su habilidad, haciendo una "obra maestra".

Los Gremios

Los artesanos de un mismo oficio se agrupan en corporaciones o asociaciones de patronos, oficiales y aprendices que ejercen el mismo oficio, en la misma ciudad. Defienden los intereses de los obreros y vigilan la calidad del trabajo que está determinada por reglamentos muy estrictos como por ejemplo, el número de hilos de una sábana o su propia anchura. Toda tela mal hecha o hecha fuera de las normas impuestas, tiene que ser destruida. A menudo, los artesanos de una misma corporación viven en la misma calle, como la "calle de la Herrería", "calle de los Curtidores", "calle de los Carniceros", etc.

Cada corporación, escoge a un Santo Patrón. Por ejemplo, San José es el patrón de los carpinteros; San Blas el de los albañiles o San Pedro, el de los panaderos. Así reunidos en cofradías, desfilan con todos sus estandartes el día de de la fiesta de su Santo Patrón, dando fin a la celebración con un buen festín.

Vendedor de especias

Las Ferias

Las invasiones han cesado y las carreteras son ya más seguras, lo que permite que los comerciantes puedan desplazarse fácilmente de una ciudad a otra, para vender sus productos en las diferentes ferias. Estas ferias duran a veces varias semanas y las más famosas son la de Lendit, cerca de Paris, la de Troyes, la de Provins en Champaña y la de Lyon. Llegan a ellas miles de mercaderes desde todo el país, e inmediatamente tienden inmensas mesas cargadas de paños, sedas, cueros, pergaminos y obras de arte hechas de hierro y estaño para vender. Durante estas ferias, se representan obras de teatro, farsas y bailes populares por las calles.

Los Señores gastan mucho dinero para poder unirse a las cruzadas, mantener sus castillos y organizar numerosas fiestas. El mobiliario de los castillos tiende a mejorar poco a poco, los muebles son más numerosos y decorados con bellas esculturas y herrajes. Las colgaduras de seda y las bellas tapicerías son muy preciadas, pero todo ello es muy caro y los Señores necesitan dinero para costearlo. Los burgueses de las ciudades, enriquecidos por el comercio, aprovechan las necesidades de los Señores para comprarles el "derecho a gobernarse ellos mismos". De esta manera, las ciudades se convierten en pequeñas repúblicas, llamadas municipios. El documento que determina las condiciones de la compra, se llama "la carta". La liberación de los municipios da lugar a terribles luchas ya que algunas veces el Señor rechaza "la carta" y otras veces, habiéndola otorgada, no mantiene sus promesas,

Los Municipios

Una vez libre, la ciudad se organiza en municipios. Para dirigirlos, los burgueses nombran a un alcalde y a consejeros municipales, que se reúnen en el ayuntamiento. Forman un pequeño ejército llamado "milicia municipal", que puede ser alertado en caso de peligro, por el vigilante que se encuentra en la cima del torreón de vigilancia.

La vida de los campesinos, aunque aún ruda, mejora en el siglo XIII. Las tierras son desbrozadas y los campesinos pueden criar más animales como cerdos, corderos y aves. El cultivo del trigo y de la vid, se desarrolla enormemente. Se dice que el rey de Francia solía contestar a cualquier extranjero que alabase las riquezas de la nación: "Nosotros, en Francia, no somos ricos, pero tenemos pan, vino y alegría".

Muchos siervos logran comprar su libertad al Señor, y así pueden llegar a convertirse en propietarios. El siglo XIII, aún llamado "siglo de San Luis", es una época feliz para Francia.

Alegoría del Buen Gobierno (1337-1340, Ambrogio Lorenzetti)

EL FINAL DE LOS CAPETOS Y LA GUERRA DE LOS CIEN AÑOS

Felipe IV de Francia (el Hermoso), considerablemente endeudado y contando con el apoyo del Papa Clemente V, condena a los Templarios en 1307, a ser quemados vivos en la hoguera, después de haber confiscado todos sus bienes.

Jacques de Molay y Geoffroy de Charnay condenados a morir en la hoguera

(Grabado de Auguste Maquay)

Por la misma razón, expulsa a cien mil judíos. A menudo ordena que se raspen las monedas, para fundir otras con el oro que se recupera. Esta necesidad de dinero se debe a una economía que, poco a poco, se va modernizando. Francia tiene ya catorce millones de habitantes.

Los tres hijos de Felipe el Hermoso, mueren sin dejar herederos. Eduardo III, rey de Inglaterra, nieto de Felipe el Hermoso, anhela convertirse en rey de Francia al poseer tierras en Francia y ser heredero de la corona. La mayoría de los Señores franceses, no desean tener a un rey Inglés y prefieren escoger al sobrino de Felipe el Hermoso llamado Felipe de Valois, proclamándolo rey con el nombre de Felipe VI.

Felipe VI

Al verse privado de su derecho de sucesión, el rey Eduardo III tremendamente furioso, ataca a Felipe VI. Un buen día, desembarca con su ejército y asola la costa del Cotentin, hasta la Picardía. ¡Empieza una nueva guerra, y será muy larga!

Los soldados ingleses, son más disciplinados y están mejor armados que los franceses. Con sus ligeros arcos logran tirar tres flechas, mientras que los arqueros franceses con sus pesadas ballestas, logran tirar una sola. Los ingleses saben maniobrar, mientras que los franceses arremeten contra el enemigo, como lo hicieron durante la batalla de Bouvines. Durante esta guerra que durará más de cien años, se da el caso de que no se libre ninguna batalla durante varios años. De repente las luchas se reanudan, más duras y crueles que nunca.

Felipe VI de Valois

Francia tiene ya veinte millones de habitantes, y es el país más rico y más poblado de Europa. Su ejército está sobre todo formado por nobles caballeros, que llevan equipos muy costosos pero muy incómodos tales como pesadas armaduras de hierro, enormes penachos sobre sus cascos y lanzas difíciles de maniobrar. Estos caballeros son "prisioneros" de sus armaduras. El ejército está también formado por una nueva infantería y por lo que se llama la "piétaille", compuesta por milicias de mercenarios armados de ballestas, profundamente despreciados por los nobles.

Todo el ejército francés se comporta de una forma muy indisciplinada, contrariamente al ejército inglés que está formado por buenos soldados bien entrenados, bien dirigidos y siempre disciplinados. Sus caballeros son nobles y burgueses.

La infantería se compone de arqueros muy bien adiestrados y de soldados armados de lanzas, montadas de largos cuchillos muy afilados y puntiagudos. Los ingleses poseen también algunos cañones, cuyas balas de piedra no son muy peligrosas, pero asustan enormemente al enemigo y a sus caballos. Los franceses sufren grandes derrotas, durante los combates entre Eduardo III y Felipe VI. Son vencidos en el norte de Francia durante la batalla de Crécy, en agosto del año 1346. Se cuenta que Eduardo III logra poner a cubierto a todos sus arqueros, protegiéndoles de una lluvia torrencial y permitiéndoles disparar sus cañones. Los caballeros franceses, impacientes por entrar en batalla, se precipitan desordenadamente, empujando a la infantería del rey de Francia para alcanzar más rápidamente al enemigo. El desorden es tremendo. Los arqueros ingleses tiran sus flechas y alcanzan a los soldados y a sus caballos. Al final del día, el ejército Francés ha perdido treinta mil hombres. Por la noche, el rey Felipe VI abandona el campo de batalla, con algunos de sus caballeros que han sobrevivido. Al pasar por delante de un castillo, ordena que le abran y a la pregunta de "¿Quien va?", el rey contesta: "¡Abrid! Soy el infortunado rey de Francia!".

Batalla de Crécy, Manuscrito del siglo XV (Jean Froissart)

Al año siguiente, Eduardo III necesita un puerto para desembarcar a sus soldados, por lo que planea apoderarse de la ciudad de Calais. Tiene la ciudad sitiada durante seis meses, para poder vencer la resistencia heroica de los habitantes de esa ciudad. Los habitantes de Calais se encuentran, después de tanto tiempo sin recibir avituallamiento, totalmente desnutridos, viéndose obligados a rendirse. El rey de Inglaterra, irritado por esta gran resistencia, ordena que seis ricos burgueses vengan a traerle las llaves de la ciudad. Los quiere en camisa, descalzos y con una cuerda al cuello… El Rey está decidido a matarles, y el verdugo ya preparado para ello. Seis burgueses se sacrifican y llevan como ordenado, las llaves de la ciudad al rey Eduardo III. La reina de Inglaterra Felipa de Henao, dolida por la decisión de su marido, se arrodilla a sus pies y llorando, le suplica: "Gentil señor, ¡no me negaréis la gracia de estos hombres!" El rey emocionado, olvida su cólera y perdona la vida a los seis burgueses de Calais.

Cañón inglés utilizado en la Batalla de Crécy   *"Los Burgueses de Calais" (Kunstmuseum Basilea)*

Juan II, el Bueno

Diez años mas tarde de la batalla de Crécy, el rey de Francia Juan II, llamado Juan el Bueno por ser muy valiente, hijo de del rey Felipe VI y de Juana de Borgoña, ella misma nieta del Rey San Luis, ataca en la ciudad de Poitiers al hijo de Eduardo III, llamado "Príncipe Negro" por el color de su armadura.

Los Señores franceses, siguen mostrándose tan indisciplinados como en las batallas de 1346. Se ven rodeados por el enemigo. El rey de Francia tiene con él a su joven hijo Felipe, de solo doce años. Los ingleses los amenazan con sus lanzas y el rey se defiende, pegando grandes golpes de hacha a diestro y siniestro.

El joven Felipe, abrazado a su padre, le avisa cuando un enemigo se acerca demasiado y grita: "¡Padre! ¡Tenga cuidado a la derecha ; ¡Padre! ¡Tenga cuidado a la izquierda!". Pero los enemigos son demasiado numerosos y el rey tiene que rendirse. Desde aquel día, el joven Felipe será llamado "Felipe el Atrevido". Se convertirá más tarde, en duque de Borgoña.

Juan II el Bueno con su hijo Felipe, en la Batalla de Poitiers (Alphonse de Neuville)

Después de luchar valientemente, Juan el Bueno es hecho prisionero en 1356 y llevado a Londres. Francia se queda sin rey. Durante su ausencia, el delfín solicita la reunión de los Estados Generales, pidiendo el voto y la aprobación de impuestos que permitan continuar con la guerra. Este organismo se niega a obedecer al delfín y Étienne Marcel, preboste de los comerciantes de Paris y dirigente de los Estados Generales, se convierte durante un cierto tiempo, en amo de la capital hasta que es asesinado por amigos del príncipe regente.

Asesinato de Étienne Marcel el 13 de Julio 1358 (Jean Maillard) Biblioteca Nacional de Francia

Retrato de Juan II el Bueno (anónimo) Museo del Louvre *Captura de Juan el Bueno en la Batalla de Poitiers Boccace de Casibus (Biblioteca Nacional de Francia)*

Los campesinos, hartos de las brutalidades de los Señores y dirigidos por Jacques Karle, atacan y saquean los castillos de Picardía y de Île-de-France, mientras Carlos el Malo, yerno de Juan el Bueno, se alía con los Ingleses. El delfín, logra huir de Paris para salvar su vida.

Juan el Bueno tendrá que pagar un gran rescate y entregar a los Ingleses diez provincias, o sea el tercio de Francia, para obtener su liberación. El rescate de Juan el Bueno, se paga con una nueva moneda de oro: el Franco.

Juan el Bueno vuelve rodeado por sus consejeros - Grandes Crónicas de Francia - Jean Froissart Siglo XV (B. N. F.)

En aquel momento, la miseria es tremenda en Francia. El país es arrasado continuamente por soldados y maleantes. La epidemia de peste de 1347, mata a un cuarto de la población. Los campesinos se sublevan y son cruelmente castigados. Se dice que un burgués de Paris, se lamentaba por doquier: "Desgraciadamente, no creo que desde Clodoveo, Francia haya estado tan devastada y dividida como ahora". Juan el Bueno vuelve a Francia, pero no se encuentra a gusto y con el pretexto de que su hijo se halla en Inglaterra retenido como rehén, se escapa y regresa a Londres, donde muere en 1364.

Carlos V, el Sabio

Los Estados Generales acuerdan conceder el dinero necesario para continuar la guerra contra los Ingleses. En 1364, coronan a Carlos V como sucesor de su padre Juan II el Bueno. El nuevo rey, Carlos V llamado "El Sabio", es prudente y hábil. Apacigua los disturbios, recauda impuestos regulares y restablece el orden en el país. Escoge como consejero a un hábil capitán Bretón llamado Bertrand Duguesclin, que será elevado a la dignidad de condestable de Francia. Es un hombre rudo y feo pero muy astuto.

Retrato de Carlos V, el Sabio

Coronación de Carlos V y de Juana de Borbón

Duguesclin, se deshace de las Grandes Compañías compuestas de mercenarios, que pueden llegar a ser muy peligrosos cuando no se les paga. Los conduce a España diciendo: "¡Seguidme! ¡Os conduciré a un país donde hay mucho que robar y haré que seáis todos ricos!".

2 de octubre 1369 – Otorgamiento de la espada de condestable a Bertrand du Guesclin, siglo XV (BNF)

Inventa nuevas formas de hacer la guerra. Atrae a su enemigo hacia emboscadas que tiene preparadas, o hacia regiones donde ya ha hecho desaparecer todas las provisiones, con el fin de que el enemigo se encuentre desprovisto de comida. Gracias a su astucia y librando únicamente pequeños combates contra los Ingleses, Duguesclin consigue recobrar casi todas las ciudades fortificadas. Se cuenta que para recuperar una fortaleza ocupada por los Ingleses, él y algunos compañeros intrépidos, se disfrazan de pobres leñadores. Aproximándose al puente levadizo, piden que se les deje pasar ya que traen leña para la fortaleza. Una vez dentro, los falsos leñadores levantan sus hachas y luchan contra los Ingleses, ganando la batalla. En otra ocasión, se cuenta que encontrándose frente a enemigos acuartelados sobre una colina, fingió que huía, lo que provocó la persecución de sus adversarios. El astuto Duguesclin con la ayuda de doscientos valientes caballeros que se encontraban escondidos esperando al enemigo, logro rodearlos y masacrarlos.

Cuando Duguesclin fue hecho prisionero por el Príncipe Negro, hijo del rey de Inglaterra, este lo hizo llamar y le dijo: "¿Bueno, Sire Bertrand, como está usted?" Duguesclin le contestó: "Cuando le plazca a usted, estaré mejor. En mi prisión solo oigo ratones y ratas y preferiría oír otra cosa como por ejemplo, el canto de los pájaros". El Príncipe empezó a reírse y le dijo: "Bueno, fije usted mismo la cantidad de su rescate". Duguesclin anunció una suma muy elevada, lo que sorprendió al Príncipe quien exclamó: "¿Se está usted burlando? ¿Cómo encontrará tal suma de dinero?". Duguesclin respondió dignamente: "El rey de España, nuestro aliado, me dará la mitad y el rey de Francia la otra mitad y si no tuvieran dinero suficiente, todas las mujeres de Francia hilarían lana y así ganarían todo el dinero necesario para comprar mi libertad!".

La Batalla de Auray
(Crónica de Bertrand du Guesclin por Cuvelier)

Muerte de Bertrand Du Guesclin (Grandes Crónicas de Francia, ilustradas por Jean Fouquet. Tours, hacia 1455-1460 (BNF)

Durante el asedio de Châteauneuf-de-Randon (Lozère), Bertrand Du Guesclin cae enfermo y fallece el 13 de julio 1380

Du Guesclin muere en 1380, frente a la plaza fuerte de Châteauneuf-de-Randon, habiendo logrado expulsar al enemigo de los campos de Francia. A su muerte, los Ingleses ya no poseen más que cinco ciudades en las costas francesas: Calais, Cherburgo, Brest, Burdeos y Bayona. Francia respira de nuevo.

CARLOS VI E ISABEL DE BAVIERA

A la muerte de Carlos V, el nuevo rey Carlos VI sólo tiene doce años y su estado mental es un poco frágil. Sus tíos se aprovechan de esta circunstancia y gobiernan en su lugar, pensando únicamente en su propio interés y no en el de la nación. De vez en cuando los campesinos, comerciantes y burgueses, se rebelan por causa de los impuestos que son demasiado numerosos. El joven rey, atravesando el bosque de Le Mans, sufre una gran conmoción que agrava su estado. A los veintiséis años, se vuelve totalmente loco. Debido a esta locura, Francia tiene que ser gobernada por su esposa, la reina Isabel de Baviera.

Sus tíos coronaron rápidamente a Carlos VI, para poder tomar el poder sobre sus consejeros (Grandes Crónicas de Francia por Fouquet, entre 1455 y 1460)

El hermano del rey, duque de Orleáns, así como su primo el duque de Borgoña, se pelean por el poder. Forman dos campos enemigos llamados los "Armañacs" y los "Borgoñones", que luchan los unos contra los otros y arruinan a Francia, con una guerra civil atroz. La miseria es grande entre los campesinos, sin contar con que las Grandes Compañías de mercenarios vuelven a Francia y arrasan todo el país, pidiendo al pueblo continuos rescates.

En París, los amigos del rey sólo piensan en divertirse. En una ocasión y para asistir a una gran fiesta, se disfrazan de "salvajes". Sus trajes se incendian durante el baile, que debido a esta desgracia será llamado el "Baile de los Ardientes". El rey escapa a la muerte por milagro, pero su locura va en aumento. Su hermano, el duque de Orléans, perecerá de manos de Juan sin Miedo, duque de Borgoña.

*El Baile de los Ardientes
Crónicas de Jean Froissart
Biblioteca Nacional Británica*

Los Ingleses aprovechan este desorden, para batirse nuevamente contra los caballeros franceses y son victoriosos en la nombrada batalla de Azincourt, el 25 de octubre de 1415. Las tropas francesas compuestas por unos cincuenta mil hombres, intentan cortar el acceso hacia la ciudad de Calais, al ejército del rey Inglés Enrique IV. Su ejército se compone de apenas doce mil hombres. La caballería pesada francesa, afectada por los terrenos pantanosos y menos eficaz que de costumbre, se ve atacada de forma brutal por los arqueros ingleses, equipados con arcos de gran alcance.

Arqueros Ingleses entrenando (detalle) *Ballesta utilizada por el ejército francés*

Esta batalla en la que la caballería francesa será totalmente derrotada por los soldados ingleses, inferiores en número, será considerada como el final de la era de la caballería y el principio de la supremacía de las armas de larga distancia y de las armas de fuego. Quedará como una de las victorias más alabadas por los ingleses, y especialmente por William Shakespeare.

Batalla de Azincourt (Miniatura del Siglo XV)

Después de la muerte de Carlos V, Francia padece las peores desgracias. El rey Carlos VI está loco; los grandes Señores se hacen la guerra entre sí; los Ingleses vuelven y arrasan el país y la reina Isabel de Baviera deshereda a su propio hijo, el delfín Carlos, y reconoce al rey de Inglaterra como rey de Francia, lo que es una verdadera vergüenza para el país.

Enrique V es proclamado rey de Francia e Inglaterra, heredero del trono de Francia por el tratado de Troyes de 1420 y sucesor de su suegro, el desgraciado Carlos VI. No obstante, muere prematuramente sin haber podido ceñir la corona de Francia.

El delfín ve con tristeza, que todo el norte de Francia lo abandona. Se refugia en el sur del Loira. Los Ingleses se burlan, llamándolo "rey de Bourges". El pobre delfín piensa que no reinará jamás... No obstante, se hace proclamar rey bajo el nombre de Carlos VII, pero ¿qué rey es el que no tiene ni ejército ni pueblo?... Los Franceses no saben ya a quién obedecer.

Juana de Arco

De forma providencial y desde la región de Lorena, llega una joven que más tarde será llamada "Juana de Arco". Es una joven pastora, nacida en 1412 en Domremy, pueblecito situado al límite de la Lorena y de la Champaña, que cuida el rebaño de corderos de sus padres. Está profundamente conmovida por la situación del reino de Francia, donde las cosechas son arrasadas por el enemigo y los campesinos están hambrientos. Un buen día, comenta haber oído voces en el bosque, ordenándola salvar a Francia y relata a sus padres que Santa Catalina y Santa Margarita, se le han aparecido. A sus diez y siete años y sabiendo que la ciudad de Orleans se encuentra asediada, decide prestar auxilio al delfín de Francia y como gran devota, obedecer las órdenes de las voces que ha oído. Uno de sus tíos accede a llevarla hasta Vaucouleurs, donde el Sire de Baudricourt, al mando del castillo, accede a darle una escolta de cinco o seis soldados, aunque la tome por bruja. Vestida como uno de ellos y montando un caballo que le han regalado, Juana parte para reunirse con el rey.

Juana de Arco
(Centro Histórico de Archivos Nacionales, Paris)

Juana en el asedio de Orléans
J.E. Lenepveu (Panteon de Paris)

Los Ingleses se encuentran a punto de tomar la ciudad de Orleáns, cuando Juana de Arco, cabalgando largos días por malos caminos, llega a Chinon para por fin encontrarse con el rey.

Estamos en el mes de febrero de 1429, y cuando llega al castillo del "rey de Bourges" y entra en una gran sala llena de gente, reconoce enseguida al rey sin haberlo jamás visto antes. Se acerca y le dice "Gentil Sire, he venido, enviada por el rey del cielo, para socorrerle". Una vez a solas con él, le anuncia: "Tu eres el verdadero heredero de Francia". Oyendo estas palabras, el rey reacciona y aún dudoso, ordena que se obedezca a la joven y que se le entregue un ejército.

Juana de Arco por Rubens (1620)   *Juana de Arco por P.A. Le Brun de Charmettes (L'Orléanide-1817)*

Juana parte para liberar la ciudad de Orleans, dirigiendo un ejército de viejos soldados. Esta enérgica y patriota pastorcilla libera la ciudad donde durante el combate, una flecha la hiere. Con gran entusiasmo, vuelve a buscar al rey que se encuentra en Tours, para llevarlo a Reims y allí proceder a su coronación en la catedral. Al principio, el rey se niega a emprender este viaje por temor a cruzar regiones ocupadas por el enemigo, pero Juana lo convence. Durante el camino, lucha contra los Ingleses en Patay, pero logra llegar con Carlos VII a Reims. Después de la ceremonia, Juana se arrodilla ante el rey y con lagrimas en los ojos le dice: "Gentil príncipe, lo que Dios ha querido está ahora cumplido".

El pueblo acepta a Carlos VII como rey, una vez celebrada su coronación durante la cual el arzobispo posa la corona real sobre su cabeza. Esta increíble jovencita, que no sabe ni leer ni escribir pero que monta a caballo como un viejo soldado, despierta de nuevo la esperanza del pueblo francés. Ahora Francia tiene la certeza de poder expulsar a los Ingleses, y volver a encontrar la dulzura de una vida en paz.

Juana logrará más adelante, socorrer la ciudad de Compiègne que los Ingleses intentan asediar. Al salir de esta ciudad al mando de varios soldados, es hecha prisionera por los Borgoñones, que la venden a sus aliados los Ingleses, quienes aún ocupan la Normandía.

Se la acusa de brujería, a lo que ella responde que no es más que una pobre pastora, elegida por Dios para salvar a Francia. El tribunal de la Inquisición presidido por el obispo Cauchon, la juzga en la ciudad de Rouen y la condena por herejía a ser quemada viva en la hoguera, en la plaza del mercado, el 30 de mayo de 1431. Dignamente sube sobre la gran hoguera, llevando un gorro en el que se puede leer la palabra "relapsa", traidora de la religión. El verdugo prende fuego a la hoguera y Juana llora al ver a los soldados y al pueblo, que han venido a verla. Los únicos que intentan reír, son algunos Ingleses.... De pronto, el verdugo grita su arrepentimiento y el representante del rey de Inglaterra que asiste al suplicio, manifiesta consternado: "¡Estamos perdidos! Hemos quemado a una santa".

Juana muere como una santa, rezando y mirando fijamente hacia un crucifijo que un monje mantiene en alto. Al fallecer grita: "Jesús". Esta pastorcilla, ha vuelto a dar valor a los Franceses que lucharán durante veinte años más y lograrán expulsar al enemigo. Gracias al magnífico ejemplo dado por Juana de Arco, el patriotismo francés se ha despertado.

Juana de Arco es interrogada por el cardenal de Winchester en su prisión, en 1824
Paul Delaroche (1797-1856) Museo B.A. de Rouen

Juana en la hoguera por Hermann Anton Stilke
(Museo Hermitage – San Petersburgo)

CARLOS VII

Carlos VII recupera la provincia de Normandía, una vez hechas las paces con el duque de Borgoña. En el año 1453, cuando termina esta terrible guerra, los Ingleses ya no poseen ninguna ciudad francesa, salvo Calais.

Jacques Coeur, comerciante francés y gran platero del rey, organiza "el impuesto permanente". A partir de entonces, el Estado tendrá un verdadero presupuesto. En 1429, forma una sociedad con sus propias naves para vender mercancías por la ruta de Narbona, desde Oriente hasta el interior de Francia y utilizando sus navíos. Carlos VII, lo hace llamar a París para darle un importante cargo en la Corte, dejándolo al mando de la acuñación de la moneda del reino y más adelante, de la administración personal del rey.

Estatua de Jacques Coeur en la ciudad de Bourges

Batalla de Castillon el 17 de julio de 1453
por Charles Philippe Larivière (1798-1876)

Los Ingleses son nuevamente derrotados en Castillon y es sorprendente ver que la guerra termina en el mismo sitio donde empezó, es decir en Guyena, cuya posesión fue el motivo de la guerra entre Felipe VI y Eduardo II.

Retrato de Carlos VII por Jean Fouquet (Museo del Louvre)

En Francia, empiezan a florecer los baños públicos y las universidades. Las de Paris, Aix, Caen y la de Burdeos que hasta entonces se encontraba en territorio bajo dominación inglesa, son las de más renombre.

Clase en la universidad

CAPÍTULO TERCERO

Nuevos tiempos
El renacimento

UN GRAN REY, LUIS XI

Luis XI, hijo de Carlos VII, no es una persona simpática. Tiene una larga nariz, gruesos parpados, cuello espeso y semblante triste. Es una persona enclenque, con piernas delgaduchas y torcidas. Se viste ordinariamente como un simple burgués y como gran devoto, para salir se suele colocar un feo sombrero, donde cuelgan numerosas medallas de santos. Disfruta con la compañía de la gente del pueblo, y su mejor amigo es su barbero. Cuando se pasea por la ciudad, los burgueses murmuran: "¿¡Gran Dios! Es ese el rey? ¡Su caballo y su ropa, no valen más de veinte francos!".

Retrato de Luis XI contemporáneo del rey. El rey lleva alrededor del cuello, el collar de la orden de San Miguel, fundada por él en 1469

Nervioso y agitado, tiene un extraño carácter. ¡Es capaz de tragarse treinta y seis alas de pollo, para almorzar! Es hipocondríaco y tiene siempre la sensación de estar al borde de la muerte. Ofrece grandes sumas de dinero a los anacoretas, para que pidan a Dios por él. Vivirá con el terror de ser asesinado hasta el final de su vida, sin ni siquiera atreverse a salir de su triste castillo de Plessis-lez-Tours, debiendo autorizar personalmente todas las visitas. ¡Desgraciado el que intente entrar sin autorización. Si no cae en una trampa de lobos, será hecho prisionero por los arqueros que lo colgarán de un árbol!

Luis XI es un hombre cruel, a quien le desagrada atacar a sus enemigos de frente. Un escritor de aquella época, lo compara a una araña que tensa su tela para capturar a sus presas. Lo llaman: "la araña universal". Es un rey moderno, que anhela que la nobleza se interese un poco menos a la caza y bastante más a la industria del reino... Se muestra feroz, contra los que han querido hacerle daño. Jamás perdona y cuando puede atrapar a sus enemigos, los manda al cadalso o los encadena y los encierra en pequeñas y estrechas jaulas, donde es prácticamente imposible permanecer ni de pié, ni tumbado. Este feo personaje es un gran rey, trabajador y hábil. Duerme poco y trabaja continuamente. Anhela conocer su reino, "como un buen jardinero conoce su jardín". Gana batallas contra los grandes Señores que se niegan a obedecer, prácticamente sin combatirlas y a menudo, en vez de empezar una guerra, prefiere enemistar a sus enemigos entre sí, engañándolos con promesas que sabe de antemano no tener la intención de cumplir.

Luís XI preside el capítulo de San Miguel. Estatutos del orden de San Miguel, dibujo de Juan Fouquet. Esta miniatura muy conocida, es una de las obras maestras de Fouquet. Luís XI preside aquí uno de los capítulos del orden de San Miguel. Él trono en el centro de la imagen, rodeado de todos los primeros caballeros del orden, vestidos de Damasco blanco y rojo, collar al cuello. Todas las caras son retratos y reconocemos a la derecha, en primer plano, al hermano del rey Carlos de Francia, a la izquierda al duque Juan de Borbón, luego a Antoine de Chabannes que tiene un bastón de mando, en el fondo a los tres oficiales del orden: Guy Bernard obispo de Langres, Juan Robertet, el escribano forense y Juan Bourré, el tesorero. Por encima del trono, un cuadro representa la lucha del arcángel y del dragón. En el margen de abajo y en la inicial L (Oys), dos ángeles, acorazados de conchas y armados, sostienen el collar del orden (conchas que alternan con nudos blancos y rojos y en el centro un medallón que representa el combate del arcángel) alrededor del escudo de armas de Francia, sobre el cual se ha representado una corona real, abierta. La imagen es una variación sobre blanco, de una extraordinaria virtuosidad.
Luís XI por Juan Fouquet, 1470, París (Biblioteca Nacional de Francia).

Luís XI demuestra no tener ninguna simpatía hacia los grandes Señores, y prefiere la compañía de los burgueses. Se rodea de servidores abnegados, burgueses o de la pequeña nobleza, a quienes provee con importantes sumas de dinero. Familiarmente los llama: "mis compadres". Los más conocidos son Olivier le Daim, su barbero, que será colgado a la muerte del rey ; Coictier, su médico y Tristan l'Ermite, su verdugo, siniestro personaje que tira a sus víctimas al río, metidas en un saco sobre el cual escribe : "Dejad pasar la justicia del rey". Los burgueses también intentan desobedecer al rey como en la ciudad de Reims, donde se niegan a pagar sus impuestos. El despiadado Luís XI los hace decapitar o colgar, después de haberles arrancado las orejas. Después de este acontecimiento, se le temerá más que nunca... Lo único que cuenta para Luis XI, es mantener el orden y ampliar el reino.

El hombre del sombrero (probablemente Luís XI representado por Jean Fouquet) Museo del Ermitage
L'homme au chapeau (vraisemblabement Louis XI représenté par Jean Fouquet) Musée de l'Ermitage

Es un Rey muy hábil y logra fácilmente engañar a sus enemigos. Entre ellos se encuentra el más poderoso: el duque de Borgoña, llamado Carlos el Temerario. Es el descendiente del pequeño Felipe, que luchó valientemente en los brazos de su padre durante la batalla de Poitiers, en 1356. ¡Carlos el Temerario, sueña con ser rey!

Luís XI lucha victoriosamente contra Carlos I de Valois, duque de Borgoña, "el Temerario". Aunque sea primo de Luis XI, éste no se le parece en nada. Ama los bellos castillos, los cuadros y la ropa de gran Señor. Es inteligente y trabajador, pero demasiado ambicioso. Desea sobre todo que la Borgoña llegue a ser el centro de un futuro reino, que se ubicaría entre el río Rin y el reino de Francia. Violento y codicioso, desea más que nada ser rey y para ello, subleva a numerosos grandes Señores contra Luis XI. Al principio es vencedor y el Rey, una vez derrotado, intenta lograr un acuerdo de paz. Durante las conversaciones de paz mantenidas en la ciudad de Péronne, los habitantes de Lieja, en Bélgica, empujados por el mismo rey, se sublevan contra Carlos el Temerario quien, queriéndose vengar, decide matar a Luís XI. Paradójicamente, la única opción del Rey para lograr salvar su vida, será la de ayudar a su enemigo a aplastar a sus amigos los habitantes de Lieja. Se cuenta que Luís XI, interpelando a Carlos el Temerario, le manifestó: "Hermano, si necesita nuevamente mi ayuda, estoy a su servicio. Si ya no me necesita, volveré a París. El verano que viene, nos volveremos a ver. Me reuniré con vos, en vuestro ducado de Borgoña. Pasaremos un mes juntos, y comeremos bien". Carlos el Temerario deja que el rey se marche y, abochornado por lo que ha hecho, éste vuelve a París. Durante su ausencia, los burgueses de la ciudad han enseñado a gritar "¡Peronne! ¡Péronne!" a sus loros, para demostrar su descontento con el Rey.

Carlos el Temerario, llevando la Orden del Toisón de oro, por Rogier van der Weyden hacia 1460 (Museo de Berlín)

Como es de suponer, el Rey se niega a mantener las promesas hechas en Péronne. Carlos el Temerario, furioso, arrasa el norte de Francia pero no logra apoderarse de la ciudad de Beauvais, donde los habitantes se arman rápidamente y resisten a su ataque.

Cuando los soldados Borgoñones de Carlos el Temerario llegan a Beauvais, son recibidos por los burgueses, a golpe de arcabuz desde lo alto de las murallas de la ciudad. Las valientes y audaces mujeres de la ciudad, participan en el combate. Algunas se ocupan del avituallamiento y de las municiones y otras, tiran grandes piedras y cubos de agua hirviendo sobre el enemigo.

Una joven llamada Juana Laisné, armada de una pequeña hacha, combate como un hombre y logra apoderarse del estandarte de un soldado Borgoñón. Después de la victoria, los habitantes de Beauvais la llamaran "Juana Hachette", por su pequeña hacha. Luís XI envía a sus tropas para ayudar a los habitantes de Beauvais, y los soldados del Temerario se ven obligados a levantar el asedio.

Estatua de Juana Hachette (Plaza del ayuntamiento de Beauvais) por Gabriel-Vital Dubray

En Picquigny cerca de la ciudad de Amiens, trescientas carretas cargadas con los mejores vinos de Francia, ayudarán a lograr un acuerdo de paz con el rey de Inglaterra. El lema del Rey es "que cada uno se quede en su casa, con el canal de la Mancha por medio". Se enorgullece diciendo que al contrario de su hermano, ha logrado echar a los Ingleses, ofreciéndoles únicamente patés de venado y buen vino... Concierta una alianza con Eduardo IV, rey de Inglaterra. Firma con él un tratado de paz, que pone definitivamente fin a la guerra de los Cien años. Furioso, Carlos el Temerario se afana en reducir el poder de los grandes vasallos, y ataca a los Suizos y a los habitantes de la Lorena. Es derrotado en todos los frentes, y muere en el asedio a la ciudad de Nancy. Su cadáver será encontrado en el fango helado, cerca de las murallas de la ciudad, devorado por los lobos. Será el final de las luchas contra los Borgoñones.

Luís XI amplía su reino. Su victoria contra Carlos el Temerario le aporta la Borgoña y la Picardía. Por herencia, recibe el Maine, el Anjou y la Provenza. Compra el Rosellón al rey de España y ocupa el Berry a la muerte de su hermano. De esta forma, duplica el dominio real. Enriquece a Francia, fomentando la agricultura y regalando tierras baldías a los campesinos. Se desarrollan las industrias de lujo como el encaje, la tapicería y la loza, y las ciudades de Tours y Lyon, atraen a numerosos hilanderos de seda Italianos. El Rey se interesa mucho por el comercio y desarrolla las ferias y los mercados. Burdeos, Marsella y Lyon, se convierten en ciudades muy ricas. Sigue muy de cerca los progresos de la imprenta, y hace que se instale un taller de imprenta en la Sorbona de Paris. También intenta dar al reino una unidad de peso y medida, pero esto no se logrará hasta tres siglos más tarde. Luís XI organiza un servicio de correos. Establece "de cuatro en cuatro leguas y en todos los grandes caminos del reino, depósitos de cuatro o cinco caballos, listos para correr". Se convierte en el único amo de Francia. Acaba con el feudalismo y consigue orden, paz y prosperidad en el país. Cuando muere en 1483, ya no hay varios soberanos en Francia como en tiempos de Hugo Capeto, si no uno solo: el Rey.

GRANDES INVENTOS

La imprenta

Cada vez, más y más burgueses saben leer y entre ellos se encuentran numerosos juristas y médicos, que han realizado amplios estudios. Todos ellos, exigen tener más libros. Gracias a esta sed de cultura, se desarrollan nuevas universidades en toda Europa. Hasta entonces, hay pocas universidades y las más famosas se encuentran en Francia, Italia e Inglaterra. En el Siglo XV, concretamente en el año 1476, aparece la primera universidad en Alemania. Como es imposible satisfacer a todos los que desean adquirir libros, se inventa una maquina que logra reproducirlos en grandes cantidades. Los manuscritos copiados por los monjes en los conventos, son raros y muy costosos. Los monjes de Maguncia y de los alrededores de esa ciudad alemana, son los más conocidos. La "calle de los sacerdotes", como llaman al valle del Rin, se ha especializado en la copia de libros. Es un trabajo muy duro, considerando que los monasterios no tienen calefacción y que en invierno, los dedos de los monjes se entumecen por el frío.

Desde el Siglo XII, se pueden también encontrar copistas que no sean sacerdotes. Son artesanos laicos que trabajan en las grandes ciudades. En aquella época, la fabricación del papel con trapos viejos se conoce ya por ser más barata que la del pergamino. La imprenta no se conoce aún. Será únicamente bajo el reinado de Juan el Bueno, que se divulgará la idea de elaborar letras en relieve. Esta novedosa idea, se realiza al principio sobre madera que no siendo lo suficientemente sólida, hace que las letras se desgasten rápidamente. Hacia el final de la Guerra de los Cien Años, Johannes de Gutenberg, nacido en la ciudad de Maguncia hacia 1400, perfecciona este invento y logra la impresión de bellos libros.

Retrato del siglo XVI de Johannes de Gutenberg

Gutenberg, desarrolla dos ideas geniales que determinarán la invención de la imprenta. La primera de sus ideas es la de descomponer el texto que desea reproducir, en letras individuales. Para lograrlo, fabrica pequeños bastoncillos de metal, cada uno con la forma de una letra. Se trata de "caracteres", independientes los unos de los otros. Esto permite crear tantas combinaciones, como se puedan desear. Estas letras son llamadas "tipos móviles". Gutenberg, orfebre de profesión, conoce bien los metales y sabe que estos caracteres tienen que ser muy resistentes para no deformarse con el uso. Crea entonces una aleación de plomo, estaño y antimonio, con la que rellena los moldes de las letras. Con estos nuevos caracteres metálicos, compone los textos que una vez recubiertos de tinta, pueden imprimirse. También crea una maquina que permite realizar una presión muy fuerte sobre dichas letras, adaptando una prensa de tornillo como las que usan los viticultores o los encuadernadores.

Esta es su segunda idea: al atornillar la prensa, obtiene una presión suficiente para que las letras, una vez untadas de tinta, queden claramente impresas sobre el papel. En 1455, por primera vez imprime el texto de la Biblia.

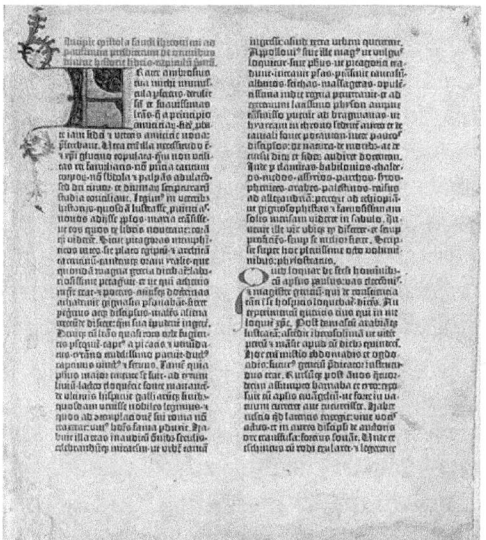

Biblia de Gutenberg

La imprenta es un descubrimiento increíble que permite que la lectura y la instrucción, sean accesibles a todo el que lo desee.

Prensa xilográfica con brazos de madera

Guillermo Fichet, rector de la universidad de París, hace venir tres impresores de Maguncia e instala un taller tipográfico en la Sorbona. El primer libro impreso en París, será una de sus obras llamada "La Retórica". Ser impresor al final de la Edad Media, no era una actividad sin peligro. El impresor Étienne Dolet de la ciudad de Lyon, fue quemado vivo en la hoguera en 1546, en una plaza de París. Había osado publicar obras prohibidas, tales como las de los escritores Rabelais, Marot o Erasmus, así como textos protestantes. Sabemos que hoy en día, se imprimen periódicos y libros con una rapidez extraordinaria. Ese trabajo era más lento en las primeras imprentas, pero mucho más rápido que cuando se escribían o se copiaban los libros a mano. Los primeros libros impresos, se parecen a los manuscritos y son sobre todo, recopilaciones de oraciones para sacerdotes y monjes. Pronto se empiezan a imprimir obras clásicas griegas y romanas, así como libros de texto para los alumnos de los colegios. Se imprimen también historias de caballería que los nobles adoran leer. En las ciudades, se difunden rápidamente los almanaques redactados por Nostradamus, una especie de mago que pretende adivinar el futuro. Cincuenta años después de Gutenberg, el número de libros impresos en las imprentas es ya de varios miles. Hoy en día, son millones los libros que se imprimen cada año. Los periódicos tardarán aún más de cien años en aparecer.

En esta misma época, otros hombres ingeniosos inventan las armas de fuego. Sin lugar a dudas, el primero de estos dos inventos fue mejor que el segundo...

Las armas de fuego

Desde tiempos ancestrales, los Chinos fabricaban la pólvora de cañón. Los Árabes conocían también su secreto, utilizándola para sus cañones desde el siglo XIII. La pólvora aparece en Europa después de las cruzadas, cuando su fuerza explosiva se utiliza para lanzar balas de piedra. Se inventan las "bombardas" que al principio, hacen más ruido que daño. Las primeras tres bombardas fueron utilizadas por los Ingleses, en la batalla de Crécy. Estos cañones van perfeccionándose y se transforman en grandes piezas de bronce, que pueden lanzar balas a mil metros de distancia, permitiendo derrumbar las murallas de los castillos. Se necesita la fuerza de unos quince caballos, para arrastrar cada bombarda. Por ello, el Rey es la única persona lo bastante rica para poder tener estas armas, por lo que obtiene respeto y obediencia de los Señores.

Con el uso de estas armas, las guerras son más mortíferas y los Señores ya no se sienten protegidos en sus fortalezas por que únicamente los reyes pueden juntar el dinero suficiente, para adquirir estos cañones. Al final de la guerra de los Cien Años, Carlos VII posee una temible "artillería". El fusil, que al principio se llamó "arcabuz", fue inventado en tiempos de Juana de Arco. El arcabuz es un pesado fusil de difícil maniobra que, poco a poco, se ve reemplazado por la ballesta. La bombarda y el arcabuz, marcan notables progresos en el arte de la guerra.

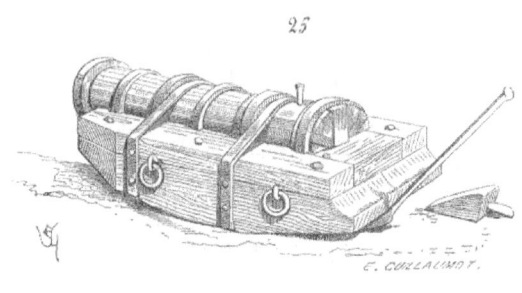

Dibujo de una Bombarda

Uso de un arcabuz

La Brújula

Durante la Edad Media cuando los Árabes emprenden largos viajes, utilizan una aguja de imán que colocan sobre unas briznas de paja, depositadas sobre el agua de una palangana. Esta aguja les permite orientarse hacia el Norte.

Un marino Italiano perfecciona este instrumento, colocando la aguja de imán sobre un eje fijo, dentro de una caja. ¡Se ha inventado la brújula! Con este invento, los barcos pueden alejarse de las costas y navegar varios días en plena mar, sin miedo de perder la ruta. Con la ayuda de la brújula, los marineros pueden dirigir sus navíos en la dirección escogida.

GRANDES DESCUBRIMIENTOS

Hacia el final de la guerra de los Cien Años, aparecen las "carabelas", grandes navíos de tres mástiles. Con estas carabelas, se emprenden largos viajes. Un navegante de Génova llamado Cristóbal Colón, asumiendo que la tierra era redonda, quiso aventurarse en un viaje a la India, navegando hacia el Oeste. En la Edad Media, se creía que la tierra era plana e inmóvil y que el sol giraba a su alrededor. Los únicos países conocidos en aquella época eran con Europa, las costas africanas y el Levante, ambos visitados por numerosos comerciantes como Jacques Coeur. Algunos viajeros ya habían podido llegar hasta la India, China y Japón. Al volver de estos países, contaban relatos fantásticos como los del navegante Marco Polo, quien al volver de Japón afirmó: "Aquí, el oro se encuentra en tal cantidad que el palacio del soberano está cubierto y pavimentado con oro puro de dos dedos de espesor. Allí, en un puerto, hay más de cinco mil navíos de los cuales varios centenares están cargados de pimienta; allá, entran más de cien carretas de seda." Al oír estos fabulosos relatos, los europeos quieren conocer estos países con la idea de hacerse ricos. En aquel tiempo, el comercio con la India se hace por tierra y resulta tremendamente costoso importar especias como la pimienta, la canela o el clavo que se utilizan para cocinar.

CRISTÓBAL COLÓN

En 1482, los soberanos de España, Isabel y Fernando, reciben a un marino Italiano llamado Cristóbal Colón. Éste les asegura que la tierra es redonda y se ofrece a ir por mar, navegando dirección Oeste, a buscar oro y especias a la India en el nombre de estos soberanos. Después de ocho años de vacilación, los reyes aceptan y le confían tres carabelas: La Pinta, la Niña y la Santa María. Cristóbal Colón, aunque promete grandes fortunas, apenas logra reunir a una tripulación de 120 hombres. Les convence diciéndoles: "encontraremos casas cubiertas con tejas de oro, y volveréis todos ricos y felices".

Embarcan en el puerto de Palos, el 3 de agosto de 1492, con una provisión de víveres y agua para varios meses. La Santa María iba mandada por Colón; la Pinta, por Martín Alonso y la Niña, por Vicente Yáñez Pinzón. Los días y las semanas pasan sin que se divise tierra alguna. La impaciencia, el miedo y la inquietud aumentan hasta que los marineros se niegan a ir más lejos. Por fin, el 11 de octubre de 1492 al alba, después de setenta días de viaje, divisan una isla. Con gran entusiasmo se ponen a gritar: "¡Tierra! ¡Tierra!". Al día siguiente, Cristóbal Colón desembarca y se arrodilla sobre tierra firme. Cree haber llegado al continente asiático, pero en realidad se encuentra en una isla espléndida, del archipiélago de las Antillas, llamada Guanahani, habitada por loros multicolores, y muy cercana a las costas de un nuevo mundo. Cristóbal Colón renombró esta isla San Salvador.

Vuelve a España triunfante, cargado de extraños pájaros, de frutas exóticas como plátanos y piñas, de chocolate y tabaco y también de un poco de oro. Posteriormente realiza otros tres viajes, pero sin llegar a descubrir las fabulosas riquezas que esperaba encontrar. En el tercero de sus viajes, descubrió tierra firme pero nunca supo que lo que había descubierto no eran las Indias, sino un nuevo continente. El rey se muestra descontento y Cristóbal Colón cae en desgracia y muere en Valladolid, en la más injusta de las miserias. Más tarde, será otro navegante Italiano llamado Américo Vespucio, quien desembarcará en este nuevo continente y obtendrá el honor de darle su nombre: América.

Retrato póstumo de Cristóbal Colón (R. del Ghirlandaio)

Primer desembarco de C. Colón en América (Discoro Puebla, 1862)

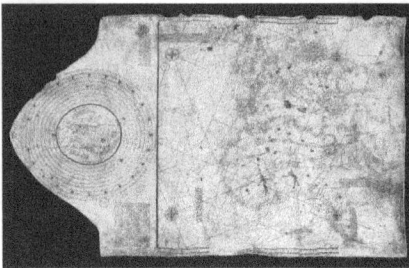
Mapa de Colón

OTROS DESCUBRIDORES

En 1498, el navegante Portugués Vasco de Gama, encuentra hacia el Este la ruta marítima de las Indias. Bordeando las costas africanas, dobla el Cabo de Buena Esperanza y empujado por los vientos, continúa su viaje hasta llegar a las Indias. Vuelve por el mismo camino, cargado de mercancías caras y raras como especias, oro y piedras preciosas. El rey de Portugal lo colma de honores y lo nombra "almirante de los mares de las Indias".

Retrato de Vasco de Gama

Un navegante Español llamado Magallanes, logra dar la vuelta al mundo (1519-1522). Parte con cinco navíos y doscientos cuarenta hombres. Durante la travesía, numerosos son los marineros que son masacrados por los indígenas. El mismo Magallanes, muere en las islas Filipinas durante un combate. Tres años después, únicamente veinte de sus hombres volverán sobre su navío llamado "Victoria".

Un poco más tarde, Jacques Cartier, marino Bretón originario de Saint-Malo, explora las riberas de América del Norte y queda muy asombrado cuando se encuentra con hombres de piel roja, que fuman tabaco. Bajo el reino de Francisco I, atraviesa el Atlántico Norte, llega a Terranova y remonta el curso del gran río San Lorenzo. Descubre y se apodera de inmensos territorios del Canadá que los Franceses, poco a poco, van a colonizar.

Las consecuencias de estos descubrimientos, son importantísimas. Se descubre el algodón, la caña de azúcar, el café, la vainilla y el tabaco. Numerosos negociantes organizan la importación de estos nuevos productos y se enriquecen inmensamente. También se encuentra mucho oro en estos nuevos países pero para obtenerlo, los Europeos infligen terribles sufrimientos a los indígenas. La mayoría de los Indios sucumben a sus malos tratos, o son exterminados. Para sustituirlos, los Portugueses y los Españoles deciden llevar desde África a hombres de raza negra, para trabajar como esclavos en las minas.

EL RENACIMIENTO

Durante el reino de Carlos VII y de Luis XI, Francia intenta reponerse y reparar los destrozos causados por la guerra de los Cien Años. Francia es rica, y la nobleza está ávida de gloria. Los reyes sueñan con más conquistas e Italia, el estado más rico y más civilizado de Europa en aquel tiempo, los atrae.

Italia se encuentra divida en estados pequeños que se envidian los unos a los otros. Carlos VIII, hijo de Luis XI, quiere apoderarse del reino de Nápoles con el pretexto de que uno de sus parientes ha reinado antaño en dicho reino. Dirige una expedición, que empieza como un agradable viaje. Todas las ciudades se abren, sin combatir ante las tropas francesas. Carlos VIII entra en Nápoles bajo un baldaquín, con un globo de oro en la mano. Pronto los Italianos se unen para expulsar al invasor, tal y como se habían unido los franceses para expulsar a los Ingleses durante la guerra de los Cien Años. Al mismo tiempo, se alían con España y con Maximiliano de Austria. Para poder volver a Francia, Carlos VIII debe librar la batalla de Fornovo, en 1496.

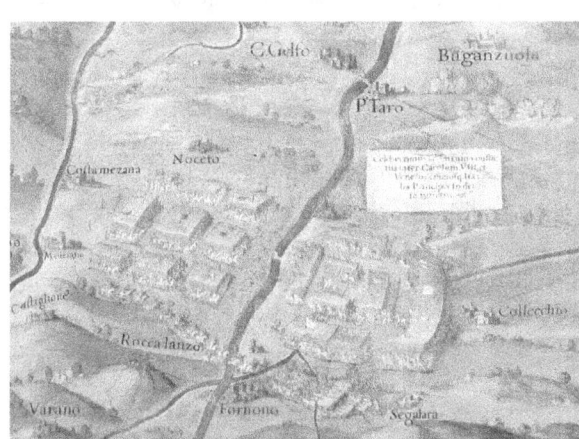
Batalla de Fornovo (Museo Vaticano)

Carlos VIII, rey de Francia, Duque de Bretaña y Conde de Provenza (siglo XVI) Museo Condé (Chantilly)

En aquella época, los ejércitos se componen mayormente de mercenarios que intentan, sobre todo, capturar prisioneros para obtener rescates. Carlos VIII, a quien le gusta leer libros de aventuras extraordinarias, desea realizar una gran proeza en Fornovo. Ordena el ataque a los soldados franceses y éstos se muestran tan encarnizados durante el combate que desde entonces, Italia recuerda aún la "furia francesa". No solamente esta guerra no aporta nada a Francia, sino que le cuesta el Rosellón, el Franco Condado y el Artois que Carlos VIII ha entregado a España y a Maximiliano de Austria, para asegurarse su amistad cuando luchaba en Italia.

Gracias a su matrimonio con la duquesa Ana de Bretaña, prepara la unión de Bretaña a Francia. El rey muere en 1498.

Luís XII

Su sucesor, Luís XII, reclama el ducado de Milán que ha pertenecido a su abuela. Logra conquistarlo gracias a las hazañas de Bayard, más conocido como el "Caballero Bayard", y su compañero de armas Gastón de Foix. Logrará permanecer en el ducado durante varios años, viéndose obligado a volver a Francia sin haber logrado conservar ninguna de sus conquistas.

Luís XII de Francia

Se conoce a Bayard, como al soldado más valiente de las guerras de Italia. Muy joven, demuestra ya su fuerza y sus habilidades en los juegos de caballería. Un día, el rey lo ve domar un caballo difícil y queda maravillado por su habilidad. Le dice: ¡"Bravo!; picad, picad…" (En Francés "piquez"), lo que a Bayard le valió el apodo de "Piquet" durante un cierto tiempo. Este valiente caballero, es también un hombre bueno que defiende tanto a su rey como la virtud de las damas, de las que es llamado "el Caballero sin miedo y sin reproche". Tiene la reputación de no mentir y de nunca tener miedo. Se cuenta que Bayard fue herido en los alrededores de Venecia y llevado a Brescia para ser curado en la casa de unas damas, madre y dos hijas. Al principio estas damas se asustaron pues en aquella época, los soldados no se privaban ni de robar ni de maltratar a la gente que les alojaba. Cuando Bayard se encontró repuesto de su herida, las damas que lo habían atendido quisieron darle una bolsa llena de oro, como agradecimiento por haberlas respetado. Bayard hizo tres partes con el oro de la bolsa. Dio dos partes a las dos hermanas y les dijo: "Esto será para vuestra dote", y añadió "El resto, Señora, lo puede usted donar a los conventos de la región, que han sido saqueados por los soldados."

Armadura del Cab. Bayard (Museo de la Armada- Hotel de los Inválidos, Paris)   *El Caballero Bayard (Biblioteca de Grenoble)*

Con 53 años, Luis XII muere el 1 de enero de 1515. Le sucede con 21 años, su yerno y primo Francisco Primero de Francia. Este rey retoma la guerra y se instala en el ducado de Milán, después de haber conseguido una brillante victoria en Marignano (1515), batalla que durará dos días y provocará veinte mil muertos. Esta batalla será legendaria en la historia de Francia, y el músico Clemente Janequin le compondrá una melodía.

Batalla de Marignano

Francisco Primero

La misma tarde de la batalla de Marignano, el Rey decide ser armado caballero por Bayard quien se ha cubierto de gloria en los campos de batalla, junto a Carlos VIII y a Luis XII.

Francisco I hacia 1527, por Jean Clouet
(Museo del Louvre)

Francisco Primero recibe el último suspiro de Leonardo da Vinci
en 1519, por Ingres (1818)

Se cuenta que cuando Francisco I se ve obligado a abandonar Italia durante una de sus retiradas en 1524, un golpe de arcabuz hiere gravemente a Bayard en los riñones. Este valeroso caballero espera la muerte al pie de un árbol, cuando pasa por allí el enemigo. Reconociendo a Bayard, el condestable de Borbón, gran jefe de la armada francesa quien ha traicionado a su patria, se acerca lamentándose sobre la suerte del valiente caballero. Bayard, moribundo, le contesta dignamente. "¡Monseñor, no hay razón para que se compadezca de mí, ya que muero como hombre de bien, para mi país! ¡Soy yo quien me compadezco de vos, ya que sirve usted contra su rey y contra su juramento!" Confuso, el condestable continuó su camino...

En efecto, el condestable de Borbón se encuentra bajo las órdenes de Carlos V, emperador de Alemania, Austria y rey de España, quien también reina en Flandes con posesiones inmensas en Italia. Carlos V desea ser el amo de toda Europa y formar una "Europa universal", de la que sería el único jefe. Lucha contra el rey Francisco I y lo vence en Pavía en 1525. En dicha batalla, el rey de Francia a la cabeza de su artillería, ataca valientemente. Rodeado por todos los lados, el rey es herido, tumbado a tierra y hecho prisionero. Sobre veintiséis mil soldados franceses, diez mil morirán, entre los cuales el famoso Capitán de La Palice. La noche de la batalla, el rey escribió a su madre: "Señora, todo está perdido salvo el honor y la vida". Durante seis meses, Carlos V tuvo encerrado a su rival en una torre en Madrid y le devolvió la libertad con la única condición que le cediera la Borgoña. Una vez libre, el rey no pudo avenirse a ceder una parte del territorio francés al enemigo, sabiendo por otra parte que los Borgoñones se negaban a separarse de Francia. ¡Esto hizo que la guerra volviera a empezar!

Francisco I tendrá que aliarse con los Turcos para combatir contra sus enemigos, en una guerra que durará veinte años.

LAS GUERRAS DE ITALIA

Los Señores franceses, descubren otra forma de vida durante las guerras de Italia. Ante sus ojos se desvelan todas las maravillas que Italia posee tales como palacios, mansiones, jardines, esculturas, pinturas y también música y literatura. ¡Desde Italia, llega a Francia y a toda Europa, el espíritu del renacimiento!

La Batalla de Pavía por Ruprecht Heller

De nuevo en Francia, Francisco I se instala en el castillo de Amboise, con un invitado famoso: Leonardo da Vincj. Lo acomoda en la casa solariega de su infancia llamada "Clos Lucé", nombrándole "primer pintor, primer ingeniero y primer arquitecto del rey", con una pensión de unos diez mil escudos. Leonardo morirá en Francia, el 2 de mayo de 1519.

Poco a poco, todo va cambiando en la corte. La formula obligatoria para dirigirse o hablar con el rey, se convierte en "Su Majestad". Francisco I, es un gran admirador de las artes y de la lengua francesa. Su sirviente más cercano, Clement Marot, es poeta. El rey funda el Colegio de Francia y ordena a los notarios y a los jueces, que elaboren sus escrituras en francés y ya no en latín.

El Rey muere en 1547, pero la guerra continúa con su sucesor Enrique II. Con el tratado de Cateau-Cambrésis en 1559, Francia renuncia a Italia pero obtiene cuatro nuevas ciudades: Metz, Toul y Verdún, así como el puerto de Calais.

Retrato del rey Enrique II por François Clouet
(Biblioteca Nacional de Francia, Paris)

Numerosos artistas Italianos llegan a Francia. El célebre Benvenuto Cellini regala al Rey un maravilloso plato de plata cincelada. El rey fascinado por su trabajo, le ruega quedarse en la corte, le ofrece una pensión así como su protección y lo colma de honores.

El Colegio Real por Claude Chastillon (1612)

Tratado de paz de Cateau-Cambrésis (1559) – Enrique II y Felipe II de España no asistieron y el tratado fue firmado por sus embajadores

Se construyen numerosos castillos en el valle del Loira, que goza de un clima templado y de una tierra fértil, con una población desahogada y fiel al rey. Este valle se convierte en el "jardín de Francia".

Los famosos castillos de Chambord, Chenonceaux, Amboise, Azay-le-Rideau, Tours, Blois y otros, se encuentran muy cercanos los unos de los otros.

En estos nuevos castillos, los Señores se dedican a celebrar grandes fiestas, con bailes y conciertos así como lecturas de poemas y representaciones teatrales. Los artistas reproducen en sus obras, todas las bellezas de la naturaleza. El artista Bernard Palissy, elabora preciosos platos esmaltados, adornados con dibujos de árboles, plantas, lagartos e insectos. Ama de tal forma su trabajo que llega al extremo de quemar sus propios muebles, para poder calentar el horno donde cuece sus artísticos platos.

Retrato de Bernard Palissy, por Mihály Zichy

En la Edad Media, los Señores viven cada uno en sus tierras y luchan entre ellos. Para distraerse organizan torneos, escuchan la música de los juglares y van de caza. Desde que han descubierto la forma de vida de los nobles italianos, ya no desean quedarse aislados y prefieren irse a vivir a la corte del rey, siempre animada por fiestas, viajes, bailes y monterías. Se arruinan para poder comprarse preciosos trajes y seguir al rey por doquier como buenos cortesanos, con el ánimo de obtener favores y regalos. La diversión es continua en la corte. En los jardines, los jóvenes juegan a las canicas, a la pelota o a la "gallina ciega". Las damas, reunidas sobre los peldaños de una fuente, se cuentan historias. Llegada la hora del almuerzo, los propios señores sirven ellos mismos al rey y a grandes príncipes, mientras que varios músicos deleitan a los comensales. Manjares exquisitos circulan en valiosos platos, y los mejores vinos fluyen a placer. Están ya muy lejos las comidas de los Señores feudales, cuando se tiraban restos de comida y vino, sobre la paja que cubría el pavimento...

Aparecen grandes escritores como Clément Marot, Ronsard, Rabelais, Montaigne y otros. Esta época se llama el Renacimiento, porque la gente curiosa de todo lo que está vivo y es bello, parece realmente renacer. El poeta Pierre de Ronsard, compone durante una fiesta en la corte, los versos de la canción "A Casandra", que todo francés conoce: "Vamos, Linda, a ver si la rosa...". Rabelais escribe las aventuras de Gargantúa y de Pantagruel y más tarde, aparecen los libros de Montaigne. También en aquella época el arquitecto Pierre Lescot vuelve a construir el palacio del Louvre y Philibert Delorme, construye el palacio del jardín de las Tullerías. Francia tiene ya grandes artistas tales como el escultor Jean Goujon o el pintor Jean Clouet. Todos estos artistas trabajan con gran empeño, para poder estar a la altura de sus maestros italianos.

LA REFORMA Y LA "GUERRA MONSTRUOSA"

En el Siglo XVI, la Iglesia católica ha perdido la autoridad que mantenía durante la Edad Media. Demasiados curas y obispos viven como grandes señores y olvidan sus deberes de sacerdotes. Se da el caso que algunos Papas como Julio II, sean más "jefes de guerra" que "jefes religiosos". Viven rodeados de lujo y de artistas, y organizan numerosas guerras. Para recaudar dinero, venden "puestos de obispos" y hasta incluso, el "perdón de los pecados". En aquella época mucha gente lee la Biblia, primer libro impreso por Gutenberg en el siglo XV. Los fieles compran la Biblia y cuando la leen, reflexionan sobre la enseñanza que reciben y sobre la forma de vida de gran parte del clero. Comienzan a pensar en la urgente necesidad de grandes cambios y hasta en una reforma total. Empiezan protestando contra los abusos de la Iglesia, por lo que se les llamará "reformados" o "protestantes".

LUTERO Y CALVINO

Un piadoso fraile alemán llamado Lutero, protesta enérgicamente y escribe: "durante veinte años he celebrado misa a diario. Me he agotado en ayunos y oraciones". Durante uno de sus viajes a Roma, se indigna al ver el tren de vida y los gastos del Papa, quien reclama siempre más dinero para terminar la construcción de la basílica de San Pedro, en Roma. Sabe que el Papa vende "indulgencias", es decir el perdón de los pecados a cambio de dinero. Lutero recorre toda Alemania para protestar contra estos escándalos. Al negarse a ir a Roma para dar explicaciones sobre su conducta, el Papa lo excomulga. Al conocer la noticia exclama "en adelante será una lucha sin piedad. Que sea bienvenida". No se cansa de rogar al clero que imite la simplicidad de los primeros cristianos, que renuncie a las riquezas y que viva únicamente del trabajo, de la oración y del estudio de la Biblia. Un gran número de cristianos de Alemania, aprueban sus ideas y siguen sus enseñanzas. Un enviado del Papa declarará: "Las nueve-décimas partes de Alemania gritan: ¡Viva Lutero! y el resto: ¡Muerte a Roma!". Lutero queda fuera de la autoridad del Papa y funda la Iglesia Reformada para rezar en común, sin decorados costosos, ni casullas doradas.

En Francia, Calvino divulga las ideas de Lutero. Publica un libro donde explica qué cambios hay que aportar a la religión. El rey Francisco I, no acepta estas ideas y persigue a los reformistas. Calvino se refugia en Suiza. Una vez en Ginebra, se muestra extremadamente severo. Obliga a todo el mundo a orar, a asistir a la prédica, a mantenerse sobrio tanto en el vestir como en la mesa así como a privarse de juegos y bailes. Los que le desobedecen son condenados a muerte, decapitados o quemados vivos, como el médico Michel Servet.

Lutero a los 46 años (Lucas Cranach el Viejo – 1529)   *Retrato de Juan Calvino (fecha desconocida)*

Guerras de religión

La Reforma provoca en Francia, atroces guerras civiles llamadas "guerras de religión". El rey Carlos IX, hijo de Enrique II, solo tiene diez años. Su madre Catalina de Medici, se convierte en regente. Es una mujer ambiciosa y sin escrúpulos, con el único deseo de reinar el tiempo más largo posible. Escoge como canciller o ministro de justicia, a un hombre con una gran sabiduría llamado Michel de l'Hôpital. Este hombre piensa que cada cual puede ser libre de escoger su religión, a condición de respetar la de los demás. Pide a los Franceses que, únicamente, sean buenos servidores del rey y de la patria. Desgraciadamente, nadie le escucha. Católicos y protestantes van a luchar sin piedad. En 1568, Catalina de Medici despide a su canciller quien, bien merecidamente, había obtenido el título de "apóstol de la tolerancia".

Carlos IX de Francia, por François Clouet,
Museo Nacional del castillo de Versalles

Francia se divide en dos bandos. Uno de ellos está compuesto por los católicos, respaldados por el rey católico de España y dirigidos por los duques de Guisa. Éstos piensan que los protestantes son en su mayoría, gente rica y trabajadora, cada vez más numerosa y poderosa, por lo que hay que pararla. El otro bando, el de los protestantes dirigido por el rey de Navarra Antonio de Borbón y por el almirante de Coligny, está respaldado por la reina de Inglaterra, ella misma protestante.

Los dos bandos luchan encarecidamente, durante treinta años. Nada es tan doloroso como estas guerras entre Franceses, que se tratan como enemigos. Los católicos desprecian a los reformistas, a quienes llaman "Luteranos" o ""Hugonotes", y los protestantes se mofan de los "Papistas". Desgraciadamente, no se contentan con insultos e injurias sino que provocan verdaderas matanzas. La regente Catalina de Medici es tolerante pero no puede evitar que un domingo en Wassy (Champaña), estallen duras luchas. Hombres afines a Francisco de Guisa, masacran a setenta y cuatro protestantes reunidos en una granja para asistir a los oficios. Es el principio de la guerra entre los dos bandos. Al año siguiente, Francisco de Guisa será asesinado por un protestante, cerca de Orléans. El barón des Adrets, jefe protestante, imagina los peores y más horribles suplicios para los católicos, como los acaecidos en Montbrison, en el Loira, donde los tiran desde lo alto de una torre.

Por toda Francia se roba, se arrasan iglesias y se queman numerosos pueblos y ciudades. Los campesinos se escapan a los bosques y viven como bestias salvajes. Los Ingleses aprovechan estas luchas internas para ayudar a los protestantes con la idea de volver a conquistar la ciudad de Calais. En cuanto a los Españoles, respaldan a los católicos esperando así poder conquistar el trono de Francia.

Catalina de Medici, viuda, por François Clouet

En 1570, católicos y protestantes acuerdan la paz. Los protestantes obtienen el derecho de practicar su religión y el de ocupar cuatro ciudades fortificadas. El jefe de los protestantes, el almirante de Coligny, se convierte en amigo del rey Carlos IX. Este decide casar a su hermana Margarita con Enrique, protestante, hijo de Antonio de Borbón y rey de Navarra. Parecía que este acontecimiento hubiera podido provocar la reconciliación pero desgraciadamente, acaecerá todo lo contrario.

Catalina de Medici teme que el almirante de Coligny se convierta en alguien demasiado poderoso, por lo que desea su muerte. Hace creer a su hijo Carlos IX, que los protestantes conspiran contra él. En ese momento llegan a París varios miles de protestantes, venidos de toda Francia para asistir al matrimonio de Enrique y Margarita. Catalina de Medici, pide al rey que mande asesinar a todos estos protestantes, así como a su jefe. Carlos IX se niega, pero al final cede al deseo de su madre diciendo: "¡Bueno! Mátelos a todos para que no quede ni uno que pueda reprocharme mi crimen". Durante la noche de "la San Bartolomé", el 24 de agosto de 1572, a la señal dada por la campana de la Iglesia de Saint-Germain-l'Auxerrois, los católicos se abalanzan dentro de las casas de los protestantes. Una de las primeras víctimas es el almirante de Coligny, cuyo cuerpo es lanzado por una ventana, cayendo al patio donde está esperando el duque de Guisa.

Los asesinatos prosiguen por las calles contra todos los protestantes, incluidos mujeres, niños y ancianos. El río Sena arrastra miles de cadáveres. La matanza dura varios días en París así como en otras grandes ciudades. Mueren más de veinticinco mil protestantes.

Matanza de la San Bartolomé según François Dubois
Museo Cantonal de Bellas Artes de Lausana

Detalle del cuadro pintado por François Dubois
Catalina de Medici está representada mirando los cadáveres

Dos años más tarde con apenas veinticuatro años de edad, atormentado por el remordimiento, Carlos IX muere gritando: "¡Cuánta sangre!, ¡Cuánta sangre!"

La guerra continúa durante el reino de Enrique III, hermano de Carlos IX, quien se alía con los protestantes. Enrique III es asesinado en Saint-Cloud por un monje fanático, el 1 de agosto de 1589. Como este rey no tiene hijos, su primo el protestante Enrique de Navarra, tiene el derecho de sucesión. Los católicos no quieren a un rey protestante y para defender el catolicismo crean la Santa-Liga, aliándose con Felipe II rey de España.

EL BUEN REY ENRIQUE IV

En el año 1589, Francia se encuentra en un estado lamentable. Las guerras de religión han arruinado al país. Las ciudades han sido quemadas, las tierras no se han cultivado, las carreteras no se han mantenido en buen estado, los puentes se han derrumbado y varios oficios han sido abandonados. Los campos se ven continuamente asolados por lobos hambrientos que merodean alrededor de las granjas. Escribe un burgués: "Esto ya no es Francia sino el cadáver de Francia. Por doquier se puede apreciar desorden y miseria y oír quejas y lamentaciones".

Desaparece el patriotismo. Es tal el odio contra el otro bando, que ningún partido vacila en llamar a ejércitos extranjeros. Los católicos reciben el apoyo de los Españoles, quienes ya no quieren irse de Francia y los protestantes se alían con los Ingleses. La patria ya no existe. Ha sido sustituida por dos grandes ligas enemigas.

El poder del Rey se ve considerablemente debilitado. Los católicos quieren apoderarse de la corona en beneficio de la familia de Guisa, cuyo jefe pretende ser un descendiente de Carlomagno. Diez y ocho años después de la masacre de la noche de San Bartolomé, el duque Enrique de Guisa, jefe de la Liga, ha tomado tal importancia que el rey Enrique III ordena su asesinato. Al año siguiente, el rey caerá bajo los golpes de un católico encolerizado, el fraile Jacques Clément.

El nuevo rey Enrique de Bearne, príncipe protestante, será su sucesor en 1589 y llevará por nombre Enrique IV. Primo lejano de Enrique III y único heredero, es también el jefe de los protestantes, lo que significa que no cuenta con el apoyo unánime de todos los Franceses. Se ve obligado a reconquistar el reino. Enrique IV nace en el castillo de Pau. Se cuenta que el día de su nacimiento, su abuelo el rey de Navarra, le frotó los labios con un diente de ajo y le hizo beber un poco de vino, manifestando: "Esto lo convertirá en una persona vigorosa". Su madre, Jeanne d'Albret, lo educa personalmente. Lleva la vida simple y dura de un joven campesino, correteando siempre descalzo y con la cabeza descubierta. Su rostro y sus modales lo hacen simpático. Es inteligente e instruido. Tiene conocimientos de Griego y de Latín. Soldado a los quince años, su valentía maravilla a sus compañeros. La víspera de un combate, escribe a una dama: "Si pierdo esta batalla, ya no me volverá a ver, porque no soy hombre que huya ni que retroceda". Simple y generoso, raramente malhumorado, todos los que se le acercan lo quieren.

Tapiz del siglo XVI representando a Enrique III en su lecho de muerte, designando a Enrique de Navarra como su sucesor   *Enrique IV (Frans Pourbus el Joven)*

Los Franceses "sensatos", que han padecido las miserias de la guerra civil y todos los estragos cometidos por los extranjeros que "chupan y roen como orugas las más bellas flores de los jardines de Francia", lo acogen con los brazos abiertos. Declaran abiertamente: "Queremos a un rey que nos de orden en todo, que castigue a los violentos, extermine a los ladrones y a los saqueadores...; queremos un rey para tener paz. Queremos a Enrique IV. Reconocemos como nuestro verdadero rey legítimo, natural y soberano señor, a Enrique de Navarra. A él solo, por miles de buenas razones, juzgamos capaz de sostener la grandeza de Francia".

Enrique IV debe luchar para ser reconocido Rey. Combate contra "la Liga", expulsa a los Españoles y devuelve la paz a Francia. Es un hombre valiente y hábil. Vence en Arques (1589) y en Ivry-sur-Eure (1590), a los ejércitos de la Liga dirigidos por el duque de Mayenne. Por causa de su bondad, no consigue tomar la ciudad de París pues autoriza el abastecimiento de harina a sus hambrientos habitantes. Tres años más tarde, acepta convertirse al catolicismo y entra triunfalmente en París. Comenta a sus allegados: "¡Paris bien vale una misa!". Francia entera lo reconoce como rey, y los Españoles deben abandonar la capital y cruzar la frontera. Se cuenta que el Rey quiso darse el gusto de verles partir. Se mantuvo en una ventana, frente a la puerta de San-Denis por donde el enemigo debía salir. Riendo, los vio desfilar. Los soldados Españoles que se habían dado cuenta de su presencia y lo habían reconocido, se descubrían y doblaban la rodilla al pasar bajo la ventana. Cuando llegaron los oficiales, saludaron también. El rey, amablemente les devolvió el saludo y les dijo, burlándose: "¡Buen viaje, Señores! Presenten mi recuerdos al rey, vuestro Señor. ¡Buen viaje, pero no vuelvan!".

Enrique IV es generoso. Perdona a todos los componentes de la Liga, y no castiga a los jefes católicos que han luchado contra él. Sabe hacerse obedecer. El 31 de julio 1602, manda decapitar a su gran amigo Carlos de Gontaut-Biron, duque de Biron, por conspirar contra él y contra el país con España y Saboya. Dirá: "Ahora soy rey, hablo como rey y quiero ser obedecido". Es hábil. Se convierte al catolicismo para que la Liga no tenga pretexto alguno de desobediencia. Otorga a los protestantes el derecho de conservar su religión, gracias al Edicto de Nantes (1598).

Les entrega varias plazas fuertes, como La Rochelle y Montauban. Dirán de él: "Ha luchado como un diablo y perdona como un Dios".

Enrique IV y su ministro Maximiliano de Béthune, duque de Sully, hacen de Francia un país rico y respetado. El duque de Sully es un viejo compañero del rey, gran trabajador quien como el rey desea la felicidad de Francia. Sully tiene quince años cuando entra en el ejército protestante. Enrique de Navarra, que tiene algunos años mas que él, lo ve combatir con ensañamiento en una dura batalla, y comenta a su entorno: "¡He aquí un joven de buena alcurnia; si no me equivoco, algún día hará algo bueno!". Enrique IV no se equivocaba.

Castillo de Rosny-sur-Seine, residencia del duque de Sully por Jean-Baptiste Camille Corot (Museo del Louvre)

Maximiliano de Béthune, duque de Sully, barón de Rosny, hacia 1630

El rey lo nombra ministro de finanzas, pero en realidad actuará también como ministro de agricultura. Empieza por suprimir todo gasto inútil. En aquella época, los encargados de recaudar impuestos son a menudo deshonestos y después de pedir mucho dinero al pueblo, se lo quedan casi todo para ellos. Sully los vigila de cerca, lo que hace difícil que puedan continuar robando a los campesinos y al rey.

Es un gran trabajador que se levanta a las cuatro de la mañana cada día para empezar a trabajar. Tiene la inquietud de tener que saberlo todo. Su carácter es tosco y no le incomoda echar a la gente que le hace perder su valioso tiempo. Es sobre todo, severo con la gente que despilfarra el dinero del tesoro.

Gracias a las economías realizadas durante su mandato, treinta millones en oro pudieron ser amontonados en los sótanos de la Bastilla. No siempre tiene la misma opinión que el rey y a veces, los dos amigos riñen y se enfadan. Estas peleas no suelen durar, ya que el rey reconoce y admira las grandes cualidades de su ministro. Sully ama sobre todo la agricultura y su prioridad es volver a dejar en óptimas condiciones, los campos abandonados desde las guerras de religión. Ordena el desbroce de las tierras baldías y el desecamiento de numerosos pantanos.

Al mismo tiempo, rebaja los impuestos de los campesinos. Cuando un campesino no tiene medios suficientes para pagar sus impuestos, Sully defiende el que no se le confisque su ganado ni su arado. Castiga duramente a los soldados saqueadores, y prohíbe la caza en los campos de trigo y en los viñedos. Se complace en afirmar: "La tierra de Francia es la más rica después de la de Egipto" y también: "Agricultura y ganadería son las dos ubres que alimentan a Francia, verdaderas minas y tesoros del Perú".

Enrique IV ama a los campesinos y desea que cada domingo, puedan tener "una gallina en la olla". Se interesa sobre todo por la industria, arruinada por la guerra civil. Gracias a su esfuerzo, se empiezan a fabricar tejidos de terciopelo y de paño, cristalería y tapicería. Como quiera que el gasto para comprar seda en el extranjero, es muy elevado, ordena que se planten miles de moreras blancas en el valle del Ródano y veinte mil en el jardín de las Tullerías, para poder alimentar a los gusanos de seda y construir manufacturas. Sully no está del todo de acuerdo. Piensa que Francia no necesita tejidos de seda, por considerarlos un lujo. El rey lo convence, explicándole que esto dará trabajo a muchísimos franceses. La primera vez que Enrique IV se pone un par de medias fabricadas en una manufactura francesa, las enseña a todos los cortesanos con gozo y orgullo. Las industrias se reactivan como la tapicería de los "Gobelinos", los encajes de Sanlis y las fabricas de paño de Reims.

Para facilitar el transporte de las mercancías, Enrique IV y Sully construyen excelentes carreteras bordeadas por bellos olmos. Se construyen puentes sobre los ríos. El primer canal de esclusas, el canal de Briare, se abre para unir los ríos Sena y Loira. Se establece un servicio de transporte entre las principales ciudades del reino, y el servicio de correos se pone al servicio del país. La navegación fluvial sobre los ríos Oise y Marne, deja atónitos a los viajantes extranjeros. Las relaciones con las colonias aumentan y en Canadá, Champlain comienza la construcción de la ciudad de Quebec. Francia llega a ser muy próspera. Se cuenta que en aquella época, un ciudadano Alemán comentó: "Si en otros países se consumiera en un año, la misma cantidad de gallinas y pollos que desaparecen aquí en un día, habría que temer la desaparición de la especie".

Esta recuperación del bienestar de Francia, se ve interrumpida por la muerte de Enrique IV. El 14 de mayo de 1610, el rey decide hacer una visita a su ministro Sully. Se sube a una carroza y en el cruce de la calle de la Ferronnerie y de la calle Saint-Honoré, el carruaje se para ante una carreta cargada de heno. Un criminal llamado François Ravaillac, aprovecha ese momento para apuñalar al rey en el corazón. Ravaillac había oído decir que el rey quería declarar la guerra al Papa, y por ello decide matar a Enrique IV pues le reprocha ser demasiado blando con los hugonotes. Durante el trayecto hacia París, roba en una posada el cuchillo con el que apuñala al rey. Tocado en el corazón, éste grita "Estoy herido". Al oírlo, Ravaillac lo apuñala de nuevo. "No es nada", gime el rey, pero la sangre le llena la boca. ¡Está muerto! Todo ha sucedido tan rápidamente, que nadie ha tenido el tiempo de intervenir.

Este estúpido crimen, será ferozmente castigado. Ravaillac, después de jurar haber actuado solo, fue descuartizado por cuatro caballos. Nunca hubo en Francia, un rey mas añorado. Por doquier, los Franceses quejumbrosos se lamentan: "Nuestro buen rey ha muerto ¿qué va a ser de nosotros?"

CAPÍTULO CUARTO

Los Reyes
absolutistas

LUÍS XIII Y RICHELIEU, PREPARAN LA MONARQUÍA ABSOLUTISTA

Cuando Sully se entera del asesinato de Enrique IV, exclama desolado: "¡Francia va a caer en manos extrañas"! No le falta razón... A la muerte de Enrique IV, su hijo Luis XIII sólo tiene nueve años. Su madre, María de Medici, de carácter más bien difícil pero rica heredera con quien Enrique IV se ha casado en segundas nupcias, es nombrada regente del reino. Inmediatamente despide a Sully y lo reemplaza por un viejo amigo, marido de su doncella. Se trata de un italiano aventurero y sin escrúpulos, llamado Concino Concini. En poco tiempo, Concini logra robar y despilfarrar el tesoro amontonado durante el reino de Enrique IV.

Retrato de María de Medici, c.1622. Realizado por Pedro Pablo Rubens (Museo del Prado – Madrid)

Los "grandes", es decir los nobles, obtienen el privilegio de gobernar las principales provincias. Se comportan como reyes, se mofan de las órdenes de la reina y se sublevan diciendo: "Los tiempos de los reyes han pasado ; el de los grandes y de los príncipes ha llegado". Desde la muerte de Enrique IV, los protestantes temiendo sufrir nuevas persecuciones, se encierran en sus plazas fuertes y poco a poco, van reuniendo un verdadero ejército. Ya solo obedecen a sus propios jefes. En 1614 ante tales acontecimientos, María de Medici convoca los Estados Generales. Estos están compuestos por representantes de la nobleza, del clero y de la burguesía. Una vez reunidos, en vez de intentar buscar soluciones para restablecer el orden en Francia, se pelean entre si y la reina se ve obligada a echarlos y ordenar el cierre de la sala de reuniones. El descontento es general. Luis XIII ordena el asesinato de Concini, así como el arresto de su mujer Leonora Galigaï, a quien acusa de brujería. Igualmente ordena el encarcelamiento de su madre María de Medici, en el castillo de Blois. Una vez amo del país, Luis XIII toma como ministro a un joven noble sin experiencia, llamado de Luynes, quien fracasa en la lucha contra los nobles y los protestantes.

Retrato de Luís XIII por Rubens

Litografía del siglo XIX : María de Medici totalmente sometida a las voluntades del matrimonio Concini

Por fin en 1624, escoge a un gran ministro. Se trata de Armand-Jean du Plessis de Richelieu, que pertenece a la nobleza del Poitou. Soldado en su juventud, se ordena sacerdote, convirtiéndose más adelante en obispo y cardenal. Su anhelo es ver al rey de Francia, convertido en el más poderoso de los reyes y a Francia, en el primer país del mundo. Inaugura una nueva forma de gobernar: el rey es el amo absoluto, pero el primer ministro es quien, en su nombre, decide y actúa por su cuenta. No se avergüenza diciendo que desea "arruinar al partido hugonote, rebajar el orgullo de los grandes, reducir todos los súbditos del rey a sus deberes y realzar su nombre en las naciones extranjeras". Quiere ante todo, arruinar la potencia política de los protestantes, que se han convertido en "un Estado en el Estado".

Richelieu, por Philippe de Champaigne (National Gallery, Londres)

En 1626 ordena la destrucción de las plazas fuertes, donde se esconden los señores sublevados. Teme que los gobernadores de las provincias tengan demasiado poder por lo que nombra a intendentes, algo así como los "missi dominici" de Carlomagno, para que los vigilen. Prohíbe a los señores que se batan en duelo, y castiga duramente a los nobles que se niegan a obedecer al rey.

En aquel tiempo y por cualquier pequeña ofensa, los jóvenes nobles se baten en duelo. Cada adversario se presenta con sus "testigos", quienes muy a menudo, se baten también. No es raro ver que se produzcan varias muertes en cada duelo. Richelieu calculó que los duelos habían causado más de dos mil víctimas en Francia, en un periodo de siete años. Se cuenta que el señor de Boutteville fue expulsado de París por batirse en duelo, demasiado a menudo. Haciendo caso omiso de la orden del rey, retornó a París y en pleno día, en una plaza muy frecuentada, se batió en duelo contra otra persona. Inmediatamente fue encarcelado, juzgado y condenado a muerte. También el duque de Montmorency fue condenado a la misma pena, por haberse sublevado contra los soldados del rey en el sur de Francia. Aunque numerosos miembros de la nobleza y del clero solicitaron su gracia, esta fue rechazada por Richelieu y por Luís XIII. El duque fue decapitado sobre el cadalso.

Richelieu lucha contra los protestantes que desean formar una república independiente en Francia, con La Rochelle como capital. El mismo Richelieu dirige dos guerras, de las cuales sale vencedor. La última de ellas se termina con la toma de La Rochelle en 1628, donde los protestantes, ayudados por los Ingleses, habían logrado reunir a todos sus ejércitos. La Rochelle es un bello puerto del Atlántico. Por su parte costera, esta ciudad en tiempos de Richelieu, se encuentra protegida por murallas y por su lado marítimo puede recibir a barcos Ingleses, con víveres y soldados. Richelieu asedia la ciudad por la costa y decide cortar la entrada por el mar, para impedir que los Ingleses puedan socorrer a los protestantes. Para ello, cierra la entrada del puerto con la ayuda de un inmenso dique que ordena construir. Los habitantes de La Rochelle se defienden hasta el final, pero el hambre les obliga a rendirse. El asedio dura casi un año, desde noviembre 1627 hasta octubre 1628. Ocasiona enormes estragos. Cuando Luís XIII y Richelieu entran en la ciudad, la encuentran llena de cadáveres...

Por el "edicto de Alais" de 1629, los protestantes pierden sus plazas fuertes, cesan de ser un partido, pero mantienen el derecho de practicar su religión.

El Cardenal de Richelieu en el asedio de La Rochelle (Henri-Paul Motte, 1881 – Museo de Orbigny Bernon)

Deseando que Francia ocupe el primer lugar en Europa, Richelieu compromete a Francia en una larga lucha contra la casa de Austria, es decir contra el Emperador de Alemania y contra el rey de España. Estos dos reyes de la misma familia, son dueños de Austria, Alemania, España, Portugal, una gran parte de Italia, Países Bajos y el Franco-Condado. Poseen también inmensas colonias en América, Asia y África. Richelieu se siente débil para librar batalla, y prefiere conspirar para lograr que otros países se subleven contra la casa de Austria. Consigue que los protestantes de Alemania, los Daneses y los Suecos, declaren la guerra al emperador de Alemania. Por fin en 1635, Richelieu se anima a luchar y al principio, el enemigo es el vencedor. En 1636, los Españoles invaden el Norte de Francia y se apoderan de la ciudad de Corbie. Los habitantes de París, completamente aterrorizados, creen ver a los soldados Españoles sobre las torres de la Bastilla y muchos son los que abuchean a Richelieu, silbando al paso de su carroza.

Estos fracasos se ven pronto reparados cuando Richelieu se da cuenta que hay que repeler al enemigo, lejos de París. Al Norte, los Franceses ocupan el Artois y al Este, la Alsacia. Conquistan el Rosellón en los Pirineos y cuando muere Richelieu en 1642, Francia es victoriosa por todos los frentes. Hasta el final de su vida, Richelieu se desplaza por toda Francia para demostrar que el rey es el amo de su reino. Gravemente enfermo, se hace transportar en una cama guarnecida de una sábana color violeta. Muere muy poco antes de que muera el rey Luis XIII.

Este gran hombre, no solamente ha restaurado la autoridad real sino que ha desbaratado numerosos complots, desmantelado numerosas plazas fuertes y castigado a los nobles que perdían su tiempo batiéndose en duelo. También ha creado un ejército permanente de oficio y ha fundado la Academia Francesa para fijar el buen uso de la lengua.

El Cardenal de Richelieu, por Philippe de Champaigne

El Cardenal de Richelieu en su lecho de muerte, por Philippe de Champaigne

A la muerte de Luís XIII, la bella reina Ana de Austria se convierte en regente, ya que su hijo Luís XIV sólo tiene cuatro años y medio. Toma como ministro al Cardenal Mazarino, tal y como Richelieu lo había recomendado en su lecho de muerte.

LUÍS XIV, REY ABSOLUTISTA

La regencia de Ana de Austria

A la muerte de Luís XIII, su hijo no tiene aún cinco años. La reina-madre Ana de Austria, hija del rey de España y esposa de Luís XIII, es nombrada regente.

*Ana de Austria y su hijo Luís XIV
(autor desconocido) – Museo Nacional del Castillo de Versalles*

Ana de Austria (retrato de los años 1620, por Peter Paul Rubens)

Toma como ministro al Cardenal Mazarino, recomendado por Richelieu antes de morir. Es Italiano y habla mal el Francés. Los cortesanos se mofan de su acento, pero él se muestra educado, dulce y amable con todos. Antiguo oficial del Papa, es cardenal sin haber probablemente, nunca sido sacerdote. No se parece en nada a Richelieu, ya que no ordena ninguna decapitación. Se contenta con engañar a sus enemigos, con halagos o con promesas que no mantiene. Es muy astuto y no duda ni en engañar ni en mentir, cuando quiere conseguir el éxito de cualquier asunto. Se dice de él que "es tan hábil que se encuentra sobre la cabeza de todo el mundo, cuando todo el mundo cree tenerlo a sus pies." Ante todo, ama el dinero y tiene una inmensa fortuna. Sus colecciones de libros, estatuas y pinturas, son de un incalculable valor.

Retrato del Cardenal Julio Mazarino por Pierre Mignard (Museo Condé – Chantilly)

Mazarino continúa la obra de Richelieu, y termina la guerra contra Alemania y España. Las victorias de dos ilustres generales, el Vizconde de Turena y sobre todo, la del joven Luis II de Borbón-Condé, Duque de Enghien y más tarde Príncipe de Condé en la batalla de Rocroi contra el ejército Español, llevan a la rendición de Baviera. Condé es un general audaz, de una bravura a menudo temeraria. Durante la batalla de Friburgo, encontrándose sus soldados bloqueados por el enemigo, tira su "bastón de mariscal" y con la espada en la mano, parte a la cabeza de su regimiento para luchar. A menudo estas hazañas le consiguen la victoria, pero solo contra demasiada sangre de sus soldados.

El duque de Enghien en la Batalla de Rocroi

Por otra parte, Turena es un hombre simple y modesto que raramente conocerá una derrota. Si se encuentra atemorizado antes de una batalla, dirigiéndose a si mismo dice en voz alta: "¡Tiemblas esqueleto, pero si supieras donde te voy a llevar dentro de un rato, temblarías aún más!". Morirá en Alemania, la víspera de una batalla. Luís XIV tiene por él tal estima, que lo hace enterrar en la Basílica de San Denis, entre las tumbas de los Reyes. Más tarde, sus restos serán trasladados al Hotel de los Inválidos.

La guerra sigue unos años más, en Alemania y en Flandes Español. Las negociaciones de paz ya comenzadas, llevan a la firma en 1648 de los tratados de paz de Westfalia, en los que Francia obtiene la región de la Alsacia. Sin embargo, la guerra contra España continuará durante once años más. Felipe IV rey de España, vencido, firma el 3 de septiembre de 1659 el tratado de los Pirineos, en la isla de los Faisanes situada en el centro del rio Bidasoa, frontera entre España y Francia. Por dicho tratado, Francia obtiene el Rosellón, la Cerdeña y el Artois.

Entrevista entre Luís XIV y Felipe IV en la Isla de los Faisanes en 1660, por Laumosnier

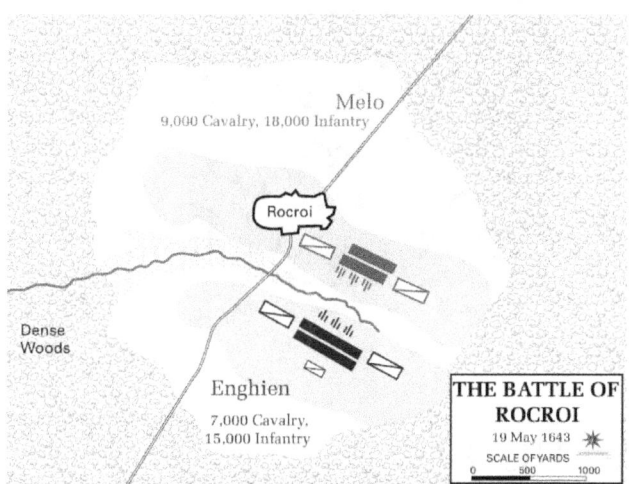

Comandante para las tropas del Reino de Francia: Luís de Borbón
Comandante para las tropas del Reino de España (Armada de Flandes): Francisco de Melo
Fuerzas en presencia para el Reino de Francia: 12 regimientos franceses, 2 regimientos suizos, 1 regimiento escocés
Total 17.000 hombres de infantería y 6.000 a 8.000 de caballería
Fuerzas en presencia para el Reino de España: 5 tercios españoles, 3 tercios italianos, 5 regimientos valones,
5 regimientos alemanes y 2 regimientos borgoñones – Total 18.000 hombres de infantería y 7.000 a 9.000 de caballería
Perdidas para el Reino de Francia: 4.500 muertos y heridos
Perdidas para el Reino de España: 3.500 muertos y heridos y 3.826 prisioneros

Los nobles detestan a Mazarino y se sublevan contra él. Esta revuelta se llamará "La Fronda", nombre de un juego de niños que solo en apariencia, no parece ser serio. Está dirigida por príncipes, damas de la corte, jueces y burgueses, pero está apoyada por todo el pueblo de París que sufre una gran miseria desde hace ya largo tiempo. La reina y el joven rey, tienen que huir de París durante la noche. La nobleza y el parlamento se rebelan contra la autoridad de la reina por el hecho de ser mujer y de la de Mazarino, por ser Italiano. El cardenal se ve también obligado a huir, cuando se pone precio de ciento cincuenta mil francos, a su cabeza.

Luís XIV con catorce años, ya mayor de edad, vuelve triunfalmente a Paris con su madre, después de haberse cerciorado de la sumisión de los sublevados.

La miseria y las guerras hacen terribles estragos en aquella época, y muchos niños son abandonados por doquier. Un pobre sacerdote llamado Vicente de Paúl, se da a conocer por su bondad y caridad, socorriendo a los pobres y a los desheredados. Recoge a más de seiscientos niños en el "Hospicio de los Niños Hallados" y con la ayuda de algunas mujeres de la nobleza, los alberga y les da de comer. Se cuenta que en el presidio de Marsella, conmovido por su desesperación, Vicente de Paúl tomo el puesto de un preso. Crea la institución de las "Hijas de la Caridad" o "Pequeñas hermanas de los pobres" para poder socorrer a pobres, enfermos e inválidos. Durante una terrible epidemia de peste, cura él mismo a los enfermos. Vicente de Paúl, quien merecidamente fue llamado Padre de la Patria, muere con ochenta años, venerado por todos. La Iglesia lo ha santificado.

Retrato de San Vicente de Paúl

El gobierno de Luís XIV

A partir de 1661, Luís XIV reina en solitario. Su primer acto de autoridad es el de ordenar, el 5 de septiembre de 1661, al conde d'Artagnan, capitán de los mosqueteros, el arresto de Nicolás Fouquet, superintendente de Finanzas y ministro, al que reprocha haberse enriquecido en demasía.

Colbert había denunciado el enriquecimiento de su rival y la magnificencia de su tren de vida. El rey escucha esta denuncia y solicita una condena a muerte. El 21 de diciembre de 1664, la Cámara de Justicia decide desterrar a Fouquet, quien es declarado culpable de los cargos de "malversación" y "lesa-majestad". Luís XIV, furioso, conmuta esta sentencia por la de cadena perpetua en la plaza fuerte real de Pignerol, donde Fouquet morirá el 3 de abril de 1680. Jamás fue encontrado su certificado de defunción y su amigo Gourville afirmará en sus memorias que Fouquet, liberado poco antes de su muerte, habría sido envenenado por Colbert. Los numerosos secretos a los que Fouquet había tenido acceso gracias a sus diferentes cargos, hicieron que el rey tuviera especial interés por encarcelarle.

Estas intrigas dieron pié a que numerosos autores, como Alejandro Dumas en su obra "El Vizconde de Bragelonne", mezclaran la suerte de Fouquet a la del personaje conocido como "El Hombre de la Máscara de Hierro".

Retrato de Fouquet por Édouard Lacretelle

Mazarino muere en 1661, cuando Luís XIV tiene 23 años. La incertidumbre es grande y cuando se pregunta al Rey, a quien a partir de entonces, tendrán que dirigirse para los asuntos del gobierno, él contesta sin vacilar : "A mí." Luís XIV tiene un aspecto noble, con rasgos regulares y porte erguido. Sus preciosos vestidos bordados y adornados de lazos, lo distinguen de los más grandes señores de la corte. Tiene la convicción de ser el enviado de Dios sobre la Tierra, y acostumbra a decir : "los reyes han nacido para poseerlo todo y mandar a todos". Cree que la vida y los bienes de todos los Franceses le pertenecen, y que "la voluntad de Dios es que todos le obedezcan". La idea de representar a Dios, lo llena de un inmenso orgullo. Toma como emblema un sol resplandeciente, por lo que se le llama el "Rey Sol". No obstante, lleva bien su "oficio de rey". Durante cincuenta y cinco años va a dirigir, él mismo, los asuntos del reino. Uno de sus mejores ministros llamado Colbert, escribe : "Ante todo, siempre sabemos claramente que el trabajo es el primer propósito de Su Majestad. Otras cosas, grandes o pequeñas, asuntos importantes y bagatelas, son igualmente conocidas por el rey, quien no pierde ninguna ocasión de hacerse dar cuenta de todo".

Retrato de Luís XIV por Hyacinthe Rigaud (1701) - Castillo de Versalles

Luís XIV gobierna sin primer ministro. Cuenta con la ayuda de un "canciller" que se ocupa de la justicia, así como la de un "interventor general de finanzas" que se ocupa de las finanzas, industria, comercio y trabajos públicos. Además, los "secretarios de Estado" escogidos preferentemente entre la burguesía, se encargan de la guerra, de la marina y de las relaciones con los otros países de Europa.

Varios "consejos", igualmente compuestos por burgueses nombrados por el rey, dan su opinión al soberano sobre cualquier asunto que juzgue a bien someterles. Luís XIV, que conserva un mal recuerdo de la actitud de los nobles durante la Fronda, los aparta del gobierno. El pueblo considera a los nobles como seres inútiles y perezosos, que "besan las rodillas del rey para mejor alcanzar su monedero". Envía "intendentes", para que dirijan las provincias y controlen la entrada de impuestos, vigilen los gastos de las ciudades y hasta rindan justicia en algunos casos. Todos estos nobles ociosos, viven en la corte de Versalles. Regularmente, el rey recuerda a los católicos que "el evangelio les pide ser sumisos". Carga al clero una especie de impuesto llamado el "don gratuito" pues según él, "no conocen, por su profesión, los peligros de la guerra ni el peso de las familias". Cada domingo durante la misa, los sacerdotes deben leer los edictos del rey y educar a los niños, en el respeto religioso de la monarquía. Desea obligar a los protestantes a convertirse al catolicismo, aunque sea por la fuerza y ordena la demolición de los "templos protestantes". Envía a las ciudades "misioneros con botas", soldados llamados "dragones" que aterrorizan a las poblaciones protestantes con actos llamados "dragonadas", que consisten en robos, pillajes y violaciones.

Las "dragonadas" grabado de la época

En 1685, Luís XIV revoca el edicto de Nantes y lo reemplaza por el edicto de Fontainebleau. Los protestantes pierden el derecho de practicar su religión. Únicamente en la región de Montauban y en solo tres semanas, veinte mil protestantes se convertirán al catolicismo. El rey desea para Francia una única religión católica, que pueda garantizar orden y estabilidad. Ingenuamente piensa que todos los protestantes se han convertido por persuasión y que los que no lo han hecho, no son más que obstinados testarudos. Es un error irremediable. Doscientos mil calvinistas, su inteligencia, su buen hacer y con ellos todo su dinero, emigran hacia Holanda y hacia el Brandeburgo. La revocación del edicto de Nantes es el acto más injusto que Luís XIV haya podido llevar a cabo y que ha tenido para Francia, funestas consecuencias. Fue una mala acción y una falta grave. Doscientos mil protestantes prefieren abandonar sus bienes antes que hacerse católicos. Se refugian en el extranjero, donde se llevan todos los secretos de la industria francesa. Muchos se instalan en Berlín, y transforman esta ciudad entonces pequeña y miserable, en un sitio agradable y rico.

Los últimos calvinistas, llamados los "Camisards", resisten en la región de las Cevenas. Denis Papin, emigrado a Alemania, dibuja los planos de una máquina de vapor. La revolución industrial despunta, pero no en Francia.

Todos los que desobedecen al rey, son despiadadamente castigados, arrestados al recibo de "cartas estampilladas" por orden real y sin juicio previo, llevados a prisión. Los que hablan mal del rey en las "gacetas" o en los periódicos, son llevados a las mazmorras de la Bastilla, azotados en las plazas públicas, enviados a las galeras y hasta condenados a muerte.

El Palacio de Versalles

A Luís XIV no le gusta vivir en París, de donde tuvo que huir durante la Fronda. Se hace construir un inmenso y suntuoso palacio, en medio de jardines adornados por estatuas y estanques con magnificas fuentes. Dirige las obras él mismo. La decoración interior se encarga a treinta y seis mil obreros, que utilizan cristales, mármoles, dorados y cuadros esplendidos.

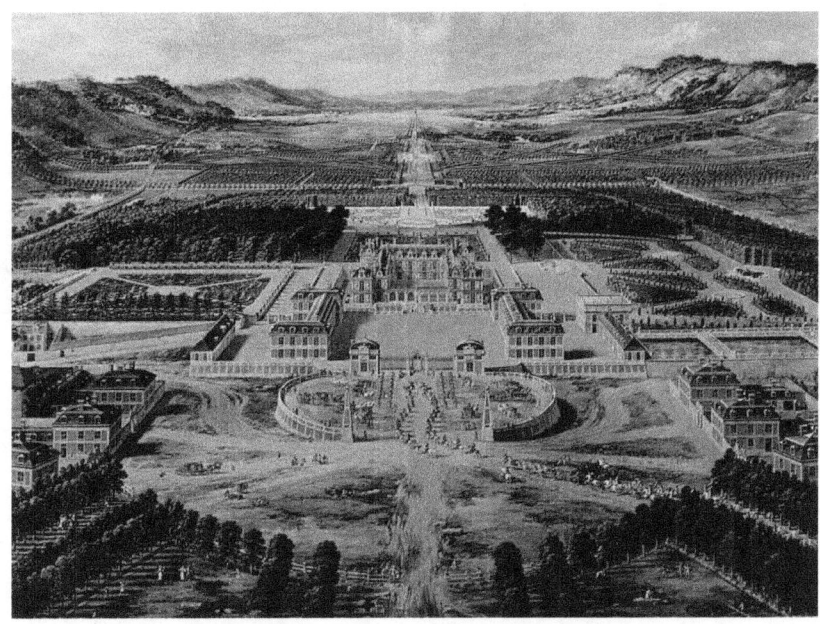

Castillo de Versalles en 1662, por Pierre Patel

Fachada hacia los jardines del castillo (1675), la terraza se convertirá mas tarde en la Galería de los Espejos

Una vez terminado este magnífico palacio, el rey vive en medio de una lujosa corte compuesta por dos a tres mil nobles. Estos participan a las fiestas, comidas, cacerías, paseos y viajes del rey. Todos pasan su tiempo mendigando una mirada, una palabra o un "favor" de Luís XIV. El palacio está custodiado por diez mil "gentilhombres", engalanados con oro y plata, mientras que tres mil criados, a menudo nobles, se ocupan del mantenimiento. Un reglamento, llamado "etiqueta", regula todos los actos de la vida en la corte. Son verdaderas ceremonias, con los mínimos detalles minuciosamente orquestados. Al rey le gusta decir: "Los pueblos se complacen con el espectáculo. Por ahí logramos tener su espíritu y su corazón".

En tiempos de Luís XIV, Francia tiene grandes artistas y escritores que el rey protege. Son recibidos en la corte con grandes honores. Se les otorga pensiones, que les permiten trabajar sin preocupaciones. Algunos de los grandes escritores de la corte son La Fontaine, quien escribió sus preciosas "Fabulas" ; Charles Perrault, autor de entrañables cuentos tales como, entre los más conocidos, "Caperucita Roja", "La Bella Durmiente en el bosque" o "El Gato con botas" ; Molière, autor de numerosas obras maestras, tales como "El Avaro" o "El Burgués Gentilhombre" ; Corneille y Racine, autores de magníficas obras de teatro ; Madame de Sévigné, quien nos legó sus bellísimas "Cartas" o La Bruyère, con sus "Caracteres". Por supuesto, viviendo de los favores del rey, les es muy difícil poderlo criticar. Fénelon y Vauban serán exilados, por haberse atrevido a hacerlo.

Molière

Pierre Corneille

Jean Racine

Para embellecer el castillo de Versalles, Luís XIV emplea a los mejores artistas del momento. Mansart, es su arquitecto. Le Nôtre, diseña los jardines del palacio. Le Brun, primer pintor del rey, dirige equipos de pintores, tapiceros, ebanistas y escultores como Puget. Otro gran arquitecto llamado Claude Perrault, construye la columnata del Louvre, palacio del rey en Paris.

En el palacio de Versalles se organizan magníficos espectáculos, tales como representaciones de comedias, bailes o fuegos artificiales que deslumbran a los cortesanos. No obstante, en esta brillante época, también aparecen algunos personajes siniestros como Marie Madeleine Dreux d'Aubray, marquesa de Brinvilliers. Fue acusada de haber envenenado a su propio padre, sus dos hermanos y a su hermana, para apropiarse de sus partes de herencia, por lo que fue juzgada y ejecutada. Catherine Deshayes, viuda Montvoisin, llamada "La Voisin", conocida por llevar a cabo abortos y celebrar misas negras, fue también mezclada en un asunto de envenenamiento por encargo de Madame de Montespan, deseosa de recobrar los favores de Luís XIV gracias a sus hechizos. Fue juzgada en Paris con treinta y seis cómplices, y condenada a morir en la hoguera, Plaza de Grève. Se las llamó: vendedoras de "polvo de sucesión", mezcla de arsénico y baba de sapo que, supuestamente, servía para "adelantar herencias"…

Es una época en la que toda Europa admira a Francia, sobre todo su lengua y sus obras de arte, muy apreciadas y divulgadas en el extranjero.

Jean de La Fontaine

Charles Perrault

Marquesa de Sévigné

Ministros y colaboradores de Luís XIV

Grandes, inteligentes y abnegados ministros, trabajan para hacer de Francia una nación prospera y fuerte. Uno de ellos es Jean-Baptiste Colbert, burgués nacido en Reims e hijo de un vendedor de paño, que regenta una tienda con el nombre de "Long vêtu". Empieza trabajando para Mazarino quien antes de morir, lo recomienda a Luís XIV diciendo: "Sire, le debo mucho, pero creo poder saldar mi deuda con Su Majestad, entregándole a Colbert".

Es un gran trabajador. Puede quedarse encerrado en su despacho, hasta dieciséis horas al día. Se ocupa de las finanzas, de la policía, de la agricultura, del comercio y de la marina. No le gusta la gente que le hace perder el tiempo. Los cortesanos lo temen y lo llaman "el hombre de mármol" o también "El Norte", es decir el hombre que "hiela" como el viento del Norte. Su sueño, como el de Richelieu, es el de hacer de Francia el país más poderoso del mundo, enriqueciéndolo por el trabajo. Instaura una nueva economía, buscando beneficios por la exportación. Nunca Francia tuvo mejor servidor.

Jean-Baptiste Colbert vestido de gala, por Claude Lefebvre (1666) – Museo del Castillo de Versalles

Otros burgueses sirven también al rey, con mucha abnegación. François Michel Le Tellier, marqués de Louvois y Sébastien Le Prestre, marques de Vauban, organizan el mejor ejército de Europa. En tiempos de Luís XIV, bastaba con ser rico para poder ser un oficial y los nobles compraban un regimiento o una compañía, como si de una casa o de un terreno se tratara. Una vez convertidos en capitanes o coroneles, ya no se interesaban por su compañía o por su regimiento y preferían vivir en la corte, cerca del rey. Louvois forma un ejército de doscientos mil hombres, vestidos con un mismo uniforme escogido por el rey. Él mismo designa los grados, determina las pagas e impone la vigilancia de las tropas. Luís XIV lo llama "ministro de su gloria".

Exige que sus soldados estén bien alimentados y hace construir hospitales militares, especialmente el Hotel de los Inválidos en París. Se cuenta que hizo venir a uno de sus oficiales cortesanos, el señor M. de Nogaret, para hablar con él y dirigirle fuertes reproches:
-"Señor, le dice, su compañía está mal cuidada.
-Señor, responde Nogaret, no lo sabía.
-Tendría que saberlo, Señor, dice Louvois. ¿Ha visto a sus hombres últimamente?
-No Señor, responde Nogaret. -Tendría que haberles visto Señor, replica Louvois severamente.
-Señor, pondré orden", asegura Nogaret. Y Louvois le da una lección diciendo: "Tendría que haberlo hecho Señor, ya que hay que escoger entre vivir como un cortesano o ejercer como un oficial". Después de estas palabras, Louvois lo mandó retirarse con un movimiento de la mano.

El ingeniero Vauban, inteligente, trabajador y valiente, fortifica las fronteras de Francia donde construye treinta plazas fuertes y remodela otras trescientas. Es tan hábil que se dice: "Ciudad asediada por Vauban, ciudad tomada ; ciudad fortificada o defendida por Vauban, ciudad inexpugnable". Al final de su vida, este hombre generoso tiene el valor de escribir un libro, en el que pide la igualdad ante el impuesto y donde describe la miseria del pueblo. Tan pronto como se publica el libro, cae en desgracia.

Sébastien le Prestre, Marqués de Vauban

Situación social de Francia

Los Franceses se encuentran divididos en tres clases: En primer lugar, está el clero dividido él mismo en alto y bajo clero. El alto clero, lleva en la corte la vida ociosa del cortesano y es dueño, desde la Edad Media, de inmensas propiedades. Recauda parte del diezmo y derechos señoriales sobre las tierras. Sólo debe al rey el "don gratuit" (don gratuito), del cual tiene el privilegio de fijar el montante. Al contrario, el bajo clero comparte en el campo la penosa existencia de los campesinos.

En segundo lugar, nos encontramos con la nobleza, cuya mayoría vive de forma ociosa, en la corte del rey. Los nobles, antaño tan orgullosos, ya no piensan más que en halagar a Luís XIV y en mendigar el otorgamiento de pensiones. No todos se quedan cerca del rey. Muchos están en el ejército y forman lo que viene a llamarse "la nobleza de espada". La pequeña nobleza, residente en las provincias y en castillos que se encuentran a menudo en muy mal estado, viven mal, agobiando a los campesinos de impuestos.

En tercer lugar, tenemos al Tercer Estado que comprende a los burgueses, a los artesanos y a los campesinos. Los burgueses se han enriquecido con el comercio. A menudo, casan a sus hijas con nobles arruinados. Algunos se comportan de forma ridícula queriendo imitar a los nobles, como tan bien lo ha descrito Molière en el "Burgués Gentilhombre". La vida de los artesanos sigue siendo muy dura, con jornadas de trabajo de catorce a dieciséis horas por un mísero salario. Para convertirse en patrón, tienen que llevar a cabo una costosa y difícil "obra maestra" y perfeccionarse en el oficio dando la "vuelta a Francia", para lograr aprender las diferentes formas de trabajo de cada región. El aprendizaje es largo y costoso. Los campesinos son los más numerosos y también los más desgraciados, salvo algunos pequeños propietarios, aparceros o jornaleros. En el último eslabón, quedan algunos siervos desgraciados y aplastados por impuestos.

Antes del final del reino de Luís XIV, Francia está arruinada por las guerras. Sus habitantes viven en la peor de las miserias. Madame de Sévigné escribe: "Sólo veo gente que no tiene pan, que duerme sobre paja y que llora". El obispo Fénelon añadirá en 1692: "Francia entera no es más que un gran y desolado hospital sin provisiones". Para intentar paliar la hambruna, se organiza el "Socorro de la sopa" o "Sopa popular".

Desde 1695, una gran miseria se extiende sobre toda Francia y es aún más espantosa durante el terrible invierno de 1709, cuando miles de personas mueren de hambre y de frío. El frío es de tal magnitud, que hasta el Ródano y el borde del mar se hielan. El hielo quema también los árboles frutales y el trigo. En el campo arrasado por los lobos, los campesinos comen cortezas, raíces y cadáveres de animales. La distribución de pan y sopa es bien poca cosa, ante tal miseria.

En 1661 cuando Luís XIV comienza a gobernar solo, Francia es el país más poblado y más rico de Europa. Desgraciadamente, su anhelo de gloria y su orgullo de querer brillar "como el sol" entre los soberanos de Europa, lo llevan a promover una larga serie de guerras. Comete faltas muy graves y todos los estados de Europa se alían en su contra. Después de numerosas victorias y creyéndose invencible, en 1681 y en pleno periodo de paz, Luís XIV ocupa Estrasburgo y proclama esta ciudad "francesa". En 1685 establece la obligatoriedad para los Franceses de ser católicos y para ello, revoca el Edicto de Nantes lo que disgusta profundamente a todos los pueblos protestantes de Europa. Alemania, Inglaterra, España y Suecia deciden librarse de Luís XIV. Grandes batallas son ganadas por Francia, pero con grandes pérdidas en vidas humanas. En el norte de Francia, el jorobado duque de Luxemburgo derrota a los Ingleses y a los Holandeses mandados por Guillermo de Orange. Se le apoda "el tapicero de Notre-Dame", por enviar a París una multitud de banderas, tomadas al enemigo. Se cuenta que Guillermo de Orange exclamó: "¡Me tendrá siempre que vencer ese feo jorobado!". Cuando el duque de Luxemburgo se enteró del comentario, contestó: "¿Como sabe que soy jorobado? ¡Nunca le he dado la espalda!".

En el mar, los corsarios Jean Bart y Duguay-Trouin, logran hundir numerosos navíos Ingleses y Holandeses, pero después de algunos éxitos, el almirante de Tourville pierde gran parte de su flota en La Hougue, cerca de Cherburgo.

Luís XIV ha gastado mucho dinero y perdido muchos hombres. Para obtener la paz firmada en Ryswick en 1697, tiene que abandonar todas sus conquistas. Comete un nuevo error, cuando acepta que uno de sus nietos se convierta en rey de España. Holanda, Inglaterra y Austria, temiendo que se convierta en un hombre demasiado poderoso, le declaran la guerra.

Los Franceses sucumben bajo el número de enemigos que invaden Francia. La victoria de Denain, conseguida por el mariscal de Villars, salva al país del desastre. Con la paz de Utrecht en 1713, Inglaterra toma Terranova a Francia y Gibraltar a España.

Colbert y Louvois han muerto y el rey ya no escucha a nadie. No obstante, Vauban tiene el valor de publicar un proyecto de impuesto sobre la renta, que provoca su desgracia.

Luís XIV muere en 1715, a la edad de setenta y siete años. En dos años, ha visto morir a su hijo y a su nieto de enfermedad y su heredero es su tataranieto de cinco años, que se convertirá en rey bajo el nombre de Luís XV.

Al morir, el viejo rey lo manda llamar para decirle: "Niño mío, pronto será usted rey de un gran reino. Intente conservarlo en paz con sus vecinos. He amado demasiado la guerra; no me imitéis en eso ni tampoco en los gastos demasiado grandes que he hecho. Tome consejo para todo. Alivie a sus pueblos en todo lo que pueda y haga lo que he tenido la desgracia de no hacer yo mismo."

Queriendo decidir por sí solo y exigiendo obediencia sin discusión a todos sus súbditos, Luis XIV se ha convertido en un tirano. Por ello, al final de su reino, será odiado por todo su pueblo.

Cortejo fúnebre de Luís XIV (1715)

Moneda de plata de Luís XIV, de 1674

FRANCIA BAJO EL REINADO DE LUÍS XV

Luís XV, llamado el "bien amado" durante su infancia, sólo tiene cinco años cuando muere Luis XIV. Su primo, el duque Felipe de Orleans, gobierna como regente hasta que llega a la edad de ser rey.

Retrato de Luis XV con 5 años, por Hyacinthe Rigaud (Museo nacional del castillo de Versalles)

El tesoro real se encuentra muy empobrecido por las guerras de Luis XIV. El banquero escocés John Law propone reemplazar las monedas de oro y plata por billetes de banco, para salvar las finanzas públicas. Todo funciona bien hasta que los accionistas pierden su confianza y solicitan ser reembolsados, todos al mismo tiempo.

Luís XV

El futuro rey es un niño muy mal educado por todos los que le rodean. Su tutor, el mariscal de Villeroi, obedece a todos sus caprichos. En cuanto el niño-rey dice: "Señor Mariscal", Villeroi, sin saber lo que el niño desea, le contesta: "Si, Sire". Un buen día, Luís XV se asoma a una ventana de su palacio y mira a la multitud que ha venido a verlo y a admirarlo. Villeroi le muestra con la mano toda esta gente allí reunida y dice: "Sire, todo este pueblo os pertenece".

A partir de 1723, Luís XV reina en solitario. Es un hombre bello e inteligente, pero desgraciadamente egoísta y perezoso. No se ocupa seriamente de los asuntos del reino, y prefiere ir de caza, dar fiestas y divertirse. Se aburre muchísimo cuando sus ministros intentan tenerle al corriente de los problemas del estado. Hablando del reino, tiene la costumbre de decir: "¡La buena máquina, durará seguramente tanto como yo!", o cuando las cosas van mal: "¡Después de mi, el diluvio!". Cuenta con buenos ministros y uno de los mejores, es su antiguo preceptor, el cardenal de Fleury. Este prudente anciano, trae un poco de orden y tranquilidad al reino, y hace todo lo posible para evitar la guerra. Más tarde vendrá Choiseul quien, en 1768, comprará la gran isla de Córcega a los Genoveses.

André Hercule de Fleury por Hyacinthe Rigaud (Castillo de Versalles)

Retrato de Luís XV por Maurice Quentin de La Tour – Museo del Louvre

Reunión de Consejeros bajo la regencia del Cardenal Fleury

Luís XV se lanza en guerras desastrosas. Lucha contra Austria, con la intención de poner a su suegro Stanislas Lecksinski en el trono de Polonia. No lo logra, pero gracias a la habilidad de Fleury, la Lorena será francesa a la muerte de Lecksinski.

Más adelante, se alía con el rey de Prusia Federico II, con la intención de impedir que María-Teresa de Austria se convierta en emperatriz. En 1745, el ejército Francés dirigido por Maurice de Saxe, es victorioso en Fontenoy. Se firma en 1748, un tratado de paz en Aix-la-Chapelle y Luís XV, pretendiendo generosamente "actuar como rey y no como mercader", devuelve las provincias conquistadas. Su aliado Federico II, más hábil, no devuelve nada. El pueblo dirá: "Luis XV ha trabajado para el rey de Prusia".

El rey esta vez, abandona a Federico II y se alía con María-Teresa de Austria, declarando la guerra "de los Siete años" al rey de Prusia y a Inglaterra. El ejército francés, mal dirigido, es derrotado por doquier. El mariscal de Soubise, sufre en Rosbach (1757) el mayor de los desastres militares. Se cuenta que las tropas se dispersan a tal velocidad, que su jefe no tiene tiempo de darse cuenta de lo que está pasando. En París, el pueblo se mofa de Soubise y un dibujo, distribuido entre el pueblo, lo representa con una linterna en la mano, buscando por todos los rincones a su ejército. Bajo el grabado se puede leer: "Por más que busco, ¿dónde diablos está mi ejercito? - Sin embargo, estaba aquí ayer por la mañana".

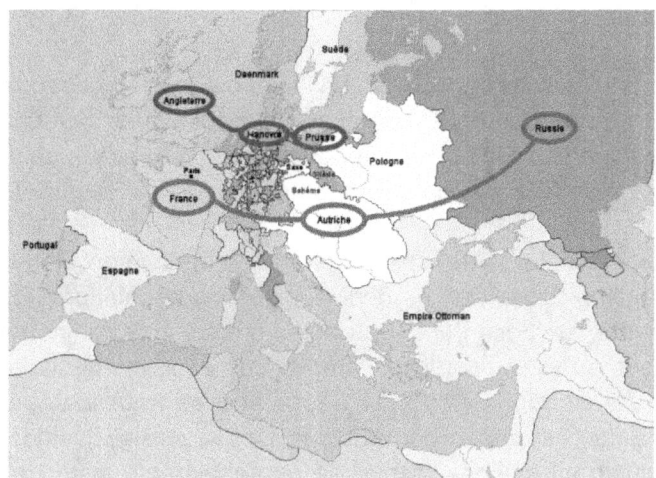
Las alianzas en vísperas de la guerra de los Siete años

Dupleix en la India y el marqués de Montcalm en Canadá, habían logrado establecer su dominio sobre estos inmensos territorios que Luís XV no supo conservar. Fue con dulzura y no por la fuerza, que estos dos hombres lograron hacerse querer por los indígenas. En Canadá, Montcalm llegó a firmar un tratado de alianza con los Pieles-Rojas, que lucharon bajo sus órdenes contra los Ingleses que pretendían apoderarse del país. En efecto Inglaterra, nación con una gran superioridad marítima, se adueña de las colonias francesas de Canadá y de la India. El marqués de Montcalm defiende Canadá con energía, pero solo dispone de cinco mil soldados contra los cuarenta mil del enemigo. No recibirá ninguna ayuda del rey. Mortalmente herido, es asediado en la ciudad de Quebec, la ciudad más grande de la colonia. Al morir afirmará: "Muero contento ya que no veré el Canadá en manos del enemigo". Luís XV consentirá dejar el Canadá en manos de los Ingleses. No obstante todo ello, ese gran país que es el Canadá, donde aún se habla el idioma francés, ha permanecido amigo de Francia hasta nuestros días.

En la India, donde Dupleix ha comenzado la conquista de un gran imperio para Francia, se instalan los Ingleses aprovechando que Luís XV y sus ministros se niegan a enviar refuerzos. La "Guerra de los Siete Años" se termina en 1763, con la firma del desastroso tratado de París por el que Francia pierde Canadá y la India, menos cinco ciudades. Los dos países que salen reforzados de esta guerra, son Prusia e Inglaterra.

La toma de Quebec, oleo por Hervey Smyth, 1797

Siglo XVIII

El Siglo XVIII, se caracteriza por su brillante civilización. Grandes escritores Franceses divulgan sus libros en toda Europa donde, en aquella época, cualquier persona habiendo recibido una excelente educación, habla y lee el francés. Así, Federico II rey de Prusia, publica numerosas obras en francés y Catalina II emperatriz de Rusia, escribe sus famosas cartas al escritor Denis Diderot.

Los más celebres escritores franceses de aquella época son Montesquieu, Voltaire y Jean-Jacques Rousseau. Se les llama "filósofos", es decir amigos de la sabiduría. Estos grandes escritores, piden la reforma de un gobierno que poca gente aprueba y que es muy dañino para Francia. Desean que el rey cese de mandar a sus súbditos, como un amo a sus esclavos. Voltaire reclama la libertad de pensamiento, de escritura y de elección de religión. Jean-Jacques Rousseau proclama que los hombres son iguales cuando nacen y que así deben permanecer. Desea que el pueblo se gobierne a sí mismo. Estas nuevas ideas se discuten en salones, donde se reúne la gente instruida. La filosofía apasiona a todos los que desean comprender los grandes cambios de la época.

El absolutismo político o religioso, ya no satisface a nadie. Montesquieu y Voltaire, alaban los méritos del régimen constitucional Inglés. La curiosidad por las ciencias es también muy notoria. Física, química y mecánica, intrigan a todos los que quieren saber "cómo funciona" cualquier innovación. Los diseños técnicos de la "Enciclopedia de las Ciencias" de Diderot y Alembert, tienen un inmenso éxito. Un ilustre científico llamado Buffon, escribe una dilatada "Historia Natural". Los hermanos Montgolfier construyen los primeros globos de aire caliente. Cugnot, fabrica el primer coche de vapor y Lavoisier, hace experimentos en el aire y sobre el agua.

Georges-Louis Leclerc, conde de Buffon
por François-Hubert Drouais
(Museo Buffon de Montbard)

Ascensión "captiva" del globo de aire caliente de Montgolfier,
el 19 de Octubre 1783 (Claude-Louis Desrais)

Grandes artistas decoran las casas de los nobles y de los ricos burgueses. Los muebles son de maderas preciosas. Los armarios y las mesas, llevan esplendidas esculturas; los sillones toman formas curvas y armoniosas y se cubren de bellas tapicerías de seda en colores pastel. Se decoran las paredes con cuadros de grandes pintores como Watteau, Boucher, Chardin o Latour. Sin embargo, al lado de todo este lujo, el pueblo sigue aplastado por los impuestos y sufre una terrible hambruna. Cuando muere Luís XV en 1774 y después de cincuenta y nueve años de reinado, la noticia de su muerte no conmueve a nadie en el reino. Tiene que ser enterrado de noche, a escondidas y a la luz de antorchas, para evitar que su cuerpo sea tirado al Sena por los habitantes de Paris.

El pueblo empieza a reclamar otro tipo de gobierno.

LUÍS XVI

Luís XVI o Luis Augusto de Francia, nieto de Luís XV al que sucede en 1774 con veinte años de edad, desea la felicidad de su pueblo. Es un hombre sencillo, a quien le gusta pasar largos días trabajando en el taller de un cerrajero. No es muy inteligente y le falta voluntad. Su mujer, María-Antonieta, coqueta y despilfarradora, le aconseja mal y lo desprecia llamándolo "pobre hombre" delante de todo el mundo. El pueblo detesta a esta mujer, a quien acusan de preferir Austria a Francia y la apodan la "Austriaca".

Luís XVI a los 20 años, por Duplessis   *"Marie-Antoinette à la Rose", retrato por Elizabeth Vigée-Lebrun (1783)*

Al inicio de su reinado, Luís XVI tiene un excelente ministro llamado Anne Robert Jacques Turgot, barón de l'Aulne, más conocido por Turgot. Intendente del Lemosín que ha sabido administrar muy bien, sabe que para salvar a la realeza hay que terminar con la miseria del pueblo. Intenta realizar reformas que los campesinos y los obreros, acogen con gran júbilo.

Impone la libre circulación del trigo en todo el reino ya que hasta entonces, se tenían que pagar derechos de aduana de una provincia a otra, por lo que su precio y el del pan se encarecían desmesuradamente. Cuando el trigo circula libremente por todo el país, los campesinos, seguros de poderlo vender, se afanan en obtener buenas y mejores cosechas.

Suprime la "faena real", que en aquel tiempo obliga a los campesinos a trabajar gratuitamente en la construcción y mantenimiento de las carreteras del reino, haciéndoles perder tiempo y dinero. Turgot decide remunerar a los trabajadores con los ingresos de un impuesto, pagado por los propietarios de las tierras.

Es tal la alegría de los campesinos, que gritan su júbilo cantando:
"Ya no iremos a los caminos
Como a la galera,
A trabajar tarde y mañana,
Sin paga alguna".

Retrato oficial por Elizabeth Vigée-Lebrun (1787) de María Antonieta con sus hijos, María Teresa, Luís Carlos y Luís José

Pero está claro que esta reforma, disgusta a los "privilegiados". Turgot continúa con sus reformas, suprimiendo "las corporaciones" que existen desde la Edad Media. De esta forma, los obreros pueden convertirse en patronos sin tener que pagar ningún derecho, ni tener que realizar una costosa obra maestra. A partir de entonces, pueden comprar una tienda o un taller para vender y fabricar lo que les plazca. Por último, Turgot intenta ahorrar y pide al rey que disminuya los gastos de la corte, así como las pensiones otorgadas a los cortesanos. Manifiesta que es deseable lograr "la igualdad de todos ante el impuesto", para que todos los franceses paguen según su fortuna. Esta afirmación no gusta a todo el mundo…

Anne Robert Jacques Turgot, baron de l'Aulne

En 1776, el débil Luís XVI despide a Turgot obedeciendo a los descontentos, privilegiados, vendedores de trigo y patronos de corporaciones. Al principio, intenta resistirse afirmando: "Sólo yo y el Señor Turgot amamos al pueblo", pero María-Antonieta y los cortesanos insisten y logran su propósito. Voltaire exclamará: "¡Es un desastre! Un rayo se me ha caído sobre el cerebro y sobre el corazón".

Con el fin de que el pueblo pueda pensar en otra cosa, se convence a los Franceses que deben ayudar a las colonias Inglesas de América para conquistar su independencia. Los Ingleses envían tropas para restablecer el orden en las colonias, en las cuales los habitantes se niegan a pagar nuevos impuestos. Los Americanos, dirigidos por grandes patriotas como George Washington y Benjamín Franklin, al principio son derrotados y Franklin se desplaza a París para solicitar una alianza con Francia.

Benjamín Franklin, es el gran científico que ha inventado el pararrayos. Tiene la reputación de ser una persona sabia y buena y el pueblo de París festeja su visita. Voltaire lo recibe en su casa, como si de un príncipe se tratara. Franklin habla con Luis XVI y lo convence para que ayude a sus conciudadanos en su lucha contra los Ingleses. Numerosos voluntarios, dirigidos por el joven marqués de La Fayette, salen de Francia para ir a combatir a América. Más tarde, Luis XVI declarará oficialmente la guerra contra Inglaterra. Soldados franceses dirigidos por Rochambeau, consiguen varias victorias junto a las tropas americanas. Vencidos en 1783, los Ingleses firman el tratado de paz de Versalles. Reconocen la independencia de sus colonias Americanas, que se convertirán en los Estados Unidos de América. Francia recupera Senegal pero sobre todo, las victorias francesas en América hacen olvidar en Europa las derrotas de Luis XV.

Esta "generosa" guerra, ha costado mucho dinero y termina por arruinar totalmente al tesoro real. Jacques Necker, sucesor de Turgot, busca dinero y lo logra en parte con préstamos que desgraciadamente no serán suficientes. Pronto como Turgot, propone reformas y ahorros, deseando sobre todo reducir los gastos de la corte. Denuncia por ejemplo, que trescientas ochenta y tres personas sirvan al rey en la mesa; que a la edad de dos años, la hija del rey necesite ochenta sirvientes y que el rey disponga de cinco mil caballos.

Firma del Tratado de paz de Versalles (Tratado de Paris), por Benjamín West – de izquierda a derecha John Jay, John Adams, Benjamín Franklin, Henry Laurens y William Temple Franklin. La delegación Británica se negó a posar y el cuadro no pudo ser terminado.

Para demostrar que hay despilfarro, publica un informe de las finanzas en el que denuncia a los nobles como culpables de derrochar el tesoro del reino. ¡Los cortesanos están furiosos! Luís XVI les obedece una vez más y despide a Necker, en 1781. Durante siete años solicitará la ayuda de otros ministros que no serán capaces de llenar las cajas del tesoro real, negándose a gravar de impuestos al clero y autorizando que las tierras de los nobles queden baldías.

Retrato de Jacques Necker por Joseph Duplessis (Castillo de Versalles)

En 1789, un viajero Ingles escribe: "Siempre que veáis las tierras de un gran señor, aunque éste posea millones, podéis estar seguro de encontrarlas baldías. El príncipe de Soubise y el duque de Bouillon son los dos mayores propietarios de Francia y las únicas marcas que haya visto de su grandeza, son barbechos, landas y desiertos".

No quedando dinero en los fondos del Estado, sólo queda la solución de crear nuevos impuestos. El rey recibe ya numerosos impuestos como el impuesto sobre la tierra o "talla"; el impuesto sobre la sal o "gabela"; el impuesto para el clero o el "diezmo"; los "derechos señoriales" a la nobleza, sin contar con la "faena señorial", en la que el campesino pierde mucho tiempo trabajando gratuitamente. Se calcula que sobre cien francos ganados, el campesino tiene que pagar ochenta francos en impuestos y esto provoca un enorme descontento entre la población que reclama más libertad y justicia. Por toda Francia, los electores de los diputados a los Estados Generales se reúnen en las ciudades y grandes burgos. Se detallan los cambios que desearían llevar a cabo, sobre "Cuadernos de Quejas", por lo que el rey Luís XVI está al corriente del deseo de libertad, igualdad y justicia sin suplicios, del pueblo francés que también reclama la supresión de los privilegios y el pago de impuestos para todos, según su riqueza.

La Revolución francesa está a punto de empezar y de cambiar muchas cosas.

El censo de Belén o El Pago del diezmo (1566), un tema religioso camuflado en una escena costumbrista
(Pieter Brueghel el Joven – Museo de Bellas Artes de Caen)

CAPÍTULO QUINTO

LA REVOLUCIÓN Y
NAPOLEÓN PRIMERO

LAS GRANDES JORNADAS DE LA REVOLUCIÓN FRANCESA

Los Estados Generales no han sido convocados desde 1614. Luís XVI los convoca en 1789, porque necesita dinero. Contrarrestando nuevos impuestos que llenarían las arcas vacías del estado, propone algunas reformas. Los diputados del Tercer Estado no están de acuerdo, ya que solicitan una reforma completa de la administración del reino.

El día 4 de mayo de 1789, para la apertura de los Estados Generales, los diputados se dirigen en procesión a la iglesia de Notre-Dame de la parroquia de Versalles, para orar. El rey ha salido a las diez de la mañana para dirigirse a la iglesia en su carroza, acompañado de todo el cortejo y pompa que antecede al soberano en este tipo de solemnidad. A las once, la procesión comienza a formarse para dirigirse a la iglesia Saint-Louis, situada en el mismo castillo, donde se debe de celebrar una misa. Los diputados del Tercer Estado llegan primero, son los que se encuentran más alejados del Rey. Detrás llega la nobleza, encabezada por el Duque de Orleáns, quien recibe aplausos y aclamaciones durante toda la procesión. El clero sigue a la nobleza, pero los obispos se niegan a caminar junto al bajo-clero. Sólo asisten treinta y dos de los cincuenta obispos que están en Versalles. Por fin llega su Majestad, rodeada por los hermanos del Rey y por los gentilhombres de honor. En la iglesia, los asientos de la Nobleza y del Clero han sido reservados, lo que representa una humillación para el Tercer Estado. El sermón dura casi dos horas y el obispo de Nancy presenta al Rey "los respetos del Clero, los de la Nobleza y las muy humildes suplicas del Tercer Estado", lo que aumenta aún más el descontento de este último Orden.

El 5 de mayo, en presencia del Rey y de su familia, se celebra en Versalles la primera sesión. Trescientos veintiséis diputados del clero, entre los cuales ciento seis prelados, se sitúan a la derecha del trono real. Los obispos están vestidos con sus mejores galas. Trescientos treinta diputados de la nobleza se sitúan a la izquierda, llevando también suntuosas prendas de seda con chaleco bordado en oro, espada al flanco y sombrero adornado con cintas y plumas blancas. Seiscientos sesenta y un diputados del Tercer Estado, que representan al 96% de la nación, vestidos de negro, se sitúan al fondo de la sala. De esta forma, se les recuerda su modestia.

5 de mayo 1789 – Inauguración de los Estados generales en Versalles por J.M. Moreau Le Jeune (BNF)

Inauguración de los Estados generales de 1789, en la sala de los Menus-Plaisirs de Versalles, por Louis C.A. Couder

El rey pronuncia un discurso, en el que proclama: "Todo lo que se le puede pedir a un soberano, el primer amigo de su pueblo, podrán esperarlo de mis sentimientos. Pueda Señores, reinar un acuerdo feliz en esta asamblea y pueda esta época convertirse para siempre en algo memorable para la felicidad del reino. ¡Es el anhelo de mi corazón y el más ardiente de mis deseos!". Luís XVI parece sincero, y Francia entera piensa que los Estados Generales van a poder mejorar la suerte de los Franceses.

El punto a votar es la aprobación de nuevos impuestos pero desde el principio, se plantea un problema para poder llevar a cabo la votación: El Tercer Estado se niega a aceptar que los diputados voten por grupos separados ya que de esa manera los grupos privilegiados, es decir el Clero y la Nobleza, tendrían dos votos y por consiguiente, mayoría sobre el Tercer Estado que tendría un solo voto. En cambio, si los tres grupos se pusieran de acuerdo para otorgar un voto a cada diputado, el Tercer Estado podría ganar ya que, aunque el Clero y la Nobleza estén más o menos igualados en número de diputados, algunos de sus miembros son favorables al Tercer Estado. El rey, descontento de esta pelea, ordena el cierre de la gran sala de reuniones. Dirigidos por el astrónomo Bailly, los diputados del Tercer Estado buscan, en el mismo Versalles, otra sala donde reunirse. El 20 de junio 1789, deciden reunirse en la sala del "Jeu de Paume" (Juego de Pelota), donde Bailly, subido sobre una mesa, hace jurar a los diputados "no separarse antes de haber dado una constitución a Francia".

Juramento del Juego de pelota, pintado por Jacques-Louis David (Museo nacional del castillo de Versalles)

Una constitución es un conjunto de Leyes que regulan y organizan el gobierno de un país. Con una constitución, el rey ya no puede gobernar según le plazca y debe seguir las normas estipuladas. El juramento del "Jeu de Paume" marca el inicio de la Revolución, es decir el de un cambio profundo en la forma de gobernar Francia. El 23 de junio 1789, Luís XVI, furioso contra los diputados del Tercer Estado, exige que los tres grupos se reúnan para proseguir con la votación. El Clero y la Nobleza obedecen pero el Tercer Estado retoma la misma discusión sobre la forma de votar. Entonces, el gran maestro de ceremonias, marqués de Dreux-Brézé, con la intención de disolver la reunión, penetra en la sala y dice: "Señores, ¿han oído las ordenes del rey?" Al oír estas palabras, Mirabeau, gran orador del Tercer Estado, se aproxima y exclama:

"¡Vaya a decir a los que le envían que estamos aquí por la voluntad del pueblo y que sólo nos sacarán por la fuerza de las bayonetas!". Al enterarse, el rey contesta: "¡Pues bien, dejadles!"

Esta enérgica conducta del Tercer Estado, asusta al rey y a los "privilegiados". Pocos días más tarde, los diputados del clero y de la nobleza se unen a los del Tercer Estado, para formar una "Asamblea Nacional Constituyente". Esta asamblea es "nacional", por representar a toda la nación y "constituyente", por querer dar una constitución a Francia.

Mirabeau

El rey acepta, sólo en apariencia, la formación de la Asamblea constituyente. Reúne a numerosos soldados en Versalles, para amedrentar a la Asamblea. El 11 de julio, bajo la influencia de sus hermanos y de la reina, Luís XVI despide a Necker, haciéndole responsable de los desordenes acaecidos en París, Versalles y hasta en toda la provincia. Al día siguiente, cuando la noticia se propaga en Paris, el estupor y la consternación se transforman en cólera expresada por oradores improvisados como Camille Desmoulins.

El 14 de julio, el pueblo de París, totalmente enfurecido, se arma y ataca la inmensa fortaleza de la Bastilla construida en 1370 y usada como cárcel. Es el símbolo del poder arbitrario, donde cualquiera que haya desagradado al rey, sin juicio previo, puede ser encerrado en sus mazmorras por tiempo indeterminado. La Bastilla cae en manos de los revolucionarios.

En el ataque, mueren noventa y ocho Parisinos y se cuentan setenta heridos. Uno de los primeros prisioneros liberados es el poeta M. de Romagne, encerrado en la Bastilla desde hace cuarenta años.

Toma de la Bastilla – 14 de Julio de 1789, por Jean-Pierre Houël (Biblioteca nacional de Francia)

Aguafuerte grabada a mano en 1789 (Toma de la Bastilla)

Luís XVI exclama aterrado: "¿Pero, entonces, se trata de una revuelta? – No Sire, le contestan, ¡es una revolución!"

El pueblo dueño de la capital, forma una "guardia nacional" para defender París y la Asamblea, contra el rey. Sustituye la bandera blanca de la monarquía, por la bandera tricolor. El azul y el rojo por ser los colores de París, y el blanco por ser el color del rey. A regañadientes, el Rey vuelve a llamar a Necker. Este llega a París el 29 de julio, en medio de aclamaciones y vítores de la muchedumbre que llena las calles. La alegría del pueblo es inmensa. Cuando visita al alcalde de la ciudad, el Sr. Moreau de Saint-Méry, éste le presenta una escarapela tricolor diciéndole: "Señor, estos son colores que usted, sin duda, escogerá; son los colores de la libertad". Necker se lo agradece, e inmediatamente la coloca sobre su sombrero.

En las provincias, los campesinos ocupan los castillos, matando a veces a sus dueños. Los miembros de la Asamblea constituyente, temen estos motines y atemorizados por esta violencia, los diputados del Clero y de la Nobleza renuncian solemnemente a sus privilegios, la noche del 4 de agosto 1789. A partir de entonces, todos los Franceses son iguales entre sí.

Declaración de los derechos del hombre y del ciudadano

El 26 de agosto, la Asamblea vota la "Declaración de los Derechos del Hombre y del Ciudadano", en la que se proclama la igualdad no solo de los Franceses, sino de todos los hombres, el derecho a la libertad y en particular, a la libertad de conciencia.

Representación de la Declaración de los Derechos del Hombre y del Ciudadano de 1789 por Le Barbier
La Monarquía sostiene las cadenas rotas de la Tiranía y el genio de la Nación, sostiene el cetro del Poder
(Paris, Museo Carnavalet)

En París, el pueblo sigue inquieto. Corre la voz que el rey reúne soldados en Versalles, para intentar restablecer su poder por la fuerza. Los víveres escasean, son caros y falta la harina. El periodista y médico Jean-Paul Marat, publica un panfleto alentando a los Parisinos a que tomen las armas. Exasperados por las largas colas que se forman ante las panaderías, las mujeres deciden ir a pedir pan al "panadero de Versalles". El día 5 de octubre 1789, más de dos mil mujeres, armadas con picos y sables, rápidamente alcanzadas por obreros y Guardias Nacionales, caminan desde París hasta Versalles gritando: "¡Pan! ¡Pan!".

Una delegación de mujeres, se presenta a la Asamblea para exigir pan. A la mañana siguiente, la indignación y el tumulto provocan que la muchedumbre fuerce rejas y puertas del castillo. El pueblo penetra hasta los apartamentos de la reina, donde La Fayette les hace frente. Para calmar la situación, el rey se asoma al balcón para pronunciar unas palabras tranquilizadoras. En cuanto se asoma, el pueblo empieza a gritar "¡A París!" "¡El Rey a París!".

El 6 de octubre, Luís XVI, María-Antonieta y el Delfín, se ven obligados a subir a una carroza para volver a París. El pueblo los rodea y canta: "Ya no nos faltará pan, traemos al panadero, a la panadera y al joven aprendiz panadero". Durante todo el camino de vuelta a París, el pueblo se amontona en las calles para ver el cortejo real, seguido por sesenta carros de grano y harina. Expresan su alegría gritando "¡Viva el Rey! ¡Aquí está este buen Rey! "¡Nuestro Rey! ¡Nuestro Rey!". La Asamblea seguirá al rey y se instalará en París, en la sala del "Manège" (academia ecuestre) de las Tullerías. El 10 de octubre, los diputados votan un decreto que transforma el título de "Rey de Francia y de Navarra" por "Rey de los Franceses". El rey acepta esta nueva titularidad así como los decretos que, hasta entonces, se había negado a ratificar, aceptando igualmente la "Declaración de los Derechos del Hombre y del Ciudadano".

Esta litografía representa el motín parisino del 5 de octubre 1789, que obligará a Luís XVI a abandonar Versalles
"A Versalles", grabado anónimo popular – (Museo Carnavalet – Paris)

Primera Constitución de Francia

En 1791, la Asamblea vota la primera constitución de Francia. Según esta constitución, el pueblo francés debe elegir, cada tres años, a los diputados que forman la Asamblea Legislativa. Esta Asamblea se encarga de elaborar las Leyes que todos deben obedecer. Únicamente los ciudadanos que pagan impuestos, pueden votar por lo que la igualdad no es aún total. La Asamblea constituyente simplifica la organización de Francia, suprimiendo las provincias y sustituyéndolas por "departamentos".

El orden parece restablecido y Luís XVI vive en buena armonía con la Asamblea constituyente. El 14 de julio 1790 y para celebrar el aniversario de la toma de la Bastilla, todas las provincias de Francia envían a París a sus delegados, para asistir a la "fiesta de la Federación" en el "Campo de Marte" con la presencia del rey, que jura respetar y defender la constitución.

Fiesta de la Federación en el Campo-de-Marte – 14 de julio 1790, por Charles Thévenin (Museo Carnavalet)

LA CAÍDA DE LA MONARQUÍA

Desde las jornadas de octubre, Luís XVI se considera prisionero en su palacio de las Tullerías. Ya no es el amo del país y no acepta ser únicamente, el primer servidor de Francia.

A raíz de la toma de la Bastilla, muchos nobles franceses se han marchado al extranjero, algunos a Inglaterra y otros a Prusia o a Austria. Se les llama, los "emigrados". Ayudados por el hermano de María-Antonieta, han formado un ejército dispuesto a entrar en Francia. Luís XVI decide marcharse a escondidas de París, para reunirse con ellos.

La noche del 20 de junio de 1791, Luís XVI, disfrazado de criado y acompañado por su familia, escapa en carroza. Durante el trayecto, en Sainte-Menehould cerca de la frontera, el rey se asoma un instante a la portezuela, siendo reconocido inmediatamente por el "jefe de estación" llamado Drouet, quien le hace arrestar el 21 de junio, en Varennes-en-Argonne. El rey y su familia son devueltos a París. Luís XVI sigue siendo rey, pero ha perdido la confianza del pueblo.

Regreso de Varennes – Llegada de Luís XVI a Paris, el 25 de junio 1791 (Jean Duplessis-Bertaux)

La Asamblea legislativa, elegida por sufragio a dos vueltas, comprende unos cuatrocientos abogados entre setecientos diputados. Está dominada por los jacobinos y por los moderados. Danton, Robespierre y Brissot, son sus principales animadores. La Asamblea se enfrenta a graves dificultades. No tiene dinero y decreta que las tierras de los emigrados sean vendidas a favor de la nación. Los obispos y los sacerdotes no aceptan las Leyes votadas por la Asamblea constituyente. Según estas Leyes, los miembros del Clero tienen que jurar obediencia al gobierno francés, y no al Papa. Un gran número de sacerdotes se niega a jurar; se les llama los "sacerdotes refractarios". Estos sacerdotes son fieles al Rey y contrarios a la revolución.

La guerra contra Austria y Prusia

El rey de Prusia y el emperador de Austria sostienen a los emigrados, enemigos de la Revolución de la que han huido y que les ha robado sus bienes. Por ello, la Asamblea legislativa declara la guerra a Austria. A los ejércitos franceses, les faltan buenos jefes pues la mayoría ha huido al extranjero. El norte y el este de Francia, son invadidos por el enemigo y cuando los Prusianos se unen a los Austriacos, la situación parece desesperada. La Asamblea declara la "patria en peligro". En toda Francia se instalan oficinas en las plazas públicas, para recoger los nombres de los jóvenes voluntarios que desean enrolarse. Se presentan llenos de entusiasmo para partir inmediatamente al frente, cantando canciones patrióticas. Pronto, una de las más populares será la "Marsellesa". Compuesta en Estrasburgo por el capitán Rouget de l'Isle durante una cena en casa del alcalde de la ciudad, este himno llamado "Canto de guerra del Ejercito del Rin", se convertirá en el himno nacional francés.

Rouget de Lisle, cantando la Marsellesa por primera vez, en el ayuntamiento de Estrasburgo

El Duque de Brunswick, general prusiano, amenaza con destruir París si el Rey sufre algún daño.

La detención del Rey

El pueblo irritado, piensa que el Rey y la Reina se alegran de la invasión del país por los Austriacos y los Prusianos. El 20 de junio 1792, varios miles de hombres tocados con gorros rojos y armados de lanzas, penetran en las Tullerías para insultar y amenazar al Rey. Este contesta a las amenazas con promesas, viéndose obligado a colocarse el gorro rojo y a beber un vaso de vino a la salud del pueblo. En cuanto los Parisinos se enteran de la amenaza del Duque de Brunswick, invaden de nuevo las Tullerías el 10 de agosto 1792, ayudados por voluntarios venidos de Bretaña y de Marsella. Al alba, suena el toque de alarma y los tambores redoblan para llamar al pueblo a las armas. La muchedumbre armada se dirige hacia las Tullerías. El combate es duro. Los soldados Suizos que defienden el castillo, son masacrados. El Rey se refugia en la Asamblea legislativa y los insurrectos vienen a buscarlo y lo conducen, junto a María Antonieta y a sus dos hijos, a la prisión del Temple.

Toma del palacio de las Tullerías (Jean Duplessis-Bertaux) – Museo nacional del castillo de Versalles

Semanas más tarde, la Asamblea legislativa se disuelve y se constituye una nueva Asamblea llamada la "Convención nacional". Ésta se reúne el 21 de septiembre 1792, derogando la Monarquía y proclamando la República al día siguiente. Los ejércitos republicanos, al mando de los generales Dumouriez y Kellermann, derrotan a los Prusianos en la batalla de Valmy. Los soldados de la nación, en un gran impulso de patriotismo, hacen huir al enemigo. La patria está en peligro y los Franceses se consideran los campeones de la lucha contra todos los absolutismos.

Batalla de Valmy el 20 de septiembre 1792, por Jean-Baptiste Mauzaisse (Museo nacional del castillo de Versalles)

La batalla de Valmy es uno de los acontecimientos más importantes de la Revolución. Marca el inicio de las victorias, que van a obligar a Europa a aceptar el gobierno de la República Francesa.

LA CONVENCIÓN NACIONAL

Por primera vez en la historia de Francia, el pueblo se va a auto gobernar. Para marcar la importancia de este acontecimiento, la Convención ordena no contar ya los años a partir del nacimiento de Cristo. El año tiene que comenzar el 22 de septiembre 1792, día de la proclamación de la Primera República.

Nuevo calendario y funcionamiento de la República

El gobierno revolucionario también decreta la creación de un nuevo calendario, en el que los meses se nombran de la forma siguiente:
- En otoño, Vendimiario, el mes de las vendimias (del latín *vindemia* – vendimia) ; Brumario, el mes de las brumas (del francés *brume* – bruma) y Frimario, el mes de la escarcha (del francés *frimas* – escarcha)
- En invierno, Nivosa, el mes de la nieve (del latín *nivosus* – nevado) ; Ventosa, el mes del viento (del latín *ventosus* – ventoso) y Pluviosa, el mes de la lluvia (del latín *pluviosus* – lluvioso)
- En primavera, Germinal, el mes de la siembra (del latín *germen* – pradera) ; Floreal, el mes de las flores (del latín *flos* – flor) y Pradial, el mes de los prados (del francés *prairie* – pradera)
- En verano, Termidor, el mes del calor (del griego *termos* – calor) ; Mesidor, el mes de las cosechas (del latín *messis* – cosecha) y Fructidor, el mes de las frutas (del latín *fructus* – fruta)

Cada día de las décadas se llaman sencillamente: primidi, duodi, tridi, quartidi, quintidi, sextidi, septidi, octidi, nonidi y décadi. En lugar de asociarse un santo a cada día como hasta entonces, se le asocia con una planta, un animal o una herramienta y al final de cada año, los cinco días (seis en años bisiestos) que hacen falta para completar el año, se emplean como fiestas nacionales. De esta forma, el 22 de septiembre 1792, se transforma en el 1º vendimiario del año 1.

Alegoría de Pradial

El 25 de septiembre, la Convención declara la República francesa como "una e indivisible". Los "sans-culottes", llamados así por llevar pantalones largos y no calzas cortas y ajustadas como lo impone la moda de la época, forman el grupo de la extrema izquierda, representado por los Jacobinos. Se agrupan en la Asamblea como "Montañeses", opuestos a los "Girondinos", más conservadores.

De común acuerdo, todos los diputados de la Convención votan por el establecimiento de la República, pero este entendimiento no dura. Pronto, dos grupos de la Asamblea se disputan el poder. Los Girondinos, así llamados porque algunos de ellos son diputados del departamento de la Gironda, temen al pueblo de París y sus violentas reacciones. Desean una república moderada, dirigida por la burguesía.

Los Montañeses, así llamados por sentarse en los bancos situados en la parte más alta de la sala de reuniones, desean restablecer el orden y luchar contra los enemigos de la Revolución. Su principal representante es un abogado de Arras, llamado Robespierre.

Retrato de Maximiliano de Roberpierre, por Adélaïde Labille-Guiard, pintado en 1791 (Museo del castillo de Versalles)

Luís XVI sigue encerrado en la prisión del Temple con su familia. La Convención decide juzgarlo. Se le reprocha no haber respetado las Leyes y haber solicitado la ayuda de reyes extranjeros, intentado huir fuera de Francia. Por mayoría, la Asamblea lo condena a la pena de muerte. El 20 de enero de 1793, Luís XVI se despide de María-Antonieta y de sus dos hijos. A la mañana siguiente, se le conduce al cadalso donde intenta dirigirse a la muchedumbre que ha venido a presenciar su ejecución, pero un redoble de tambor cubre su voz. Luís XVI muere con valor.

Ha pagado no solamente por sus culpas, sino también por las de sus antepasados, especialmente por las de Luís XIV y por las de Luís XV.

La Convención interroga a "Luís el Último"

Ejecución de Luís XVI, en lo que ahora se denomina la Place de la Concorde, frente al pedestal vacío de la estatua de su abuelo Luís XV.

La ejecución de Luís XVI, hace correr grave peligro a Francia. Su muerte provoca la sublevación de la Vendée, que sigue siendo monárquica. Los nobles, así como el clero de esa región, animan a los campesinos a la rebelión. Pronto, las regiones vecinas se sublevan también y la Convención tiene que entrar en guerra contra más de cien mil insurrectos. Todos los reyes de Europa se unen contra Francia, temiendo que sus pueblos sigan el ejemplo de los Franceses. Francia se ve obligada a luchar a la vez contra Austria, Prusia, Inglaterra, España y Holanda.

ÉPOCA DEL TERROR

Los Girondinos que se niegan a gobernar por la violencia, son derrotados por los Montañeses, que se apoderan del gobierno. Éstos atemorizan a los enemigos de la República, formando un "Comité de Salud Pública" dirigido por Robespierre, Marat, Danton y un joven llamado Saint-Just. Será el inicio de lo que se llamará, "El Terror". Este comité forma un "tribunal revolucionario" para juzgar a los "sospechosos", es decir a cualquier persona sospechosa de querer el retorno de la monarquía.

Miles de hombres y mujeres son arrestados, juzgados y condenados a muerte. Cada día, carretas llenas de condenados salen de las prisiones, para ir al cadalso. Marat, en su periódico "El amigo del pueblo", nombra a las personas que tienen que ser guillotinadas. Una joven de la ciudad de Caen llamada Charlotte Corday, le pide una cita. Es una amiga de los Girondinos. Con un cuchillo comprado esa misma mañana, lo mata en su bañera, convencida que él es la única causa del terror que reina en el país. Será guillotinada.

Charlotte Corday tras asesinar a Marat, obra de Paul Baudry
(Museo de Bellas artes de Nantes)

María-Antonieta así como los principales diputados Girondinos, serán ejecutados. Más tarde, los Montañeses se pelearan entre ellos y Robespierre enviará a Danton al cadalso. El 9 termidor del año II (28 de julio 1794), Robespierre será ejecutado, junto con quinientos de sus seguidores. Decenas de miles de personas han sido fusiladas, ahogadas o guillotinadas en todo el país. La caída de Robespierre, marca el retorno a una vida más serena.

Robespierre y sus seguidores, llevados al cadalso

Ejecución de Robespierre y de sus seguidores

Jóvenes héroes : Bara y Viala

Numerosos voluntarios se han enrolado en los ejércitos de la Revolución, donde también luchan niños como Bara y Viala. No están ni bien vestidos, ni bien armados, ni bien alimentados, pero aman a Francia y combaten por la libertad de todos los pueblos. El joven Bara muere heroicamente a los catorce años, luchando con el regimiento de los húsares en Vendée. Aislado de sus compañeros, cae en una emboscada. El enemigo, compadecido por su juventud, vacila antes de pegarle un tiro. Para salvar su vida, se le ordena gritar: ¡Viva el Rey!, pero el joven Bara grita con todas sus fuerzas: "¡Viva la República!" y muere acribillado. Después de su muerte, la Convención nacional decreta que será distribuido en todas las escuelas, un grabado representando la muerte de este joven héroe.

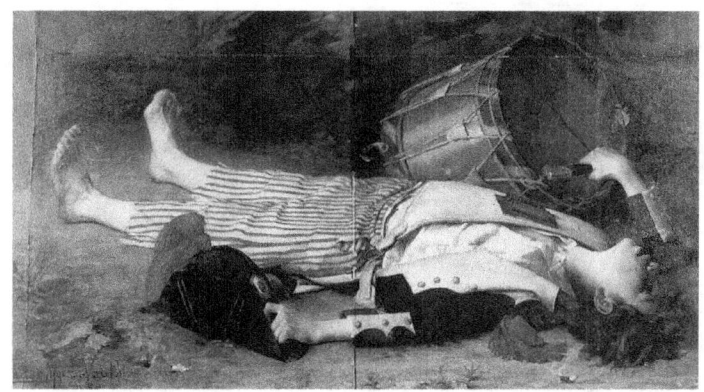

La muerte de Joseph Bara, por Charles Moreau-Vauthier (Museo municipal de Nérac)

Grabado de Pierre-Michel Alix representando a Joseph-Agricol Viala, distribuido en todas las escuelas primarias.

En cuanto al joven Viala, combate contra los Marselleses monárquicos. Para impedir que atraviesen el río Durance sobre un puente de barcas, el joven Viala corre sin miedo, bajo una lluvia de balas, a cortar el cable que retiene esas barcas a la ribera. Cuando la cuerda se rompe, muere acribillado por las balas de los monárquicos.

Jóvenes generales hijos del pueblo, dirigen los ejércitos y comparten las miserias de los soldados, dando ejemplo de valor y disciplina. Los más conocidos son el sublime Hoche, nacido en Versalles en 1768 y Marceau, nacido en Chartres en 1769 que fue llorado por el enemigo, así como Kléber, que tenía la reputación de luchar "como un león". Se instruyen ellos mismos y demuestran tal valor militar, que rápidamente suben de grado. Hoche y Marceau serán nombrados generales en 1793. Con tales jefes, las tropas francesas ganan numerosas batallas y hacen retroceder al enemigo hasta el Rin.

La Convención ha salvado la patria en peligro. En 1795 y en la ciudad de Basilea, Prusia firma un tratado reconociendo que la ribera izquierda del Rin pertenece a Francia. Sin embargo, Austria e Inglaterra permanecen en guerra.

La Convención adopta el sistema métrico y obliga a todos los Franceses a utilizarlo. Hace abrir numerosas escuelas primarias y colegios, para que todos los ciudadanos se instruyan. Crea dos de las más grandes y prestigiosas escuelas francesas: La Escuela Normal Superior y la Escuela Politécnica. Cesa su gobierno después del 9 termidor (28 de julio), fecha de la muerte de Robespierre.

EL DIRECTORIO

El Directorio de 1795, sustituye a la Convención. Se compone de dos asambleas encargadas de votar las Leyes y de cinco "Directores", cuya misión es la de hacerlas aplicar. Frecuentes son los desacuerdos entre los directores y las asambleas. Esta organización es demasiado complicada y poco eficaz. Al inicio de la Revolución, la Asamblea Nacional Francesa imprime los "asignados", papel moneda semejante a nuestros billetes de banco, que en 1796 ya nadie quiere. Los campesinos manifiestan: "Los aceptaríamos si nuestros caballos consintieran comérselos".

Nuevos impuestos, aumentan la pobreza y el descontento del pueblo que se niega a pagar. Ante esta situación, el gobierno puede solo recaudar alrededor de medio millón de francos al mes, cuando el gasto es de unos cien millones.

« Asignado » de 15 soles

Ya no se cultivan los campos. La industria y el comercio se encuentran arruinados y las carreteras ya no se mantienen. Bandas de saqueadores atemorizan a la población, atacando las diligencias y saqueando por doquier. Después de diez años de Revolución, el pueblo demanda un gobierno capaz de mantener la paz y el orden. Los monárquicos se vuelven a sublevar en Vendée, así como en París. Quieren la restauración de la monarquía. Los antiguos Montañeses intentan retomar el poder y el Directorio los envía masivamente al cadalso. Otros descontentos se enfrentan al Directorio por haber suprimido el "sufragio universal", ya que para poder votar, hay que pagar por lo menos ciento cincuenta francos de impuestos, suma muy elevada en aquella época. Por otra parte, Inglaterra y Austria continúan en guerra contra Francia.

NAPOLEÓN BONAPARTE

Gracias al valor de los generales y a la valentía de los soldados, los ejércitos del Directorio son victoriosos por doquier. Uno de sus generales, Napoleón Bonaparte, llega a hacerse muy famoso entre la población. Nacido el 15 de agosto 1769 en Ajaccio (Córcega), es el menor de una familia de ocho hijos. Su padre pide y obtiene una beca, para que Napoleón pueda continuar sus estudios en la escuela militar de Brienne, en el departamento del Aube. A los quince años, es admitido en la escuela militar de París y a los dieciséis, nombrado subteniente en el regimiento de artillería. Pocos años más tarde, su grado es el de capitán y posteriormente el de comandante cuando recupera la ciudad de Toulon a los Ingleses. A los veinticuatro años, es ya general.

Retrato de Charles Bonaparte, padre de Napoleón

El Directorio lo nombra "general en jefe del ejército francés de Italia". Bonaparte sabe despertar el deseo de conquista entre sus mal vestidos y hambrientos soldados, después de obtener grandes victorias como las de Rivoli o de Arcóle.

El puente de Arcóle, custodiado por los Austriacos, es un obstáculo para los Franceses que quieren cruzarlo. Lo intentan varias veces, pero fracasan en sus intentos. Bonaparte coge entonces la bandera y se lanza a la cabeza de sus soldados, cayendo en el pantano. Al verlo en el agua, sus soldados se echan atrás pero pronto reaccionan y prestan socorro a su general, ayudándolo a subir al puente para cargar con gran valor contra el enemigo. Más tarde conquistará Italia y Austria.

Paso del puente de Arcóle, grabado de Antonio Bonamore

Europa central después del tratado de Campo-Formio

La paz se firma en Campo-Formio, en 1797. Austria reconoce la ribera izquierda del Rin, como la frontera de Francia.

El "Golpe de Estado" de Napoleón

Inglaterra sigue siendo una amenaza para Francia, pero la marina Francesa no tiene capacidad para atacarla en su isla. El general Bonaparte propone entonces apoderarse de la India que Inglaterra tomó a Francia en 1763, y para lograrlo decide apoderarse antes de Egipto, que se encuentra en el camino que lleva a las Indias. Bonaparte desembarca en Alejandría con sus tropas, en 1797. Remonta el río Nilo, y camina diez y nueve días en un desierto de arena. Llega por fin a la capital, el Cairo, situada en una llanura donde se erigen magníficas pirámides. Los caballeros "mamelucos", amos del país, atacan al ejército francés muy cansado por estas marchas agotadoras. Ante el peligro, Bonaparte se dirige a sus soldados y les dice: "¡Soldados, desde lo alto de estas pirámides, cuarenta siglos os contemplan!". Estas palabras dan ánimo a los soldados que derrotan a los mamelucos, permitiendo así que Bonaparte entre en la ciudad del Cairo.

Napoleón y sus generales en Egipto, Jean-Léon Gérôme

En Francia, todo el pueblo admira profundamente a este joven general. Bonaparte lo sabe, e intuye que el gobierno del Directorio ya no es popular. Abandona Egipto y vuelve a Francia. Ayudado por sus soldados, expulsa de la sala de sesiones a los diputados y se convierte en el jefe del gobierno. Este uso de la fuerza para su toma de poder, será llamado el "golpe de Estado del 18/19 brumario del año VIII" (9/10 de noviembre 1799). Así termina la Revolución, que habrá durado diez años. El poder vuelve a pertenecer a un solo hombre, como antes de 1789.

El General Bonaparte y el Consejo de los Quinientos, en Saint-Cloud el 10 de noviembre 1799, por François Bouchot

La Revolución cambia profundamente la vida de los Franceses. Por una parte, los "ordenes privilegiados" han desaparecido desde la noche del 4 de agosto 1789. Por otra parte, la "Declaración de los Derechos del Hombre y del Ciudadano", ha aportado libertad e igualdad a los Franceses. El derecho del hijo mayor se suprime, obteniendo todos los hijos de una misma familia los mismos derechos sobre la herencia paterna. En el nombre de la libertad, se han suprimido las "cartas estampilladas por orden real" y ha quedado prohibida la tortura de los acusados para lograr la confesión de sus culpas.

Los nobles han tenido que emigrar, o se han mantenido escondidos. Los bienes del clero y de los emigrados se han vendido como "bienes nacionales", por lo que tanto la nobleza como el clero, están arruinados. Al contrario, entre la burguesía y sobre todo entre los comerciantes, muchos se han enriquecido habiendo obtenido grandes beneficios con mercancías que escaseaban durante la Revolución. Estos nuevos ricos, han comprado la mayor parte de los bienes nacionales y numerosos campesinos, igualmente enriquecidos, han adquirido el resto.

Únicamente los obreros no han logrado mejorar su forma de vida. Sus sueldos se mantienen muy bajos y no tienen ni siquiera el derecho de huelga para defenderse.

La Revolución ha cambiado también la moda. Todo buen revolucionario rechaza todo lo que recuerde a la monarquía y para manifestarlo, los hombres llevan pantalón en vez de calzas. El atuendo de las mujeres se simplifica bajo la Convención, pero se complica en exceso bajo el Directorio. Los hombres llevan un traje verde, medias blancas, zapatos de punta, enormes corbatas e inmensos sombreros de dos cuernos. Se perfuman con almizcle ("musc" en francés), por lo que se les llama los "muscadinos". Las mujeres, llamadas "maravillosas", se visten con vestidos ligeros, semejantes a los que se llevaban antiguamente en Grecia. Muscadinos y maravillosas no pronuncian la R cuando hablan y utilizan a menudo la palabra "increíble", por lo que se les apoda los "increíbles".

Muchos de estos "increíbles" desean olvidar las horas trágicas de la Convención, por lo que organizan numerosos bailes y espectáculos. Mientras tanto, gran parte del pueblo sufre una terrible miseria.

Un « Increíble » y una « Maravillosa »

EL CONSULADO Y EL IMPERIO

Después del golpe de Estado del 18 brumario, año VIII, el general Napoleón Bonaparte se hace nombrar primer cónsul, obteniendo todos los poderes y sustituyendo así, en solitario, a los cinco directores y a las dos Asambleas del Directorio. Talleyrand, antiguo obispo convertido en ministro de Relaciones Exteriores con quien Bonaparte contó para preparar su golpe de estado, conserva su puesto. Bonaparte se convierte en el amo del país, aunque no se atreva aún a gobernar en solitario, por temor a la reacción que puedan tener los numerosos franceses republicanos.

El poder legislativo se divide en cuatro asambleas, mientras que el poder ejecutivo pertenece a tres cónsules, de los que uno de ellos posee casi los mismos derechos que los de un rey absolutista. Muy hábilmente, Bonaparte organiza un plebiscito y pide a la nación que conteste, por un "sí" o por un "no", a la pregunta de si está satisfecha de ser dirigida por él. Tres millones quinientos setenta y dos mil franceses contestan "sí" y sólo dos mil quinientos setenta y nueve contestan "no". El primer cónsul tiene sólo treinta años y sus victorias le han convertido en un hombre muy popular en Francia. Dotado de una extraordinaria inteligencia, es capaz de trabajar largas horas sin sentir ningún cansancio. Le bastan pocas horas de sueño al día y sus almuerzos apenas duran un cuarto de hora. Este hombre ambicioso, desea ser obedecido por todos los Franceses y también por todos los países de Europa. No puede soportar que se discutan sus órdenes: es un dictador.

Al inicio de su gobierno, el pueblo admira sinceramente a Napoleón. Cuando en 1804 se hace nombrar "emperador", casi todo el pueblo Francés lo aprueba. Hasta entonces, los reyes tenían la costumbre de hacerse coronar en la catedral de Reims por los arzobispos de esa ciudad. Napoleón lo quiere mejorar y decide hacerse coronar en su capital y en la catedral de Notre-Dame de París. Para ello, organiza una grandiosa ceremonia. Lleva un magnifico abrigo de terciopelo rojo oscuro, bordado con abejas de oro y forrado de armiño. El Papa Pio VII, a quien ha hecho venir expresamente de Roma, es un mero espectador ya que Napoleón toma la corona de sus manos y se la coloca él mismo sobre su cabeza, coronando a continuación a su esposa la emperatriz Josefina, que se encuentra arrodillada ante él.

Napoleón en su trono imperial, por Jean Auguste Dominique Ingres – Museo de la Armada

Retrato de la emperatriz Josefina de Beauharnais por François-Pascal-Simon Gérard

La emperatriz Josefina, primera esposa de Napoleón Primero, nació en la Martinica. Se casa con Bonaparte en 1796, siendo este general. Es muy bella, pero no pertenece a ninguna familia real por lo que Napoleón se divorciará de ella, para volverse a casar con la hija del emperador de Austria, y así poder fundar una dinastía.

Napoleón se viste con gran sencillez, pero quiere estar rodeado por cortesanos muy bien vestidos. Logra atraer a su corte de las Tullerías y a su residencia de la Malmaison, a varias familias de vieja nobleza. Más tarde hace príncipes, duques o condes, a sus más gloriosos mariscales y generales. Para contentarlos, los recompensa otorgándoles la cruz de la "Legión de Honor".

Napoleón como Primer Cónsul, por Antoine Jean Gros

La emperatriz María-Luisa,
por Gérard François Pascal Simon – Paris, Museo del Louvre

Napoleón, hombre de Estado

Napoleón desea una Francia bien organizada y próspera. No es únicamente un gran general, sino también un gran hombre de Estado. Se dice de él: "Sabe hacerlo todo, quiere hacerlo todo y puede hacerlo todo". Guarda la división de Francia adoptada bajo la Revolución, en departamentos, distritos y municipios. Nombra a un "prefecto" a la cabeza de cada departamento, a un "subprefecto" a la cabeza de cada distrito y a un "alcalde", a la cabeza de cada municipio. Todos estos personajes, son nombrados directamente por Napoleón. Su gobierno es un "gobierno centralizado", ya que el alcalde obedece al subprefecto, quien a su vez obedece al prefecto, quien tiene que obedecer a Napoleón. Éste desde París, envía sus órdenes a toda Francia.

Crea las "contribuciones directas" así como las "contribuciones indirectas", tal y como siguen existiendo en nuestra época. Los perceptores se encargan de asegurar la entrada de impuestos y para facilitar el comercio, se crea el Banco de Francia, único organismo autorizado a fabricar billetes de banco. Favorece el desarrollo de nuevos cultivos tales como el tabaco, la patata y sobre todo la remolacha azucarera. Exige de la nobleza el porte de trajes y vestidos de alta calidad, con magníficos bordados así como la adquisición de bellos muebles, ayudando así al desarrollo de las industrias de lujo. Napoleón construye también carreteras y canales. Adorna y embellece las ciudades, sobre todo París, donde hace construir el arco de triunfo en la plaza del Étoile y termina la construcción de la iglesia de la Madeleine.

Se comienzan a utilizar máquinas muy perfeccionadas en las fábricas, especialmente los telares. Algunos inventores son abucheados ya que el pueblo cree que una máquina hace el trabajo de varios obreros y teme que pueda faltar el trabajo. Jacquard, inventor del telar de seda, ve horrorizado como algunos obreros de Lyon, destrozan su primer telar. Tiene que huir para no ser tirado al río Ródano.

Napoleón, dictador

Poco a poco, Napoleón va suprimiendo las libertades adquiridas durante la Revolución. Sobre setenta y tres periódicos, únicamente cuatro quedan autorizados en París. Napoleón manifiesta "No permitiré jamás que los periódicos digan nada contra mis intereses". La policía del emperador, sin juicio previo, mete en la cárcel a los que critican su gobierno por lo que el pueblo, después de haberlo admirado profundamente, se despega de él poco a poco.

Bonaparte anela dominar toda Europa. En 1800, derrota a los Austriacos en la batalla de Marengo. Austria solicita la paz y cede de forma definitiva a Francia, la ribera izquierda del Rin. Con esta derrota, todos los países que en 1789 se levantaron en contra de la Revolución, han sido vencidos salvo Inglaterra, que en 1802 no teniendo ya aliados, firma un tratado de paz en la ciudad de Amiens. Sin embargo, Inglaterra sigue siendo un poderoso enemigo.

Batalla de Marengo (1802), por Louis-François Lejeune (Museo Nacional del Castillo de Versalles)

Napoleón es el jefe del gobierno francés y el presidente de la república de Italia. Nombra reyes a sus hermanos: Luis, de Holanda; Jerónimo de Westfalia y José de España, quien tendrá que hacer frente a una dura resistencia del pueblo español. Tampoco tiene la menor duda en encarcelar al Papa, cuando este se niega a obedecerle. Por una parte Inglaterra fabrica telas y maquinaria pero no produce casi nada de trigo y necesita vender sus productos industriales en Europa, para poder dar de comer a su pueblo. Por otra parte, Napoleón desea que Francia se convierta en un país industrializado. Así que prohíbe a los países de Europa que están bajo su mando, comerciar con Inglaterra, esperando poder arruinarla. Se trata del bloqueo continental: "Todo Inglés, sorprendido en territorio francés o aliado, será detenido; toda mercancía inglesa será confiscada; el acceso a los puertos, será prohibido a cualquier navío procedente de Inglaterra o de sus colonias".

Napoleón, conquistador

Al principio, Napoleón consigue grandes victorias. Sus soldados son numerosos y bien adiestrados; son viejos soldados llamados "grognards", acostumbrados a la guerra. Todos adoran a Napoleón y lo consideran como un verdadero Dios, convencidos de ser del todo invencible. Habla con ellos familiarmente y los soldados lo llaman "el pequeño rapado" o "el pequeño caporal". A menudo, Napoleón se pasea entre ellos vestido de un simple uniforme de coronel, cuando sus generales y mariscales llevan trajes adornados con bordados de oro. Conoce a los más valientes y los alienta con condecoraciones.

« Grognard » de la vieja guardia (1813) por Édouard Detaille

Napoleón desea vencer a Inglaterra en su propia isla. Reúne a su ejército en Boulogne, con la intención atravesar el canal de la Mancha. Con el fin de impedir esta invasión, Inglaterra logra arrastrar a todos los Estados de Europa en una coalición, para combatir contra él. Esto provoca que en 1805, Austria y Rusia se encuentren de nuevo en guerra contra Francia, pero Napoleón consigue una gran victoria en Austerlitz, el 2 de diciembre de 1805.

La víspera del combate, un viejo granadero se acerca al emperador y le dice: "Sire, mañana te traeremos todas las banderas y la artillería del enemigo, para celebrar el aniversario de tu coronación". Y así lo hicieron: Austriacos y Prusianos son aplastados. Se llamará a esta batalla, la "batalla de los Tres Emperadores": Napoleón, emperador de los Franceses, el emperador de Austria Francisco I y el Zar o emperador de Rusia, Alejandro I.

Batalla de Austerlitz, por François Pascal Simon Gérard – Museo nacional del castillo de Versalles

Austria y Rusia son derrotadas. Prusia entra en guerra contra Napoleón, pero es también derrotada en la batalla de Iéna en 1806. Austria retoma la guerra en 1809 y sufre una nueva derrota en Wagram. Entonces Napoleón entra en Viena, capital del imperio Austriaco.

En 1811, Napoleón Bonaparte domina toda Europa. Sus hermanos son reyes de los estados vecinos. El zar es su aliado y Napoleón se ha casado con una de las hijas del emperador de Austria, la archiduquesa María-Luisa, que le dará un hijo llamado "rey de Roma", su único heredero.

En realidad su ejército, de casi setecientos mil hombres, comprende apenas doscientos mil franceses y está formado por soldados de veinte diferentes naciones.

A partir de 1812, Napoleón empieza a sufrir graves derrotas. El zar su aliado, comercia con Inglaterra y Napoleón, para obligarlo a respetar el bloqueo continental, invade Rusia con la "Grande Armée" (Gran Ejercito), compuesta por seiscientos mil soldados y diez y ocho mil caballos. Pero Rusia es un frío e inmenso país. Cuando la "Grande Armée" avanza, los Rusos retroceden sin apenas combatir, destrozando todas las cosechas y todas las provisiones bajo su paso. Napoleón llega a Moscú en el mes de septiembre 1812, creyéndose vencedor, pero sus soldados ya no tienen nada que comer. Los Rusos incendian la ciudad y el ejército francés, sin protección, debe abandonar Rusia para volver a Francia. Desgraciadamente, ha llegado el riguroso y terrible invierno. Torturado por el frío y el hambre y acosado por la caballería rusa de los cosacos, el ejército francés se repliega en la nieve. Numerosos soldados se ahogan en las heladas aguas del río Berezina. El mariscal Ney, comandante de la retaguardia, combate como un simple soldado. Casi todos los soldados de la "Grande Armée", perecen durante esta desastrosa retirada.

Paso del rio Berezina por Peter von Hess

Napoleón no sólo ha sido vencido en Rusia, sino que también ha fracasado en España, donde los Españoles se han negado a aceptar a su hermano como rey. La Batalla de Bailén, que se libró durante la Guerra de la Independencia Española, tuvo lugar el 19 de julio 1808, junto a la ciudad de Bailén. Enfrentó a un ejército francés de unos 21.000 soldados al mando del general Dupont, contra otro español más numeroso, de unos 27.000 soldados, a las órdenes del general Castaños. Fue la primera gran derrota del ejército napoleónico. Europa, comprendiendo que el emperador de los Franceses no era invencible, se subleva contra él. Napoleón sufre otra gran derrota en 1813, en la batalla de Leipzig (Alemania). Se la llamará: "la batalla de las Naciones". Después de esta derrota, Francia es invadida. Napoleón ya sólo dispone de jovencísimos soldados, que se baten con gran valor pero que no pueden impedir que los enemigos entren en París, en 1814. Debe abdicar en Fontainebleau. Es hecho prisionero y enviado a la isla de Elba, cercana a las costas de Italia.

La rendición de Bailén – (José Casado del Alisal)

Napoleón abdicando en Fontainebleau, por Delaroche

Napoleón es sustituido por el hermano de Luís XVI, quien se convierte en rey bajo el nombre de Luís XVIII. Se restaura la monarquía. Napoleón, enterado que el rey Luís XVIII no es popular entre los franceses, decide escaparse de la isla de Elba, desembarcando en Francia, cerca de Antibes, bajo el clamor popular. Todos lo aclaman y los soldados se sienten felices por haber recuperado a su emperador. Napoleón ha cambiado de actitud, y solo sueña con poder gobernar tranquilamente su país. Los demás soberanos de Europa, no se fían de él y bajo ninguna circunstancia desean verlo reinar en Francia. Unen sus fuerzas contra él y contra su ejército, que es aplastado en Waterloo (Bélgica), en 1815.

Batalla de Waterloo, por William Sadler

Prisionero de Inglaterra, Napoleón es desterrado a la isla Británica de Santa Helena. Se trata de una isla perdida en el océano Atlántico, donde morirá en 1821. Los Ingleses lo tratan como a un prisionero, vigilándolo a todas horas y prohibiéndole alejarse de su casa. Al que ha sido el amo del mundo, sólo se le permite rodear su pequeña finca, lo que suele hacer a diario. El terrible calor de esa región se le hace insoportable y la enfermedad de estómago de la que padece, lo llevará a la tumba.

Los Estados vencedores recuperarán todos los territorios que Francia ha conquistado desde la Revolución, y se los repartirán durante el "Congreso de Viena" de 1815.

Napoleón en Santa Helena, por Francois-Joseph Sandmann

Napoleón en su lecho de muerte (H. Vernet)

Repatriación de las cenizas de Napoleón a bordo de la Belle Poule (15-10-1840)

CAPÍTULO SEXTO

LA REPÚBLICA

RETORNO DE LA MONARQUÍA EL SEGUNDO IMPERIO Y LA REPÚBLICA

De la Restauración a la Monarquía de Julio

Luís XVIII

El Rey Luís XVIII, hombre hábil e inteligente, no es un Rey Absolutista. Emigrado durante la Revolución, vuelve a Francia con sesenta años de edad. Ha comprendido que no debe destruir completamente todo lo logrado por la Revolución. Teme la reacción del pueblo y no desea volver al exilio. Otorga una nueva constitución al país, llamada la "Carta de 1814". Según esta Carta, para poder ser elector, hay que pagar unos impuestos elevados y para poder ser nombrado diputado, hay que pagar aún más impuestos. Esto implica que, únicamente la gente muy rica, pueda formar parte del Gobierno.

Luís XVIII con vestimenta de coronación

Luís XVIII desagrada a los Franceses, pues muchos de ellos se ven privados del derecho a voto. ¡Solo quedan cien mil electores para toda Francia! Por otra parte, el pueblo no le perdona haber suprimido la bandera tricolor, emblema de la Revolución, imponiendo la bandera de los Reyes de Francia, blanca con flores de lis. Se le reprocha también el haber ordenado el arresto de antiguos revolucionarios y generales, que han combatido con Napoleón durante los Cien Días. Así mismo, uno de los oficiales más populares de Napoleón, el Mariscal Ney, quien combatió valientemente en Rusia, es fusilado en París en 1815.

Se impone un nuevo periodo de Terror, llamado "El Terror Blanco".

Los oficiales del ejército imperial son licenciados con un retiro muy bajo, por lo que se les llama los "medio-sueldo". Al contrario, los nobles del Antiguo Régimen y los "emigrados", vuelven a Francia con el firme deseo de que se restablezca la misma organización que tenía el país, antes de 1789. Reclaman para ellos todos los favores, así como los mejores puestos. Luís XVIII comentará, que son aún más monárquicos que él mismo. Se les llamará : los « ultra-monárquicos ».

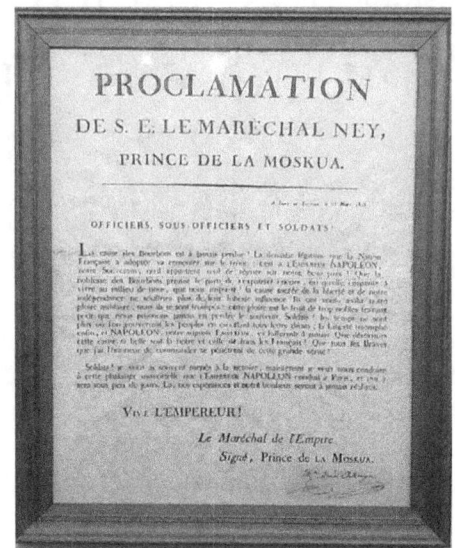

Proclamación pública del Mariscal Ney de Marzo 1815, animando a los soldados Franceses a abandonar al rey, a favor de Napoleón.

Carlos X y Luís-Felipe

Luís XVIII muere en 1824 y será sustituido por su hermano, que tomará el nombre de Carlos X. Este nuevo Rey es el jefe de los ultra-monárquicos y desea destruir completamente todos los logros de la Revolución. Se hace coronar en Reims, tal y como lo hacían los antiguos reyes. Con Carlos X, el Clero y la Nobleza recuperan todo su poder de antaño. El Gobierno ofrece una "indemnización de mil millones" a los "emigrados", para compensarles de la pérdida de sus bienes, vendidos durante la Revolución. Se restablece el derecho de mayorazgo. Carlos X expulsa a los diputados que han sido nombrados por los electores y ordena que los periódicos, sean controlados por la policía.

Ceremonia de coronación de Carlos X en Reims (François Gérard)   *Retrato de Carlos X de Francia*

La Revolución estalla en Julio 1830. La población de Paris se subleva para protestar contra la supresión de sus libertades. Periodistas, obreros, antiguos soldados de Napoleón y estudiantes, toman las armas. El espíritu de la Revolución renace, para defender la libertad amenazada por las nuevas ordenanzas que Carlos X acaba de firmar. Se socavan las calles y se construyen barricadas con adoquines y con vehículos volcados. Empieza una lucha encarnizada en las calles de Paris, que durará los días 27, 28 y 29 de julio 1830.

Esas jornadas serán llamadas las "Tres Gloriosas". La lucha es corta porque los soldados de Carlos X, se niegan a combatir. Abandonado, el rey tiene que huir al extranjero. Algunos revolucionarios desean el restablecimiento de la República, pero otros desean el mantenimiento del Imperio. El primo de Carlos X, Luís-Felipe, será finalmente proclamado rey el 9 de agosto de 1830.

El combate ante el Ayuntamiento (28 de julio 1830)
Jean-Victor Schnetz

La Libertad guiando al pueblo (Eugène Delacroix) Museo del Louvre

El 5 de julio de 1830, cuarenta mil hombres que forman las tropas francesas, se apoderan de la ciudad de Argel y emprenden la conquista de Argelia. Once naves, veinticuatro fragatas, siete corbetas y unos ciento siete navíos, llegan a Argel. El pretexto de esta expedición es un enredo irrisorio. Se trata de un agravio infligido en 1827 al cónsul de Francia Pierre Deval, por el "dey" de Argel, Hussein Pacha, gobernador de la ciudad, quien le ha golpeado el rostro con el mango de su "matamoscas".

El presidente del ministerio francés solicita una reparación por tal ofensa sin jamás recibir excusa alguna. Esta conquista sirve sobre todo, para que los Franceses olviden la muy impopular política de Carlos X. Los Franceses luchan contra un enemigo leal y generoso, Abd-el-Kader, quien cree firmemente haber reunido a los Árabes para luchar en una guerra santa contra el invasor. Uno de los episodios más gloriosos de esta conquista es la toma de la "Smala", capital móvil de Abd-el-Kader. Se trata de una verdadera ciudad de unos veinte mil habitantes, con sus mujeres, padres, hijos, así como un gran número de artesanos y pastores. Todos ellos están protegidos por seis mil soldados. Un día de mayo de 1843, el general y duque de Aumale, hijo de Luís-Felipe, se entera que la Smala está acampada en el valle del Chélif, cerca de un punto de agua. Se aproxima con prudencia y de golpe, arremete contra ese hormiguero, a la cabeza de sus "spahis" y de sus cazadores africanos.

Después de un breve combate, los Franceses son vencedores. ¡Se apoderan de un importante botín, compuesto por ricos tesoros y por más de cincuenta mil cabezas de ganado!

Toma de la smala de Abd El Kader por el duque de Aumale (Horace Vernet)

En aquella época, Champollion descifra los jeroglíficos egipcios, gracias a la piedra de Roseta traída de Egipto.

El rey Luís-Felipe no odia la Revolución. Él mismo ha sido general del ejército, durante la batalla de Valmy. Su gobierno, llamado la "monarquía de Julio", da mayor libertad a la prensa y aumenta el número de electores, que llega a ser de doscientos cincuenta mil. Para mostrar que sube al trono con el consentimiento del pueblo francés, toma el título de "Rey de los Franceses" en vez del de "Rey de Francia" como era costumbre bajo el Antiguo Régimen. Es un hombre sencillo, que viste como un burgués. Se para con frecuencia para hablar con la gente de la calle con quien se cruza. En vez de educar a sus hijos con un preceptor, según las costumbre de las familias adineradas, los envía como alumnos a un liceo de Paris. Gracias a él, la bandera tricolor vuelve a ser el emblema nacional francés. Promete mantener las reformas de la Revolución. Se implica en la construcción de nuevas carreteras y de las primeras grandes líneas de ferrocarril. En 1833, su ministro François Guizot, solicita que haya una escuela pública en todos los municipios de Francia.

Boulevard du Temple, Paris - Primera fotografía de una persona, tomada por Louis Daguerre en 1838 o 1839. Se trata de una calle con tráfico pero debido al tiempo de exposición de más de 10 minutos, el tráfico es demasiado rápido para aparecer en la foto.

Después de la revolución de 1830, los "burgueses" han tomado el poder. Ellos dirigen Francia y ocupan todos los puestos importantes. El mismo rey toma un aire "burgués", vistiendo simplemente y llevando una escarapela tricolor en su sombrero.

Pero Luís-Felipe tiene muchos enemigos, tales como los partidarios de Carlos X, también llamados "legitimistas"; los partidarios del Imperio o "bonapartistas" y los "republicanos" que desean el restablecimiento de la República. En varias ocasiones, los descontentos intentan asesinar al rey. Luís-Felipe, "rey de las barricadas", no se fía del pueblo y gobierna con el apoyo de la rica burguesía. Rechaza el sufragio universal y se contenta con rebajar de trescientos a doscientos francos, el "cens", suma exigida para obtener el derecho a voto. ¡El número de electores se ha doblado, pero queda aún muy bajo. Francia apenas cuenta con doscientos cincuenta mil electores, sobre treinta y ocho millones de habitantes! A partir del año 1840, ayudado por Guizot, gobierna de una forma más severa. Se niega a otorgar nuevas libertades y bajo ningún concepto desea cambiar la organización del país. Los obreros están decepcionados y tienen hambre. !La carne escasea y el pan blanco se come, únicamente, los días festivos! Confiaban en que el nuevo rey mejoraría su situación, pero no ha sido así. Por ello, durante los primeros años de reino, son frecuentes las revueltas en las grandes ciudades industriales como Saint-Étienne, Lyon o Paris. Los obreros trabajan más de doce horas al día, para recibir un sueldo que a penas, les permite adquirir tres kg de pan. Fábricas de hilados y tejidos emplean a niños menores de diez años, a los que se les paga un mísero salario. Muchos obreros se encuentran sin trabajo y el gobierno no atiende a sus quejas, pues no son electores. Entonces se empiezan a organizar reuniones y "banquetes" en todas las grandes ciudades francesas, durante los cuales, con violentos discursos, los oradores reclaman el "sufragio universal", es decir el derecho de voto para todos. ¡Está a punto de estallar una nueva revolución! Tayllerand, primer ministro bajo el reino de Luís XVIII, es ahora embajador de Francia en Londres.

Honoré de Balzac escribe "Eugénie Grandet" y "Le Père Goriot". Los escritores Stendhal, Victor Hugo, Alexandre Dumas, George Sand y Alfred de Musset, también escriben magnificas obras. Se aplauden las obras maestras de los músicos Chopin y Berlioz, y se admiran las obras de Delacroix y de Daumier que dibuja a sus contemporáneos.

  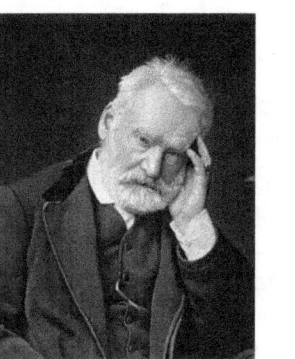 

Honoré de Balzac en 1842 *Marie-Henri Beyle (Stendhal) (Félix Vallotton)* *Victor Hugo en 1875* *Alexandre Dumas en 1855*

George Sand en 1864 *Alfred de Musset (Charles Landelle)* *Frédéric Chopin en 1849* *Hector Berlioz en 1863*

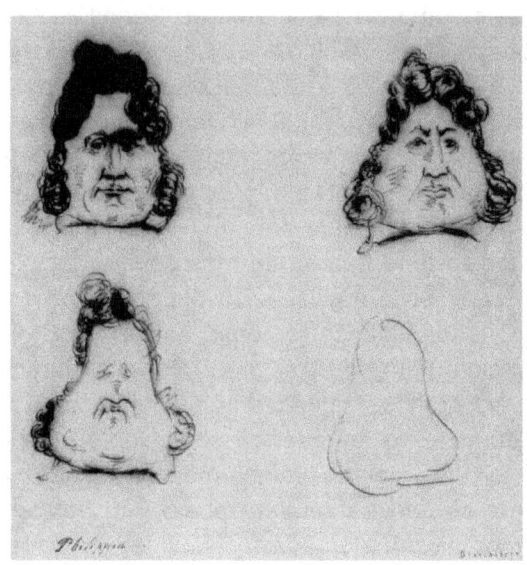
La Metamorfosis del rey Luís-Felipe en pera (1831), por Charles Philipon. Por esta caricatura, fue encarcelado.

"Las Peras", caricatura publicada en 1831 en el periódico "La Caricatura" por Honoré Daumier, quien la dibujó según el original de Charles Philipon.

LA REVOLUCIÓN DE 1848 Y LA SEGUNDA REPÚBLICA

Una nueva Revolución

En el mes de febrero 1848, se celebra una gran reunión en Paris para exigir el sufragio universal. Luis-Felipe prohíbe esta reunión y coloca numerosos soldados en las calles para mantener el orden. El 23 de febrero 1848, algunos manifestantes se reúnen en los bulevares gritando "!Viva la reforma!". Los soldados abren fuego y matan a algunos de ellos. Se cuentan cincuenta y dos muertos en el bulevar des Capucines. Se levantan quinientas barricadas en Paris. El pueblo coloca los cadáveres sobre carretas y los pasea por las calles de la capital gritando : "!Venguémosles!, ¡Venguémosles!". El 24 de febrero, los parisinos levantan barricadas como en 1830 y rápidamente, se hacen los amos de la ciudad. Luís-Felipe con toda su familia, se ve obligado a abandonar Paris a escondidas, para escapar a Inglaterra.

La "Barricade de la rue Soufflot" en Paris, febrero 1848 – Obra de Horace Vernet

Al día siguiente de la huida del rey y de su familia, los revolucionarios dirigidos por Louis Blanc y Lamartine, proclaman la República. El diputado Lamartine, así como Louis Blanc y Ledru-Rollin, llevaban tiempo proponiendo las reformas necesarias para mejorar la situación de los obreros. Luis-Felipe abdica y Lamartine forma un gobierno provisional republicano. Es la segunda vez desde 1789. Al mismo tiempo, se decreta que todos los Franceses, ricos o pobres, tienen el derecho a voto y que la escuela es gratuita. Se promete trabajo para los obreros y durante varios días, todo el país se alegra con grandes demostraciones de júbilo. Se organizan fiestas durante las cuales se plantan los "árboles de la libertad", en recuerdo de esta revolución que se supone traerá felicidad para todos. El pueblo elige a varios diputados, para que redacten la constitución de Francia. La Asamblea de los diputados toma el nombre de "Asamblea constituyente".

Lamartine, delante del Ayuntamiento de Paris, el 25 de febrero 1848, rechaza la bandera roja (H.F.E. Philippoteaux)

Pero desgraciadamente, los revolucionarios no se entienden entre sí. Por un lado, los socialistas desean mejorar el destino de los trabajadores y por otro, los republicanos moderados, temiendo las revueltas obreras, desean sobre todo proteger a la burguesía.

El primer gran diario "La Presse", publica el nuevo folletín llamado "Memorias de ultra-tumba", de Chateaubriand.

Desgraciadamente, los obreros siguen viviendo miserablemente y por ello se vuelven a sublevar. Antes de 1789, únicamente la gente rica poseía las tierras. La Revolución ha arruinado a los propietarios de tierras, a menudo nobles, y ha propiciado el enriquecimiento de los campesinos y de los comerciantes que van, a partir de entonces, a formar parte de la burguesía.

La invención de la máquina de vapor, va a permitir la construcción de ferrocarriles y de barcos a vapor. Gracias a estos nuevos medios de transporte, los productos industriales pueden venderse más rápidamente, en todo el país. También se inventan nuevas maquinas para hilar, tejer y forjar, que funcionan con vapor y producen mucho más que lo que podrían producir los obreros con sus herramientas.

Hasta la Revolución, el obrero trabaja con sus manos en un taller, cerca de su jefe con quien comparte su vida. El uso de maquinas da nacimiento a la "gran industria". Inmensas fábricas van a producir más rápidamente, a mejor precio y en grandes cantidades. Los pequeños talleres se arruinan. Los obreros viven en grandes ciudades industriales, separados de los jefes que se enriquecen con su trabajo. Las máquinas que producen mucho y rápido, han condenado a muchos obreros al desempleo. Estos, sin trabajo, han tenido que aceptar míseros sueldos que apenas les permiten comer.

La Revolución de 1848 promete trabajo. Louis Blanc, un convencido socialista, hace proclamar el "derecho al trabajo" y abre talleres nacionales, donde los obreros desempleados reciben una ocupación y un sueldo. Desgraciadamente, estos obreros no trabajan en su especialidad. Por ejemplo, un ebanista se convierte en albañil y lo peor es que los trabajos acometidos, no tienen ninguna utilidad. ¡Se da el caso de obreros que habiendo adoquinado una calle, una vez terminado el trabajo, tengan que retirar de nuevo los adoquines!. Estos talleres nacionales no sirven para nada y cuestan muy caro al país, ya que emplean a cien mil obreros. En junio 1848, el Gobierno con dificultades económicas, declara que ya no es posible continuar y cierra los talleres nacionales. Habiendo perdido la posibilidad de ganar su vida y de alimentar a su familia, los obreros se sublevan y vuelven a levantar barricadas en París. Un miembro del Gobierno, el erudito François Jean Dominique Arago, intenta calmar a los obreros y estos le contestan: "!Ah, Señor Arago, usted no ha tenido nunca hambre!". Durante cuatro días, se desata una terrible matanza. Mal equipados y mal dirigidos, los sublevados son rápidamente derrotados por los soldados del general Cavaignac. Miles de obreros mueren. Los que son vistos con armas son inmediatamente arrestados, condenados a prisión o enviados a trabajos forzados, a Argelia.

LUÍS-NAPOLEÓN BONAPARTE

Crece el descontento de forma alarmante. La Asamblea Constituyente decreta que el presidente de la República, sea elegido por todos los Franceses. Pero desde las revueltas de junio 1848, muchos son los que ya no tienen confianza en el régimen republicano, en particular los burgueses y los obreros, muy descontentos con la situación que padecen. Esperaban que el fin de la monarquía les trajese trabajo y felicidad, lo que resultó ser falso. Se presentan dos candidatos para la presidencia. El general Cavaignac y Luís-Napoleón Bonaparte, sobrino de Napoleón I. ¡En 1848, los Franceses se han olvidado ya de la miseria padecida, así como de las guerras del Imperio! Solo recuerdan que Napoleón es hijo de la Revolución y general victorioso, transformándolo en verdadero héroe de leyenda. Esto favorece la popularidad de su sobrino. El general Cavaignac obtiene un millón y medio de votos en las elecciones. Luís-Napoleón obtiene cinco millones y medio de votos, por lo que es elegido presidente de la República. Muy pronto se le llamará el "príncipe-presidente". En realidad, Luís-Napoleón desea restablecer el Imperio. Espera con paciencia varios meses pero el 2 de diciembre 1851, aniversario de la victoria de Austerlitz, ordena el arresto de los jefes de los diputados republicanos. Los soldados ocupan las calles principales de Paris. Seguro de no encontrar ninguna resistencia seria, Luís-Napoleón toma el poder por la fuerza. Tal y como lo hizo Napoleón I, da un golpe de Estado. Se dirige entonces a todos los Franceses y les pide contestar con un "si" o con un "no" a la pregunta: ¿he tenido razón de tomar el poder? Se trata de un plebiscito que dará una gran mayoría al "si", a favor del Imperio. Un año después del golpe de Estado, el príncipe-presidente se convierte en emperador de los Franceses bajo el nombre de Napoleón III, ya que el título de Napoleón II pertenece al Rey de Roma, hijo de Napoleón I, muerto en 1832 en Austria.

Elecciones en Francia en 1848 *Retrato de Napoleón III (1852), por F.X. Winterhalter* *El Príncipe-Presidente*

El Segundo Imperio

Napoleón empieza gobernando como un soberano absolutista. Coronado emperador a cuarenta y cuatro años, es un hombre simple y condescendiente, amado por todos los que se le acercan. Tiene ideas generosas, pero el gran defecto de ser muy ambicioso. Tiene poca voluntad y se deja influenciar por su esposa, la emperatriz Eugenia de Montijo, condesa de Teba. Reside sobre todo en el castillo de las Tullerías en Paris, donde la emperatriz Eugenia organiza numerosos y suntuosos bailes, actuando como anfitriona.

Entre 1852 y 1860, Napoleón III dirige Francia de la misma forma que lo hizo su tío Napoleón I. Conserva el derecho al sufragio universal pero con la diferencia de que, antes de las elecciones, indica a los electores los nombres de los candidatos por los que tienen que votar. Si un periodista publica un artículo que no gusta al emperador, inmediatamente recibe una amonestación; si se vuelve a producir, paga una multa y si se reproduce nuevamente, se suprime el periódico. Por lo tanto, los periódicos pueden únicamente publicar lo que complace al Emperador. "!Nadie nos habla, exceptuando el Gobierno y no nos creemos lo que se nos dice!", se lamenta un Francés. Napoleón III, escoge a sus ministros como le place, hace votar las Leyes que le gustan y declara la guerra o firma la paz, según como le venga en gana. Los mejores jefes republicanos, se encuentran en el exilio o en presidio. Victor Hugo, que ha protestado enérgicamente contra el golpe de Estado del 2 de diciembre 1851, no puede volver a Francia. Vive en Guernesey, isla Británica situada cerca de la costa Normanda. En esa época, publica "Los Miserables". El 14 de enero 1858, un Italiano llamado Felice Orsini, intenta matar al emperador y a la emperatriz. Lanza tres bombas sobre el carruaje que los conduce al teatro de la Opera. Las bombas matan a ocho soldados y hieren a ciento cincuenta personas, pero la pareja imperial sale ilesa del ataque. Después de este atentado, la policía sospecha, vigila y arresta a miles de personas.

Ejecución de Orsini

Napoleón III alienta el comercio y la industria, y empuja a los Franceses a enriquecerse para hacerles olvidar su falta de libertad. Francia entra en una era industrial. Conjuntamente con grandes bancos, nuevos organismos de crédito abiertos al ahorro del pueblo, van a financiar grandes obras. El campo se vacía a causa de una gran emigración hacia las ciudades, cuyos habitantes van a doblar en número. Se construyen oficinas de correos y numerosas carreteras. Se continúa con la construcción de grandes líneas de ferrocarril, comenzadas bajo el reino de Luís-Felipe. En 1848, solo hay mil quinientos km de líneas ferroviarias. Al final del Segundo Imperio, se llega a los diez y ocho mil. En 1852, seis grandes líneas parten de Paris hacia Marsella, Burdeos, Nantes, Estrasburgo, Lille y Le Havre. La construcción de estas líneas ferroviarias, no complace a todos. Existe un gran temor, sobre todo a los túneles. Se cree que cuando los viajeros se encuentran bajo tierra, van a morir por asfixia.

No obstante, cuando el pueblo comprueba que esta nueva forma de viajar es muy cómoda, inmediatamente la prefieren a la diligencia que pronto quedará obsoleta. Los trenes son lentos porque las locomotoras no son demasiado potentes, pero se viaja tres o cuatro veces más deprisa que con la diligencia y sobre todo, con menos tambaleos. Se abren fábricas por doquier y se utilizan las máquinas de vapor. Un cable telegráfico va a unir Dover a Calais.

Napoleón sabe que para vender fácilmente lo que se fabrica, no solamente en Francia pero también en el mundo entero, es necesario dar a conocer esos productos. Es la razón por la que organiza exposiciones que se llamarán "universales", en las que todos los países están invitados a participar para presentar sus productos. Los extranjeros acuden en tropel para visitar estas exposiciones. Los comerciantes franceses venden bien sus mercancías, y así se enriquecen. La exposición universal de 1867 del Campo de Marte, acoge a cuarenta y dos mil, dos cientos diez y siete expositores, y a once millones de visitantes. París inaugura también sus primeros grandes almacenes, llamados "Au Bon Marché".

Para acoger a estos visitantes, el emperador ayudado por su prefecto Georges Eugène Haussmann, embellece Paris. Ordena la demolición de los viejos y feos barrios de la ciudad y los sustituye por amplios bulevares, como el bulevar Saint-Michel, bulevar Saint-Germain, bulevar de Sebastopol y bulevar Magenta. Planifica magníficos parques como el "Bois de Boulogne" y el "Bois de Vincennes", cerca de Paris. Ordena la construcción de un inmenso teatro llamado palacio Garnier, más conocido como "la Opera", así como el mercado de "les Halles" donde llega la carne, el pescado, la fruta y las verduras, necesarias para alimentar a los Parisinos.

Calle de Paris, tiempo de lluvia (1877) por Gustave Caillebotte

La Opera de Paris hacia 1900

Inauguración del Palacio Garnier en 1875

Para permitir que el ferrocarril pueda pasar de Francia a Italia, se ordena la perforación de un túnel de doce km, bajo el Mont Cenis en los Alpes. Con la protección del emperador, Ferdinand de Lesseps abre, en un periodo de diez años, el "canal de Suez". Este canal de ciento sesenta km, se termina en 1869. Antes de su construcción, los navíos que se dirigían al océano Índico, debían rodear toda África. ¡Pasando por este nuevo canal, recorren dos mil setecientos km menos!

Construcción del Canal   *Una de las primeras travesías por el Canal de Suez en el Siglo XIX*

Esta prosperidad beneficia particularmente a la burguesía. Los obreros siguen siendo pobres y se lamentan de ello. A menudo, trabajan más de doce horas para ganar 1 Franco 50 y pueden ser despedidos sin tener, ni siquiera, el derecho de protesta. Desean obtener un trato mejor y a pesar de la vigilancia de la policía, organizan reuniones en Paris y logran obtener algunos diputados. Napoleón III intuye entonces la necesidad de otorgar algunas libertades, y así lo hace: Las reuniones se controlan menos; los periódicos pueden criticar al Gobierno y en 1864, se reconoce el "derecho de huelga" a los obreros, para que así puedan intentar obtener una mejora de su situación.

NUEVAS GUERRAS

Bajo Napoleón III, Francia se encuentra casi siempre en guerra. Al inicio de su reinado y durante un discurso, declara: "¡El imperio es la paz!" pero en el fondo está convencido que su popularidad aumentará, al conseguir grandes victorias como las de Napoleón I. Por ello se lanza en varias guerras, desastrosas para Francia.

Una primera expedición se dirige a Crimea, península de Rusia bañada por el mar Negro. Esta expedición dirigida contra los Rusos, dura de 1854 a 1856 y se termina por la victoria de los Franceses y de los Ingleses, que se apoderan de la ciudad de Sebastopol. Una segunda guerra comenzada en 1859, se lleva a cabo con el propósito de ayudar a los Italianos a conseguir su independencia, amenazada por los Austriacos quienes ocupan parte del país. En agradecimiento por la ayuda victoriosa proporcionada por los Franceses para lograr la unidad alrededor del rey Victor-Emanuel II, la Italia de Cavour y de Garibaldi, cede a Francia la Saboya y el Condado de Niza. En 1867, una tercera guerra se lleva a cabo en Méjico y se termina con la derrota de las tropas francesas. La guerra de 1870 contra Prusia, conducirá a la caída del Imperio. Prusia posee un potente ejército, bien preparado para la guerra. Sus victorias sobre Dinamarca y Austria han sido clamorosas. Prusia está dirigida por el canciller Bismarck quien anhela que los Alemanes del Sur se unan a los Prusianos contra el enemigo común, para crear la "gran Alemania". En Francia, Napoleón III teme que Bismarck pueda llegar a sus fines y hacer de una Alemania unificada, un estado demasiado poderoso. Soporta una fuerte presión de la emperatriz Eugenia quien, con varios ministros y generales, desean la guerra ya que no dudan que el emperador volverá victorioso de la contienda, obteniendo así la popularidad necesaria para seguir gobernando.

Basta un simple pretexto, para que la guerra estalle. Encontrándose España sin soberano, se le ofrece el trono al primo del rey de Prusia. Francia se preocupa pues teme ser rodeada y obtiene el abandono de este proyecto. El Gobierno Francés solicita más compromisos, e insiste para obtener una declaración del rey de Prusia que precise que en el futuro, nunca un príncipe prusiano reinará en España. El rey de Prusia se niega rotundamente a ello. Bismarck redacta el telegrama anunciando su negativa, y lo hace de una forma ofensiva para Francia. La guerra, declarada por Napoleón III, estalla el 19 de julio 1870.

El ejército Francés posee buenos fusiles, pero también cañones obsoletos. Los Alemanes poseen mejores estrategas y un cañón de acero. El ejército Francés se ve inmediatamente derrotado. No está bien preparado y tiene pocos soldados, mal equipados y mal dirigidos. Los soldados prusianos, dos veces más numerosos, están bien armados, mejor entrenados y muy bien dirigidos. Alsacia y Lorena son invadidas después de las derrotas de Wissembourg, de Reichshoffen y de Forbach. Un gran ejército Francés se deja cercar en la ciudad de Metz. Por fin, el 4 de septiembre 1870, el emperador cae prisionero con todos sus soldados en Sedan. Ese mismo día al oír esta noticia, el pueblo de Paris proclama la República. Se constituye un gobierno de Defensa Nacional, que se refugia en Burdeos.

Napoleón III y Bismarck, el 2 de septiembre 1870, en Donchery – Entrevista después de la batalla de Sedan (Wilhelm Camphausen)

El Gobierno republicano prosigue con la guerra. Los Prusianos asedian Paris durante cuatro meses. La situación es insostenible pues la ciudad no recibe aprovisionamiento. El invierno es muy duro y la gente debe hacer largas colas delante de las puertas de las tiendas, para poder recibir su racionamiento. Los habitantes de Paris se comen a los leones, a los elefantes y a los osos del zoológico del "Jardín de las Plantas". En algunas carnicerías se venden perros, gatos y hasta ratas. Sin embargo, uno de los jefes republicanos llamado León Gambetta, logra escapar de Paris en globo, para contactar con la provincia y organizar varios ejércitos que continuarán la lucha contra el invasor. Estos ejércitos consiguen algunos éxitos y salvan el honor de Francia. También se utilizan palomas mensajeras para transportar documentos importantes, atados a sus patas. Gambetta forma varios ejércitos que intentan liberar la capital. Desgraciadamente son derrotados. Después de Estrasburgo y Metz, Paris abre sus puertas a los Prusianos. La guerra está perdida.

Por fin la guerra termina en 1871 con el tratado de Fráncfort, que arranca a Francia la Alsacia menos Belfort y una gran parte de la Lorena. Además, Alemania recibe una indemnización de guerra, de cinco mil millones en oro.

El asedio de Paris en 1870 (Jean-Louis-Ernest Meissonier)

LA TERCERA REPÚBLICA

Después de la capitulación de París, los Franceses firman un armisticio durante el cual eligen a una Asamblea, que sustituye al Gobierno de defensa nacional. Esta Asamblea nacional que se reúne en Burdeos, elige a Adolphe Thiers como jefe. Antiguo ministro de Luís-Felipe, Thiers firma el tratado de Fráncfort, el 10 de mayo 1871. Es un hombre que siempre se ha opuesto a la guerra. Después de la derrota que él ya había previsto, se encarga en pocos años de liberar y levantar de nuevo el país. Es un anciano burgués y prudente, que ve claramente que la República es el único Gobierno posible para Francia.

Retrato oficial de Adolphe Thiers – (por Pierre Petit)

Los habitantes de París han sufrido mucho durante el asedio de la capital, pero siguen siendo patriotas y desean retomar la guerra para echar a los Alemanes fuera de Francia. ¡Son republicanos pero la Asamblea nacional está compuesta mayormente por diputados monárquicos! El pueblo teme que la monarquía pueda ser restablecida, por lo que se subleva y nombra a un consejo municipal llamado "Comuna" que sustituye a la Asamblea, instalada por aquel entonces en Versalles, para que se encargue de gobernar París. El 18 de marzo desde Versalles, Thiers negocia con los Prusianos. Envía un destacamento para recuperar los cañones, que los Parisinos han pagado por suscripción para garantizar su defensa. Dos generales son fusilados y el pueblo de Paris se subleva. Thiers organiza un ejército con los soldados franceses que han vuelto de Alemania, donde se les mantenía prisioneros.

Rodea París que sufre un segundo asedio, y además toma la ciudad por asalto. Durante la semana del 21 al 28 de mayo 1871 llamada la "semana sangrante", los soldados de Thiers luchan contra los Parisinos. Se incendian casas y monumentos y la gente es masacrada. Finalmente, Thiers vence y castiga duramente a los sublevados. Muchos de ellos son inmediatamente fusilados y otros, juzgados y ejecutados. Otros miles son deportados a África.

Barricadas delante de la iglesia de la Madeleine (A.A.E. Disderi)

Louise Michel, llamada la "Virgen roja", una de las principales figuras de la Comuna de Paris, escritora, poetisa y educadora, es la primera en enarbolar la bandera negra que más tarde, se convertirá en el símbolo del movimiento anarquista. Será deportada a Nueva-Caledonia.

Durante dos meses, Thiers intentará organizar el primer gobierno popular de la historia moderna. En vano, los monárquicos intentarán restablecer la monarquía. Después de la derrota de la Comuna, los diputados monárquicos desean dar un rey a Francia pero tienen opiniones diferentes. Algunos apoyan la candidatura del nieto de Carlos X y otros apoyan la del nieto de Luis-Felipe. Algunos bonapartistas apoyan también la candidatura del hijo de Napoleón III. Estos desacuerdos permiten que los diputados republicanos puedan ganar un poco de tiempo. Thiers es nombrado presidente de la República, gracias a la Ley "Rivet". Será el primer presidente a título transitorio de la tercera República, manteniéndose igualmente como jefe responsable del gobierno. Sin embargo, esta Ley no tiene carácter constitucional. Aunque antiguo ministro de Luís-Felipe, Thiers solicita que se lleve a cabo un "ensayo leal" de la República, escogiendo a sus ministros entre los republicanos. Se afana en llevar a cabo algunas reformas administrativas, tal y como la "Ley municipal" que instaura la elección de los alcaldes por sufragio universal directo, en las ciudades de menos de veinte mil habitantes. También intenta alguna reforma militar, que tiende a imitar al modelo prusiano.

La indemnización de cinco mil millones en oro exigida por Alemania, debe ser pagada en el plazo de tres años. Durante esta la espera, los soldados alemanes ocupan la región del Este. Esta presencia que recuerda demasiado la derrota, irrita profundamente a los Franceses. Thiers hace un llamamiento al pueblo francés quien, de buena gana, aporta su oro. En 1872, un año y medio antes de lo pactado, Thiers paga la deuda. Los Alemanes abandonan el territorio Francés y Thiers recibe el título de "Libertador del Territorio". Desgraciadamente, no logra conciliar las aspiraciones contradictorias de los republicanos y de los monárquicos. Se ve obligado a presentar su dimisión el 24 de mayo 1873, después de haber explicado a la Asamblea nacional que un retorno a la monarquía sería imposible pues "solo hay un trono y no puede ser ocupado por tres personas". La Asamblea lo sustituye por Patrice de Mac-Mahon.

Retrato oficial del mariscal de Mac Mahon, tercer presidente de la República Francesa (Pierre Petit)

La Constitución Republicana de 1875

En 1875, la Asamblea nacional vota una Constitución elaborada por la Tercera República. Por trescientos cincuenta y tres votos a favor contra trescientos cincuenta y dos, es decir por un solo voto más, nombra a la cabeza del país, a un presidente de la República. Este es elegido en la ciudad de Versalles, tanto por el "Senado" como por la "Cámara de los diputados" reunidos en "Congreso", por un periodo de siete años. El presidente de la República es el jefe del poder ejecutivo.

El poder legislativo pertenece al Senado, elegido por delegados de consejos municipales, diputados, consejeros generales y consejeros de distrito por un periodo de nueve años, así como igualmente pertenece a la Cámara de diputados, elegida por un periodo de cuatro años por sufragio universal.

El presidente de la República tiene el poder de disolver la Cámara de los diputados, con la autorización del Senado. Escoge a sus ministros, sin embargo estos deben presentar su dimisión, cuando un voto del Senado o de la Cámara desaprueba su acción.

En 1877, los monárquicos organizan una nueva y vana tentativa para derrocar a la República. Durante las elecciones de 1876, los republicanos bajo la dirección del enérgico León Gambetta, llegan a la Cámara de diputados con mayoría. El presidente Mac-Mahon, piensa que hay demasiados diputados republicanos. Escoge a ministros monárquicos y solicita del Senado que disuelva la Cámara. Se organizan nuevas elecciones y los republicanos salen elegidos de nuevo. En 1879, los republicanos obtienen la mayoría en el Senado. La situación se vuelve difícil para Mac-Mahon, quien se niega a llevar a cabo un golpe de Estado para restablecer la monarquía y prefiere dimitir. En 1879, es sustituido por un presidente republicano llamado Jules Grévy. Paris vuelve a ser la sede del gobierno. Se designa el 14 de julio, como día de la fiesta nacional.

Grandes patriotas y celebres hombres de estado, entre los cuales se encuentran León Gambetta, Jules Ferry o Georges Clemenceau, han iluminado y dejado una gran huella en este periodo de la historia de Francia. León Gambetta, hijo de un tendero de Cahors, se convertirá en uno de los más grandes hombres de la República. No pertenece a la alta burguesía, como Thiers. Es joven, orador entusiasta y ardiente republicano. Ama al pueblo que le apoya. Garantizará, a la cabeza de la Cámara de los diputados, el éxito de los republicanos contra los monárquicos.

Léon Gambetta por Léon Bonnat

Del 6 de mayo al 31 de octubre 1889, se organiza la Exposición Universal de París, con el lema "La Revolución Francesa", para así conmemorar el centenario de ese acontecimiento. La Torre Eiffel se construye expresamente para esta exposición y es el único monumento que aún perdure hoy en día. La torre, con sus trescientos diez y ocho metros de altura, fue el proyecto presentado por Gustave Eiffel, al concurso organizado por el ministerio de industria y comercio, para celebrar el "centenario de la Revolución Francesa y el progreso de las ciencias y técnicas, acaecido en Francia desde 1789". La Torre Eiffel lleva inscritos los nombres de setenta y dos hombres de ciencia. Fue inaugurada el 31 de marzo 1889 y su ascensión permitida al público, a partir del 15 de mayo. Desde esa fecha hasta el 6 de noviembre, fecha de clausura de la exposición universal, la Torre Eiffel recibió a más de dos millones de visitantes, lo que supuso un inmenso éxito de lo que los críticos llegaron a llamar: una "inútil y monstruosa torre". Su construcción debía haber sido provisional, pero Gustave Eiffel luchó, hasta conseguir una concesión de explotación.

Exposición universal de 1889

El 9 de diciembre 1893, durante un periodo de agitación sindical y anarquista debido a las Leyes impuestas contra la libertad de prensa, llamadas "Leyes villanas", un anarquista llamado Auguste Vaillant, lanza una bomba en la Cámara de los diputados. Al año siguiente, otro anarquista Italiano apuñala a Sadi Carnot, quinto presidente de la República Francesa, por haberse negado a indultar al terrorista Vaillant. Este asesinato hará que la Cámara adopte la última de las "Leyes villanas", prohibiendo todo tipo de propaganda anarquista. Esta Ley será derogada en 1992. El cuerpo de Sadi Carnot, reposa en el Panteón de París. Es el único Presidente francés que haya sido inhumado en dicho Panteón.

Reconstrucción del atentado publicado en El Petit Parisien

Auguste Vaillant en el momento de su ejecución

LA "BELLE ÉPOQUE"

A partir de 1896, Francia goza de un periodo de transición que marca el final de la depresión económica. Este periodo se llamará la "Belle Époque", por su despreocupación, fe en el progreso y una cierta nostalgia. Es el nombre dado, retrospectivamente después de la pesadilla de la "Gran Guerra", al periodo que cubre desde 1896 a 1914. En realidad, una época menos bella de lo que se nos quiere hacer creer, que marca el final del siglo XIX y anuncia el siglo XX.

Al final del año 1894, el capitán del ejército francés Alfred Dreyfus, judío de origen alsaciano, es acusado de haber entregado documentos secretos a los Alemanes y por ello, condenado por traición a cadena perpetua. La familia del capitán convencida de la injusticia de esta condena, intentó probar su inocencia hasta que se pudo comprobar que el verdadero traidor era el comandante Ferdinand Walsin Esterhazy. El estado mayor se negó a retractarse de su juicio. La familia Dreyfus presentó una denuncia contra el verdadero culpable, pero Esterhazy fue absuelto el 11 de enero 1898.

Este asunto dividió Francia en dos bandos. El 12 de enero, Émile Zola publicó en el periódico "La Aurora", una carta abierta al Presidente de la época llamado Félix Faure, con el título de "!Yo acuso!", acarreando el apoyo de muchos intelectuales pero también provocando motines antisemitas en más de veinte ciudades francesas. Solo en 1906, será reconocida oficialmente la inocencia de Alfred Dreyfus.

Durante la Primera Guerra mundial, será rehabilitado y reintegrado al ejército con el grado de comandante. Morirá en 1935. Las consecuencias de este asunto, serán muy importantes para Francia y tendrán un impacto internacional sobre el movimiento sionista.

Portada de L'Aurore (3-01-1898) con la carta « J'accuse » escrita por Émile Zola

A la derecha, A. Dreyfus rehabilitado. En el centro, el capitán Targe, investigador y descubridor de numerosos fraudes.

GRANDES LOGROS DE LA TERCERA REPÚBLICA

La Tercera República restablece las libertades suprimidas por el Imperio. Napoleón III temía que sus enemigos republicanos o monárquicos, pudieran conspirar en secreto para contra él. Para poder mantener cualquier tipo de reunión, impuso la obtención de una autorización de la policía. La Tercera República autoriza las reuniones públicas, permite la formación de asociaciones y por ello, los Franceses toman una parte cada vez más activa en la vida del país.

Establecida por la Revolución francesa, la libertad de prensa ha desaparecido durante el Primer Imperio. Renace entre 1848 y 1851, para ser de nuevo suprimida por Napoleón III. Bajo la Tercera República, la prensa es libre. Todo el mundo tiene derecho a fundar un periódico en el que se publique lo que se desee, aunque sean ataques contra la política del gobierno. Como los periódicos ya no están sometidos a un impuesto especial, su precio se ve disminuido, vendiéndose al precio de entre cinco y diez céntimos. Esto permite que muchos Franceses, aunque no sean ricos, puedan leer su diario regularmente y se mantengan al corriente de los grandes eventos de la vida nacional e internacional.

La Tercera República desea que el pueblo se instruya. Esta idea no es nueva, ya que bajo el reinado de Luis-Felipe, un ministro llamado Guizot hizo votar una Ley obligando cada municipio a abrir una escuela primaria. Pero esta enseñanza era privada y no obligatoria, por lo que muchos niños no iban a la escuela.

Los revolucionarios de 1848 comprendieron que los ciudadanos tenían que estar instruidos, para poder votar correctamente. Entre 1881 y 1886, un gran ministro llamado Jules Ferry, hizo que se votaran varias Leyes para organizar la enseñanza primaria pública en Francia. Ferry fue un patriota frío y clarividente, que dio a su país dos grandes fuerzas: la instrucción y las colonias. Antes que él, nadie se había preocupado realmente de instruir al pueblo. Las escuelas son escasas y allá donde las haya, el maestro tiene otras ocupaciones que no son exclusivamente las de la instrucción de los niños. Un maestro es principalmente, el escribano del municipio y el chantre de la iglesia. A partir de 1882, Jules Ferry hará que se abran escuelas en cada ciudad y en cada pueblo. En estas escuelas, maestros instruidos enseñan a los niños a leer, escribir, calcular e imparten también nociones de ciencias. Gracias a él, la escuela primaria será obligatoria, gratuita y laica y todos los niños de familias humildes, tendrán también la oportunidad de aprender a leer y a escribir.

Jules Ferry

Caricatura de Jules Ferry publicada en el Trombinoscope de Touchatout, en 1872

Así, la escuela pública se convierte en gratuita y obligatoria para todos los niños de edades comprendidas entre seis y trece años y posteriormente, entre seis y catorce años. Es una escuela laica, es decir que los maestros encargados de la enseñanza no son curas. Con el ánimo de no herir las creencias de los alumnos, no se enseña ninguna religión en las escuelas, pero se impone el jueves como día libre para que los padres que lo deseen, puedan dar a sus hijos una educación religiosa. La Tercera República abre un gran número de escuelas primarias. Crea también parvularios para los pequeños de entre dos a seis años, así como liceos y escuelas profesionales. Aunque los niños provengan de familias humildes, pueden llevar a cabo estudios completos. Los alumnos que obtienen buenos resultados, después de un examen y según sus notas reciben becas, es decir el dinero necesario para poder continuar y completar sus estudios.

En 1763, con el tratado de Paris y bajo Luís XV, Francia ha perdido el Canadá y la India, sus más bellas colonias. En 1815, solo le quedan las Antillas y el Senegal. Durante el siglo XIX y a principios del siglo XX, Francia adquiere la mayor parte de su imperio colonial. Este se extiende sobre una superficie veintidós veces mayor que la Francia metropolitana y comprende Túnez, Indo-China, el Congo, la isla de Madagascar, Marruecos, Nueva-Caledonia, Argelia con el Sahara, la Guayana, las Antillas y Tahití.

Avances sociales

Durante los primeros años de la Tercera República, la Asamblea se preocupa poco de la suerte de los obreros. Para defender sus intereses, en 1884 se vota una Ley que autoriza su agrupación por oficios. Estos grupos se llamarán "sindicatos". Una vez constituidos, los sindicatos intentan obtener Leyes favorables para los obreros. Logran reducir la jornada de trabajo de catorce a diez horas, llegando a ocho en 1919. Los trabajadores tienen derecho a un día de permiso por semana, lo que corresponde al "reposo semanal". En 1936, logran las "vacaciones anuales pagadas". Queda prohibido el trabajo a los niños que estén en edad escolar. En caso de accidente durante el trabajo, los obreros pueden percibir un subsidio. La Ley de los "Seguros Sociales" les otorga subsidios en caso de enfermedad, así como una "pensión de retiro" para su vejez. Se otorgan también subsidios a las familias numerosas. Gracias a todas estas mejoras, se eleva el nivel de vida de los obreros. Se empiezan a construir "barrios obreros", pero se está aún muy lejos de poder asegurar un alojamiento digno a todos los trabajadores.

La Tercera República restablece el servicio militar obligatorio para todos. Bajo el Imperio, no existía tal igualdad. Los turnos de los jóvenes que llegaban a la edad del servicio militar, eran echados a suerte. Los que sacaban "un mal número", iban al regimiento por un periodo de siete años. Los demás, no eran llamados para servir al país. No obstante, los jóvenes de familias ricas que sacaban un mal número, podían comprar a un substituto y enviaban en su lugar a un joven de familia humilde dándole una gran suma de dinero, lo que era una total injusticia. Poco a poco, la República establece la igualdad para todos. En 1872, los "malos números" tienen que hacer cinco años de servicio y los "buenos números", así como los voluntarios que puedan pagar mil quinientos francos al Estado, solo un año. En 1889, una Ley suprime los "buenos" y los "malos" números. Todos los soldados tienen que hacer tres años de servicio militar, salvo los estudiantes, los curas y los docentes. A partir de 1905, una nueva Ley declara que todos los hombres cumplirán el mismo periodo de servicio militar.

Vida intelectual y material

En el siglo XIX, Francia tiene grandes escritores y grandes artistas. El más conocido de los escritores es Víctor Hugo. Es poeta, novelista y dramaturgo. Sus novelas más conocidas son "Nuestra Señora de Paris" y "Los Miserables".

Publica también una selección de poemas llamada la "Leyenda de los Siglos", que describe la historia y la evolución de la Humanidad y en los cuales se muestra maestro en la expresión lírica de los sentimientos. Víctor Hugo es famoso en el mundo entero. Cuando muere el 1 de junio 1885, más de tres millones de personas asisten a sus funerales nacionales. Su cuerpo reposa en el Panteón de París.

Otros grandes escritores de la época son los poetas Alphonse de Lamartine, Alfred de Vigny y Alfred de Musset así como los novelistas François-René de Chateaubriand, Stendhal, Honoré de Balzac, George Sand, Gustave Flaubert, Émile Zola, Anatole France y el historiador Jules Michelet. Grandes pintores tales como Jacques-Louis David, Jean-Auguste-Dominique Ingres, Henry-Eugène Delacroix o Gustave Courbet, nos han dejado verdaderas obras de arte. Claude Monet, Paul Cézanne, Auguste Renoir y Edgar Degas, revolucionan el mundo del arte con su nueva forma de pintar, llamada "impresionismo". Los escultores más famosos de la época son François Rude, quien decoró el arco de Triunfo del Etoile en París, y Auguste Rodin.

Jacques-Louis David (autoretrato)   *Jean A.D. Ingres (autoretrato)*   *Henry E. Delacroix (Nadar)*   *Gustave Courbet (Nadar)*

Claude Monet (Nadar)   *Paul Cézanne (autoretrato)*   *Auguste Renoir (Victor Chocquet)*   *Edgar Degas (autoretrato)*

Alphonse de Lamartine (Nadar)   *Alfred de Vigny (Antoine Maurin)*   *F.R. de Chateaubriand (A,L.Girodet de Roucy T.)*

Gustave Flaubert   *Émile Zola*   *Anatole France (diario La Nación)*   *Jules Michelet (F. Nadar)*

Entre 1907 y 1914, Pablo Picasso, Georges Braque y Juan Gris presentan un nuevo movimiento artístico llamado "cubismo", que irá perdiendo protagonismo a partir del final de la primera guerra mundial y desaparecerá hacia el año 1920. El término "cubismo", proviene de un comentario de Henri Matisse quien, para describir un cuadro de Braque, habló de "pequeños cubos".

Modigliani, Picasso y André Salmon, delante del café La Rotonde en Paris, en 1916 (Amadeo Modigliani)

Grandes científicos franceses y extranjeros, realizan descubrimientos que cambian la vida de los hombres. En Francia, Luís Pasteur descubre que numerosas enfermedades son causadas por seres muy pequeños, llamados microbios. Intentando encontrar una forma de luchar contra ellos, logra curar una enfermedad terrible llamada rabia.

El primer enfermo que cuida y cura en 1885, es un joven pastor de nueve años. Gracias a sus investigaciones, otros científicos alumnos suyos, descubren dos vacunas. El Doctor Roux encuentra la vacuna contra la difteria y el Doctor Nicolle, la vacuna contra el tifus. Se descubren también las vacunas contra la fiebre tifoidea y contra el tétanos.

A principios del siglo XX, el Francés Pierre Curie y su esposa Marie, de origen polaco, descubren un cuerpo nuevo llamado "radio", que permite curar enfermedades muy graves. Tienen un laboratorio donde realizan numerosos experimentos, con otros científicos franceses o extranjeros. Sus descubrimientos serán el punto de partida de inventos útiles al bienestar del ser humano.

Marie, Pierre & Irène Curie

1911, foto de Marie Sklodowska Curie, por su segundo Premio Nobel de química

Pierre y Marie Curie en su laboratorio   *Louis Pasteur (G.F. Tournachon)*

Hasta la mitad del siglo XIX, el hombre dispone de pocos medios para ejecutar sus tareas. Primero ha utilizado sus brazos, luego se ha servido de animales, posteriormente de la corriente de los ríos y más tarde, del viento. Nuevos descubrimientos van a poner a disposición del hombre la máquina de vapor, la electricidad y el motor de explosión.

Un Francés llamado Denis Papin, inventa la máquina de vapor. Desde Benjamín Franklin, muchos son los científicos que han estudiado la electricidad pero será únicamente al final del Segundo Imperio, cuando un científico Francés llamado Zénobe Gramme, logrará producir electricidad industrial, con una máquina llamada "dinamo". El motor de combustión interna se inventa en 1860 y funciona al principio, con gas.

Únicamente a partir del final del siglo XIX, se utilizará la gasolina extraída del petróleo, que se convertirá en una materia muy importante, codiciada por todas las naciones.

Un automóvil con un motor Lenoir

La vida se vuelve más fácil para todos. Los ferrocarriles han sustituido a las diligencias. Las locomotoras de vapor funcionan con carbón o con fuel-oíl y algunas empiezan ya a funcionar con electricidad, pudiendo llegar a velocidades de más de cien km/h. Los navíos también se equipan con maquinas de vapor, reduciendo considerablemente el tiempo necesario para cruzar el Atlántico. El coche hace su aparición a finales del siglo XIX, y permite desplazamientos rápidos y confortables. Los autocares logran enlazar cualquier pueblo con las ciudades vecinas. Por fin, la aviación se desarrolla con gran rapidez. En 1909, el Francés Louis Blériot atraviesa el canal de la Mancha en un avión, maravillando al mundo entero. En 1927, el Americano Charles Lindberg atraviesa el océano Atlántico, recorriendo seis mil km antes de aterrizar en París.

Las fábricas son cada vez más grandes y emplean a un mayor número de obreros que vigilan el buen funcionamiento de sus maquinas. Como la mayoría de estas fábricas se encuentran en las ciudades, estas se expanden rápidamente. El progreso llega también al campo. La electricidad alimenta muchos aparatos con motores tales como las desnatadoras, las mantequeras, las bombas de elevación de agua, las trilladoras, etc. Estas máquinas son caras, pero los campesinos se agrupan en cooperativas para poderlas adquirir. Poco a poco, el campo se va despoblando y sus habitantes prefieren irse a la ciudad, donde piensan encontrar trabajo y también numerosas distracciones. Nuevos inventos aportan mayor confort a la población. Hasta 1850 para iluminarse, se utilizan las lámparas de aceite o las velas. Bajo el Segundo Imperio, aparece el alumbrado de gas en las ciudades. El siglo XX, ve triunfar al alumbrado eléctrico. También llegan el telégrafo, el teléfono, la radio y el radar, que permite evitar cualquier obstáculo a los marineros y a los aviadores.

Louis Blériot y el primer monoplano construido en Enero 1907

El descubrimiento de la fotografía y de la electricidad, permite la creación del cine y posteriormente, de la televisión.

Cinematófrafo de los hermanos Lumière en 1895   *Cartel de Henri Brispot, promocionando el cinematógrafo(1895)*

Los hermanos Auguste y Luís Lumière, crean un aparato que sirve de cámara y de proyector. Se llama el cinematógrafo. Se presenta el 13 de febrero 1894 y ese mismo otoño, los hermanos Lumière llevan a cabo su primera filmación. El 22 de marzo 1895, en una sesión de la "Sociedad de Apoyo a la Industria Nacional", se muestra en París la película conocida como "La salida de los obreros de las fábricas Lumière en Lyon-Monplaisir", rodada tres días antes.

Imagen de su primera película : Salida de la fábrica

Auguste Lumière (1862-1954) y Louis Lumière
(1864-1948), considerados en Francia, como los creadores del cine

CAPÍTULO SÉPTIMO

FRANCIA DE 1914 A NUESTROS DÍAS

LA GUERRA DE 1914-1918

Francia se levanta rápidamente después de la guerra de 1870. Bismark estaba convencido de que Francia quedaría debilitada pero, una vez la deuda de guerra saldada en 1872 y después de diez años de esfuerzo, las finanzas francesas se encuentran saneadas. El servicio militar ya es obligatorio para todos y el ejército bien entrenado, adquiere nuevas armas. Los exploradores y los oficiales franceses, vuelven a constituir un gran imperio colonial, casi a la altura del de Inglaterra.

Alemania refuerza su ejército y se convierte en la potencia militar Europea más poderosa. Sus fábricas se desarrollan considerablemente y fabrican gran cantidad de mercancías, compitiendo con los productos franceses e ingleses. Los Ingleses, entonces amos del mar, se inquietan del rápido y gran desarrollo de la marina alemana.

Francia, Inglaterra y Rusia, amenazadas por Alemania en 1875, intervienen para impedir una nueva guerra. Entonces Alemania se une a Austria y a Italia, para formar la "Triple Alianza". Esta alianza preocupa sobre todo a Rusia, directamente amenazada por Alemania y Austro-Hungría. El zar organiza una visita a Francia y el presidente de la República francesa se la devuelve, desplazándose a Rusia. Se firma la Alianza franco-rusa. Unos años más tarde, Inglaterra, temerosa de la potencia alemana, se une a Francia y a Rusia y así nace, la "Triple Entente". Durante varios años, Europa vive con el miedo de la guerra. Todos los países se preparan para la lucha. Este periodo se denominará: la "paz armada".

La Guerra Mundial

El 28 de junio de 1914, un estudiante serbio mata al archiduque de Austria. Como respuesta, el Imperio Austro-Húngaro ataca a Serbia que se encuentra protegida por Rusia. Alemania, aliada de Austro-Hungría, declara la guerra a Rusia. Como Francia es la aliada de Rusia, el emperador de Alemania Guillermo II, declara la guerra a Francia.

En Francia se intenta evitar la guerra hasta el último momento. Jean Jaurès, se manifiesta contra el servicio militar de tres años. Es una persona empeñada y gran defensora de la paz, al igual que el Gobierno Francés. Contra los que reclaman desquitarse de la derrota de 1870, Jean Jaurès defiende la paz, e intenta lograr un acuerdo con los socialistas alemanes. Será asesinado el 31 de julio 1913.

Jean Jaurès

El asesinato de Jean Jaurès (litografía de Camille Ravot)

El 30 de julio 1914, las tropas francesas son empujadas fuera de sus fronteras. Desgraciadamente, ni la voluntad de paz del Gobierno ni la de Jean Jaurès, habrán podido evitar la guerra que estalla el 3 de agosto 1914.

Francia tiene como aliada a Rusia, a Inglaterra y a Serbia. Al principio, Italia queda neutral pero en 1915, se alía también a Francia. Poco a poco, otros países se van uniendo a esta alianza. Japón lo hace en 1914; Rumania y Portugal en 1916; los Estados Unidos, Brasil y Grecia lo hacen en 1917. Turquía se une a Alemania en 1914 así como Bulgaria en 1915. La guerra es ya mundial.

La guerra sobre territorio francés

Sorprendiendo a los Franceses, los Alemanes invaden Bélgica, siendo este país neutral. Los Belgas resisten, pero su ejército es débil. Las tropas francesas vienen en su ayuda, pero son derrotadas en Charleroi. El norte de Francia es invadido y todo parece perdido. Los Alemanes se encuentran a unos 50 km de Paris. El 5 de septiembre 1914, el general Joseph Joffre, comandante en jefe del ejército francés, reagrupa a la sexta armada a lo largo del río Marne. Es un hombre poco hablador y gran pensador. Con una sangre fría admirable, no desespera jamás, ni siquiera en los peores momentos.

La batalla del Marne comienza el día 6 de septiembre. El ejército francés mantiene su posición gracias, entre otras cosas, al envío urgente de diez mil hombres de la guarnición de París, entre los cuales unos seis mil son transportados por seiscientos taxis de la capital, requisados por el general Joseph Gallieni.

Taxi del Marne (Hotel de los Inválidos de Paris)

Joseph Joffre

En el momento de iniciar la batalla, Joffre dice a sus hombres: "Ataquemos. Ya no es el momento de mirar atrás. La tropa que no pueda avanzar tendrá, cueste lo que cueste, que guardar el terreno conquistado y morir allí mismo, antes que retroceder".

Después de esta batalla encarnizada que termina el día 12 de septiembre, los Alemanes derrotados retroceden y París se salva. En 1916, Joffre será nombrado mariscal de Francia. Gracias a la preocupación que ha demostrado para evitar sufrimientos inútiles a sus tropas, sus soldados lo admiran y lo apodan "abuelo".

Los Alemanes han sido detenidos en su marcha hacia París, pero siguen sobre territorio francés. Se instalan y cavan hondas trincheras que fortifican, y de donde es muy difícil desalojarlos. Frente a ellos, los Franceses también cavan trincheras para impedir un nuevo avance del enemigo. La guerra va a continuar cuatro años más, en esas penosas condiciones. Por ambas partes los ataques se multiplican: asaltos con granadas, metralletas, bayonetas, bombardeos, gas asfixiante y lanza llamas.

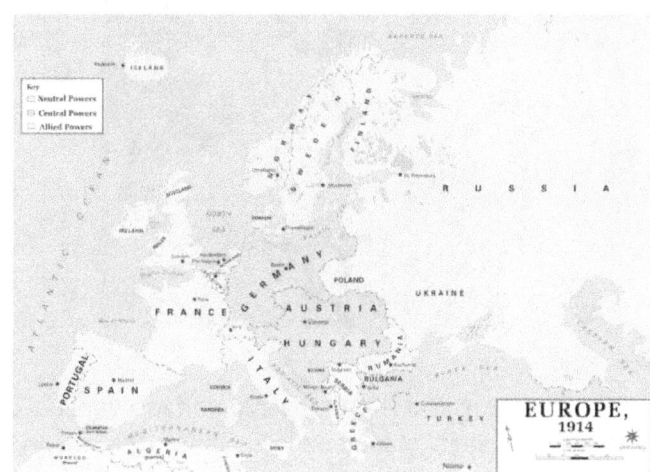

Los generales Castelnau (izquierda) y Joffre (centro) julio/agosto 1914

Algunas de estas batallas han dejado horribles recuerdos, como la batalla de Verdún en 1916, que duró ocho meses.

Campo de batalla de Verdún, que conserva aún los impactos de obuses   *Algunos "poilus" en una trinchera*

En 1918, los Alemanes son derrotados después de duros combates. Rusia ha luchado contra Alemania y contra Austro-Hungría, pero la Revolución de 1917 derroca al zar y lo sustituye por la República Soviética. El nuevo gobierno ruso firma la paz con Alemania y Austro-Hungría. Los Alemanes mueven entonces sus tropas hacia el frente francés. La situación es grave, pero Francia está dirigida por un gran hombre llamado Georges Clemenceau. A sus setenta y seis años, tiene aún una extraordinaria energía. Visita a menudo el frente y reanima el valor de sus hombres. Obtiene de los Estados Unidos, el envío de soldados así como de gran cantidad de material. Los primeros carros blindados llamados "tanques", de invención francesa, hacen su aparición en estos campos de batalla.

Georges Clemenceau llamado "Padre de la Victoria"

En julio 1918, los Alemanes avanzan de nuevo. Están a 60 km de París. Esta vez, el general Foch está al mando del ejército francés. Es un hombre ardiente e impetuoso.

Nombrado generalísimo, es decir comandante en jefe de todos los ejércitos aliados, franceses, ingleses y americanos en Francia, desarrolla en 1918 una nueva forma de combate, atacando sin cesar y no dejando descansar al enemigo. Se libra entonces una segunda batalla del "Marne", que termina por la victoria de los aliados. Los Alemanes son expulsados de Francia. En Alemania, el pueblo se rebela y derroca al emperador Guillermo II.

Tropas francesas bajo el mando del General Gouraud, en las ruinas de una catedral, cerca del Marne

¡Alemania se rinde!

El 11 de noviembre 1918, el mariscal Ferdinand Foch tiene el gran honor de firmar el armisticio por el que los Alemanes reconocen su derrota. Este armisticio se firma en el bosque de Compiègne, en el vagón que sirvió de puesto de mando a Foch durante la contienda. Los ejércitos franceses entran entonces en las ciudades de Metz y Estrasburgo, en medio de aclamaciones y lágrimas de alegría de la población liberada.

Fotografía tomada en el bosque de Compiègne, después de la firma del armisticio en el vagón-salón del tren de Foch. El mariscal Foch se encuentra en primer plano, segundo de derecha a izquierda, rodeado por los dos almirantes británicos, Hope y Rosslyn Wemyss.

El 28 de junio 1918, todos los Aliados se reúnen en Versalles para firmar el tratado de paz con Alemania. Alsacia y Lorena vuelven a ser francesas.

Firma del tratado de paz en Versalles

(Izquierda) Conferencia de paz de Paris – Consejo de los cuatro – de izquierda a derecha, el Primer ministro David Lloyd George del Reino Unido, el Primer ministro Vittorio Emanuele Orlando de Italia, el Primer ministro Georges Clemenceau de Francia y el Presidente Woodrow Wilson, de los Estados Unidos.

Se confía la administración de una parte de las colonias alemanas de Togo y Camerún, a Francia. El mapa de Europa central se modifica. El imperio Austro-Húngaro se fracciona en diferentes nuevos estados como Austria, Hungría y Checoslovaquia. Polonia, destruida en el siglo XVIII, se vuelve a formar con territorios provenientes del imperio alemán y del imperio ruso.

Alemania se ve condenada a pagar una indemnización a Francia. Los estragos causados por esta larga y terrible guerra, son espantosos. Un millón quinientos mil Franceses han muerto, y otros tantos han quedado mutilados. Diez departamentos franceses han sido destrozados. Seiscientas mil casas, veinte mil fábricas y cinco mil km de vías férreas, han sido destruidas. Para poder enfrentarse a esta guerra, Francia ha gastado sumas considerables de dinero, por lo que ha quedado muy empobrecida.

Alemania y la mayoría de los países que han tomado parte en esta guerra, también han sufrido mucho. Los inmensos estragos que se pueden ver por doquier, dan al mundo un fuerte sentimiento de rechazo a la guerra. Para evitar futuras guerras, las Fuerzas aliadas crean la "Sociedad de Naciones", donde cada una de ellas puede ser representada. Su sede se encuentra en Ginebra. Esta sociedad tiene el deber de juzgar los enfrentamientos que surgen entre los diferentes países. Los Estados que forman parte de esta Sociedad de Naciones, se comprometen a aceptar sus resoluciones, con el fin de que los pueblos puedan vivir en paz.

Los "Años locos" y el espíritu renovador

En París durante la Primera Guerra mundial, la población no pierde sus ganas de diversión. Al principio, únicamente para mofarse del enemigo y darse valor, más tarde para distraer a los soldados con permiso y finalmente para consolarse. El periodo entre 1918 y 1929, se llamará "los años locos".

Al final de la contienda, una nueva generación sueña con un mundo nuevo y proclama "!Nunca más esto!". Las mujeres se cortan el pelo y acortan sus faldas. El jazz hace su aparición con los Americanos y se baila el Charleston y el tango. El "Art Nouveau", sesgado por la guerra, deja paso al "Art Déco".

Joséphine Baker bailando el charlestón en las « Folies-Bergères » de Paris

Músico de Jazz

Louise Brooks en 1927 (moda Flapper)

El 24 de octubre 1929, el crac de Wall Street anuncia el fin de este periodo. El pánico en la Bolsa de Nueva York acarrea quiebras, suicidios y paro. La crisis económica va a extenderse al mundo entero.

En Francia, entre 1936 y 1938, se implanta una coalición de partidos políticos de izquierda, llamado Frente popular. Las elecciones han dado la mayoría a la izquierda y por primera vez, entre 1936 y 1938, el Gobierno de León Blum cuenta con tres ministros mujeres, aunque estas no tengan aún derecho a voto. En 1936, dos millones de huelguistas ocupan numerosas fábricas, paralizando el país y obteniendo así la semana de trabajo de cuarenta horas.

La producción baja en un ocho por ciento. La prensa de derechas lanza una campaña antisemita que apunta contra León Blum. Estalla una quiebra financiera. El Frente popular habrá durado solo trece meses, pero ha permitido que Francia se vea invadida por un espíritu renovador.

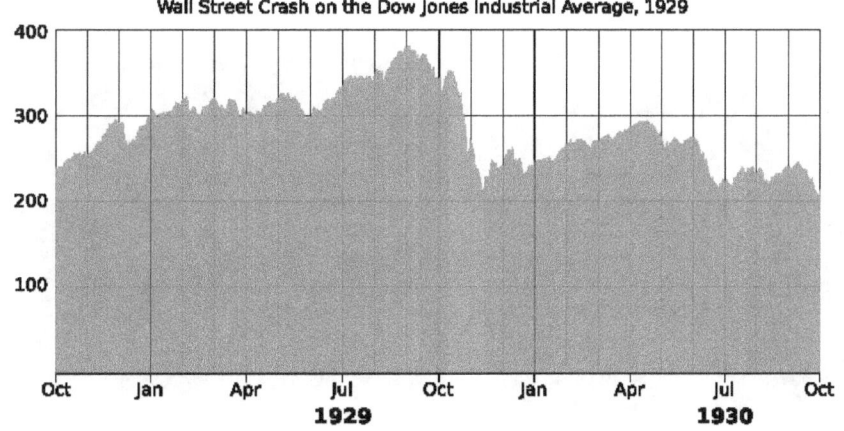
Gráfico de la caída del Dow Jones Industrial, en 1929

IMÁGENES DE LA VIDA EN FRANCIA DURANTE LOS AÑOS LOCOS
EMANCIPACIÓN DE LAS MUJERES EN EL PERIODO DE ENTREGUERRAS

Sindicato de Ferroviarios – Comité de huelga de Bergerac – marzo 1920

Tarjeta reducción tarifaria (ferrovía francesa) 16-09-1927

Bañador – 1928

Tienda de bicicletas y motos –Bergerac (1929)

Parvulario –Ciboure (1929)

Familia francesa (1918 à 1927)

Diploma de la Medalla de la Familia Francesa otorgada a la Sra. Alida Marie-Louise Guichard nacida Fauvel, firmado el 6 de febrero 1931 por el Presidente de la Republica Francesa, Gaston Doumergue

DÉPORTES ACCESIBLES A LAS MUJERES (1935)

MODA (1935-1939)

Moda 1934 *Mercadillo en Bayona (Francia) - 1934*

Hidropedal 1939 *Bañador dos piezas, precursor del bikini*

LA GUERRA DE 1939-1945

La segunda Guerra Mundial

Alemania no mantiene los compromisos tomados en 1919. A partir de 1922, se niega a pagar los daños de guerra y las tropas francesas intentan obligarla a ello. Para mantener la paz, Francia y Bélgica aceptan una reducción de las deudas de guerra. Alemania es admitida en la Sociedad de Naciones y cuatro años antes de la fecha prevista, los Aliados abandonan la ribera izquierda del Rin. En 1929, estalla una grave crisis mundial. A partir de 1930, los comerciantes alemanes no pueden vender sus mercancías y numerosas fábricas se ven obligadas a cerrar. Muchos obreros se quedan sin trabajo y viven en la miseria. Alemania tiene seis millones de parados y una inflación galopante. Con el pretexto de dar trabajo a tantos desempleados, se les hace fabricar armas y municiones, al principio a escondidas y más tarde a plena luz del día. Por fin en 1933, los Alemanes nombran a un nuevo jefe, llamado Adolf Hitler. Es un hombre violento que no retrocede ante nada. Hitler propaga la idea que el paro y la miseria, han sido mayormente provocados por el tratado de Versalles. Ordena el arresto de los comunistas y maltrata a los judíos.

Retrato de Adolf Hitler – (US Library of Congress)

Durante un célebre discurso ante ciento sesenta mil personas, Adolf Hitler reclama la supresión del Tratado de Versalles. Muchos Alemanes le obedecen, tanto por admiración como por temor. Hitler organiza un importante ejército dotado de aviones y carros de asalto muy perfeccionados. Necesita aliados por lo que se dirige a Benito Mussolini, que gobierna Italia como amo absoluto y que también como él, desea ampliar su país.

Sucesivamente, Hitler invade Austria y Checoslovaquia. Ninguno de los grandes países de Europa se lo impide, pues cada uno desea evitar una nueva guerra. En septiembre de 1938, Edouard Daladier, primer ministro de Francia, es aclamado a su regreso de Múnich por haber salvado la paz ya que el acuerdo franco-alemán de no-agresión ha sido firmado por Hitler, en compensación por la invasión de Checoslovaquia, un país amigo. Francia se siente segura con su línea "Maginot", construida todo lo largo de la frontera. Es una fortificación considerada infranqueable, equipada con cañones muy perfeccionados pero con el inconveniente de no poder ser desplazados. En septiembre 1939, Hitler sigue con sus conquistas e invade Polonia. Francia e Inglaterra solicitan de Hitler la retirada inmediata de sus soldados de Polonia. Ante su negativa, le declaran la guerra el 3 de septiembre 1939, pero ya es demasiado tarde para salvar a Polonia que en solo tres semanas, se ve totalmente destruida y repartida entre Alemania y Rusia.

Entre octubre 1939 y mayo 1940 durante el invierno, los Alemanes y los Franceses se quedan sin combatir en sus fortificaciones. Los franceses esperan, pegados a la Línea Maginot. Se ha llamado a ese periodo, la "guerra de broma". Bruscamente el 10 de mayo 1940, los Alemanes desencadenan un violento ataque con sus carros armados y sus aviones. Invaden Holanda y Bélgica, y prosiguen su invasión hacia el canal de la Mancha.

Adolf Hitler y Benito Mussolini, durante la visita de Hitler a Venecia, del 14 al 16 de junio 1934

Rodeando la "línea Maginot", las tropas alemanas llegan a Dunkerque el 5 de junio. Han entrado en Francia por la frontera Belga. El 10 de junio, los Italianos atacan también Francia pero el ejército francés de los Alpes, logra pararlos. Los Franceses resisten en la Somme pero el 14 de junio, los Alemanes entran en Paris y desfilan en los Campos Elíseos. Persiguen a las tropas francesas hasta la región del Loira y de Bretaña. Durante estos acontecimientos, el Gobierno se refugia en Burdeos. Han muerto noventa y dos mil soldados y doscientos mil, están heridos. En apenas seis semanas, el ejército alemán ha aplastado a Francia.

Adolf Hitler en Paris, 23 de junio 1940, con Albert Speer y Arno Breker

Philippe Pétain, un anciano de ochenta y cuatro años, glorioso mariscal de 1914-1918 quien encabezó el gobierno tan pronto como la situación empeoró, considera que hay que solicitar un armisticio. Otros piensan lo contrario, deseando continuar la lucha y evacuar todo lo que queda del ejército francés, hacia las colonias de África del Norte. Entre ellos, un general de 49 años llegado al gobierno en plena batalla. Se trata de Charles de Gaulle. El 17 de junio, Pétain anuncia por la radio a los franceses, con "el corazón apretado", que hay que "detener el combate". De golpe, muchos soldados franceses que aún luchan, entienden que tienen que depositar las armas, lo que agrava la derrota.

Charles de Gaulle, es un hombre que se avergüenza de esta situación y que rechaza la capitulación. Cree que Francia puede aún reaccionar. A principios de junio 1940, ocupa el puesto de subsecretario de Estado y propone al jefe del gobierno Paul Reynaud, proseguir la lucha e instalar el gobierno en África del Norte. Reynaud está de acuerdo.

El 9 de junio, de Gaulle se desplaza a Londres para encontrarse con el Primer ministro inglés, Winston Churchill, determinado como él a proseguir la lucha. A su regreso a París, de Gaulle se entera que la mayoría del gobierno está a favor de un armisticio con Hitler. El 10 de junio, el gobierno abandona la capital. El 14 de junio, los alemanes entran en Paris. De Gaulle y Reynaud siguen intentando convencer a los ministros del gobierno, al mariscal Pétain y al general Waygand jefe de los ejércitos, de formar un gobierno de lucha en Argel, desgraciadamente sin éxito. Ante estas circunstancias, Reynaud presenta su dimisión.

Ahora, el mariscal Pétain partidario de la capitulación, se convierte en jefe del gobierno de Vichy, ayudado por Pierre Laval quien en los años 30, fue varias veces ministro y jefe del Gobierno francés. Hombre político socialista, revolucionario y pacifista, chocó con la injusticia del sistema social francés de la época. Durante el gobierno de 1930 a 1935, llevando una política de derechas, hizo instaurar los Seguros sociales de donde nacerá más tarde la Seguridad Social. Inicia relaciones cordiales con Benito Mussolini en Italia y muestra, cada vez más, su gran admiración hacia el poder de la Alemania nazi y de la Italia fascista. Cuestionado sobre sus simpatías hacia el Tercer Reich, Laval se vuelve firme partidario de la colaboración francesa con el nazismo, convencido de la debilidad de la democracia y del liberalismo político y deseando establecer lazos con los grupos de extrema derecha. Sin embargo, fue utilizado y rechazado a la vez por el entorno de Pétain, que hizo recaer sobre él los errores de la colaboración con los nazis. No obstante, fue Laval quien declaró abiertamente en 1942: "deseo la victoria alemana, sin ella mañana se instalaría por todas partes el bolchevismo". Será condenado a muerte y fusilado, después de la victoria.

Philippe Pétain

Uno de los primeros gestos de Pétain, será el de enviar un mensaje a Hitler, para solicitar el armisticio. El 17 de junio, de Gaulle parte para Londres. Acaba de cometer un acto de rebelión, persuadido que la derrota no es definitiva. El 18 de junio de 1940 desde Londres, Charles de Gaulle lanza una llamada por la radio inglesa BBC, invitando a los franceses a resistir. Les dice por radio: "!Francia ha perdido una batalla, pero no ha perdido la guerra!". Esa llamada va a cambiar el curso de la historia. Afirma que la guerra acaba solo de comenzar, invitando a los Franceses que deseen continuar el combate, a reunirse con él en Londres.

Charles de Gaulle con el Primer ministro del Reino Unido, Winston Churchill

El armisticio, entra en vigor el 25 de junio. Con la firma del mismo, se pone fin a la tercera República y se instaura en su lugar, el autoritario y antisemita régimen de Vichy. Las condiciones son muy duras. Todas las costas francesas, salvo las del Mediterráneo, se ven ocupadas por el enemigo. Francia se encuentra cortada en dos partes, por una línea que va desde el Loira hasta Suiza. El norte y el este de Francia forman una zona prohibida. La flota y la aviación francesa son desarmadas y dos millones de soldados, deportados a Alemania. Se impone a Francia una indemnización diaria muy elevada.

Certificado de Residencia de fecha 27-11-1941 con los sellos de la Kommandantur y de la Comisaría de Policía de San-Juan de-Luz.

Certificado de Residencia de fecha 1-07-1942 en Alemán y Francés, con los sellos de la Comisaría de Policía y del Ayuntamiento de San-Juan-de-Luz.

Es una humillación total para Francia y el comienzo de la colaboración.

Cruz de Lorena, escogida por el General de Gaulle como símbolo de las Fuerzas de la Francia Libre

Colaboración y resistencia

Los alemanes ocupan Burdeos. Francia ya no es un país libre y Alemania va a desangrarla. Pétain se refugia en Vichy y toma el título de "jefe del Estado francés". Entrega a los alemanes que se han refugiado en Francia para escapar de los nazis. Revoca a los francmasones, disuelve los sindicatos y los partidos, prohíbe las huelgas e impone juramento de fidelidad a los altos funcionarios, magistrados y militares. Antes de que los alemanes lo hayan pedido, se promulgan dos estatutos contra los judíos que les excluye de la comunidad nacional. Los Judíos empiezan a ser perseguidos.

Resistentes y judíos son entregados al ocupante por el Régimen de Vichy que proporciona mano de obra para trabajar en fábricas de Alemania. Pétain anima oficialmente a la Legión de voluntarios franceses, para que vayan a combatir a Rusia bajo uniforme alemán. Alsacia y Lorena son anexionadas a Alemania. Los Alemanes controlan las fábricas francesas y saquean toda Francia. La vida se vuelve muy difícil para los Franceses que carecen de alimentos, calefacción y prendas de vestir. Pero el problema más grave es la división del país.

Se incrementa el número de resistentes, al mismo tiempo que aumentan las exigencias de los Alemanes. Cada vez, más Franceses piensan que la guerra no está definitivamente perdida. Gracias a la radio, pueden oír la voz de los que han podido refugiarse en Inglaterra, a las órdenes del general de Gaulle. Estas voces repiten incansablemente: "¡Resistan, no obedezcan a las ordenes del enemigo, prepárense para la lucha!"

El 18 de junio 1940, el general de Gaulle pronuncia el discurso siguiente por la radio BBC de Londres. Este discurso es un llamamiento a la resistencia del pueblo francés contra la invasión de la Alemania Nazi y en el que predice la mundialización de la guerra. Este discurso será considerado como el texto fundador de la Resistencia francesa, de la que aún es el símbolo:

"Los jefes que, desde hace varios años, están al mando del ejército francés, han formado un gobierno. Ese gobierno, alegando la derrota del ejército, estableció comunicación con el enemigo para cesar los combates.

Por supuesto, hemos estado, y estamos hundidos por la fuerza mecánica, terrestre y aérea del enemigo.

Infinitamente, más que su número, son los tanques, los aviones, la táctica de los alemanes lo que nos hace retroceder. Son los tanques, los aviones, la táctica de los alemanes los que han sorprendido a nuestros mandos, al grado de llevarlos a la situación en la que hoy se encuentran.

Pero, ¿se ha dicho la última palabra? ¿La esperanza debe desaparecer? ¿La derrota es definitiva? ¡No!

Créanme, a mí que les hablo con conocimiento de causa y les digo que nada está perdido para Francia. Los mismos medios que nos han vencido pueden darnos un día la victoria.

¡Pues Francia no está sola! ¡No está sola! Tiene un vasto imperio de su lado. Puede formar bloque con el Imperio Británico que domina el mar y continúa la lucha. Puede, como Inglaterra, utilizar sin límites la inmensa industria de los Estados Unidos.

Esta guerra no se limita al triste territorio de nuestro país. Esta guerra no se decidió en la Batalla de Francia. Esta guerra es una guerra mundial. Todos los errores, todos los retrasos, todos los sufrimientos no impiden que haya, en el universo, todos los medios necesarios para aplastar un día a nuestros enemigos. Aplastados hoy por la fuerza mecánica, podemos vencer en el futuro con una fuerza mecánica superior. El destino del mundo está ahí.

Yo, el General De Gaulle, actualmente en Londres, invito a los oficiales y a los soldados franceses que se encuentren en territorio británico, o que ahí vinieran a encontrarse, con sus armas o sin ellas; invito a los ingenieros y obreros especialistas de la industria de armamento que se encuentren en territorio británico, a ponerse en contacto conmigo.

Pase lo que pase, la llama de la Resistencia Francesa no debe apagarse y no se apagará.
Mañana, igual que hoy, hablaré en la Radio de Londres."

Charles de Gaulle

Numerosos intelectuales organizan el primer grupo de resistentes. Se trata del grupo del "Museo del Hombre" de Paris. Imprimen octavillas anti alemanas, y editan los primeros periódicos de la Resistencia. Hasta 1942, se puede apreciar una gran diferencia entre la Resistencia de la zona ocupada del Norte y la Resistencia de la zona Sur, donde se encuentra la sede del Gobierno de Vichy.

Al norte, la resistencia se hace muy difícil debido a la "GESTAPO" (Policía Política Alemana). A pesar de numerosos problemas, la Resistencia forma una red llamada "Liberación Norte". En 1941, se forman dos redes de resistencia en la zona Sur: "Liberación Sur" y la más conocida, "Combate".

Después de noviembre 1942, toda Francia se encuentra ocupada. El 8 de noviembre, los alemanes ocupan la zona dicha "libre". Todas las miradas se vuelven entonces hacia Pétain pues podría poner fin a un régimen que ya no ejerce ningún poder real. Pero no lo hace y se queda. A partir de entonces, todo irá de mal en peor hasta la caída final. El gobierno ya no puede tomar ninguna decisión sin el acuerdo de los nazis. A partir de ese momento, se libran simultáneamente dos guerras en Francia. La primera, confronta los miembros de la Resistencia a los nazis que practican una severa represión, multiplican las deportaciones, los asesinatos y las ejecuciones de rehenes. La segunda, es una guerra civil que confronta franceses contra franceses. Por un lado los miembros de la Resistencia, por otro la policía y la gendarmería de Vichy, pero también una policía paralela llamada Milicia que recluta, entre otros, aventureros y fanáticos. Se trata de las Secciones especiales de la justicia, que pueden condenar a muerte por simple propaganda anti-Vichy. Las guerras civiles son siempre las más horribles. Esta guerra, dejará por largo tiempo muchas heridas abiertas. En enero 1943, Jean Moulin, enviado a Francia por el general de Gaulle, unifica todos los movimientos de la zona Sur, denominándolos "Movimientos Unidos de Resistencia (MUR)". En mayo 1943, crea el Consejo Nacional de la Resistencia (CNR), que reagrupa a todos los movimientos, desde los "gaullistas" hasta los comunistas, sindicatos y partidos de la resistencia incluidos. Pocas semanas después, será arrestado y torturado por los Alemanes, muriendo entre sus manos. He aquí algunas grandes figuras de la Resistencia en Francia:

Juan Moulin: En Junio de 1940 y siendo prefecto del departamento de Eure-et-Loir, prefiere morir antes que firmar un texto infamante contra el ejército francés. Cinco meses más tarde, es revocado del ejército. En otoño de 1941, se pone en contacto con el general de Gaulle en Londres, quien le nombra su representante en la Francia ocupada y le confía la misión de unificar todos los movimientos de Resistencia. Después de crear el CNR, el 21 de junio 1943 se reúnen en Caluire, a las afueras de Lyon, los jefes de la Resistencia entre los cuales se encuentra Jean Moulin. La casa se ve rápidamente rodeada por los Alemanes que arrestan a todos los ocupantes. Cruelmente torturado por Klaus Barbie, Moulin muere durante su traslado a Alemania. Nunca se sabrá si fue traicionado por alguno de sus compañeros.

Henry Frenay: Oficial de carrera, con treinta y cinco años en 1940. Se opone al armisticio, deja el ejército y funda el movimiento "Combate" así como un periódico del mismo nombre. Él no es ni gaullista ni comunista, soporta mal poner su movimiento bajo las órdenes del general de Gaulle y de su enviado Jean Moulin. Muere en 1988.

Bertie Albrecht: Nacida en Marsella en el seno de una familia judía acomodada, funda con Frenay el movimiento "Combate". Numerosas veces arrestada y otras tantas evadida, vuelve a caer en manos de la Gestapo en mayo 1943. No se la volverá a ver. Atrozmente torturada, no habló. Su cuerpo fue encontrado en el jardín de la prisión de Fresnes.

Emmanuel D' Astier de la Vigerie: Aristócrata, con cuarenta años en 1940. Gran fumador de opio y periodista, rompe bruscamente con su gremio y con la droga y funda el movimiento "Liberation", en la zona Sur. Es el primero que reconoce a De Gaulle, como el símbolo de la Resistencia. Después de la guerra, dirige el periódico "Liberation", creado en la clandestinidad. Simpatizante comunista durante muchos años, se separa del partido a finales de los años 60.

Charles Tillon: Fue contestatario contra el ejército, contra los jefes, contra los nazis y finalmente contra la dirección del Partido Comunista del que fue uno de sus dirigentes. En 1919, siendo mecánico en el crucero Guichen, organiza un motín solidarizándose con los bolcheviques rusos. Este acto, le vale siete años de presidio. Una vez en libertad, se convierte rápidamente en un dirigente comunista y combate con los republicanos durante la guerra de España. Desde 1940, partidario de luchar sin ningún compromiso contra los Alemanes, forma y dirige la FTP (Franco-tiradores y partisanos) y se involucra en la insurrección y liberación de Francia. Varias veces ministro entre 1945 y 1947, se opone cada vez más a su partido, del que será excluido en 1970.

Missak Manouchian: " El Cartel rojo " pegado sobre todas las paredes de Francia por los Alemanes, lo inmortalizó a él y su grupo de 23 miembros de la Resistencia, fusilados en 1944. Nacido en 1906, este Armenio fue uno de los responsables de la MOI (Mano de obra inmigrada), organización comunista que reagrupaba a los inmigrados y que tomó parte muy activa en la Resistencia. En noviembre 1943, casi todo su destacamento fue arrestado por la policía francesa y fusilado unas semanas más tarde. "Muero como soldado regular del ejército francés de liberación", escribirá en la última carta enviada a su mujer Mélinée, antes de ser ejecutado en el Monte Valérien, el 21 de febrero 1944. Su viuda, nunca dejo de creer que había sido traicionado por un alto dirigente comunista. Este episodio de la resistencia, inspirará el poema de Louis Aragon "El Cartel Rojo", al que más tarde, Léo Ferré pondrá música.

Muchos extranjeros participan en la Resistencia. Entre ellos se encuentran numerosos Españoles, que después de la guerra civil y la victoria de Franco en 1939, han huido de España.

Eladio y Josetxo Uralde, dos hermanos miembros de las Fuerzas Francesas Combatientes desde septiembre 1942 y más adelante al servicio O.S.S. de los EE.UU. para servir la causa aliada. Participaron activamente en la liberación de Francia

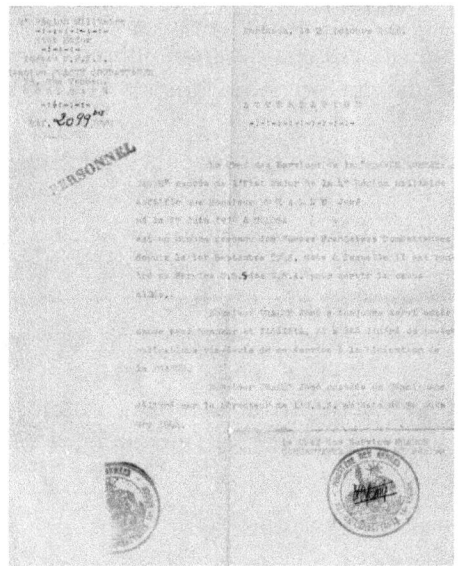

Atestado – El Jefe de los Servicios de la "FRANCIA COMBATIENTE" del Estado Mayor de la 4ª región militar certifica que José Uralde, nacido el 17 de junio 1919 en Tolosa, es un miembro reconocido de las Fuerzas Francesas Combatientes desde el 1 de septiembre 1942, fecha en la cual ha entrado en el servicio O.S.S. de los EE.UU. para servir la causa aliada.
José Uralde ha servido siempre esta causa con honor y fidelidad. Ha sido liberado de cualquier obligación para con este servicio, a la Liberación de Francia. José Uralde posee un Testimonio expedido por el Director de la O.S.S., el 30 de octubre 1944 – Firmado por el Jefe de los Servicios FRANCIA COMBATIENTE, de la 4ª Región, P. Manlay, el 28-10-1946.

 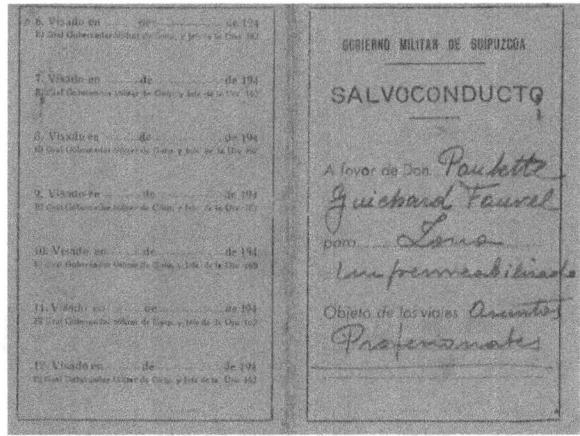

Salvoconducto para pasar de Francia, a la "zona impermeabilizada" española (25-10-1944)

Durante la guerra, aparece en Francia el movimiento "zazou", termino tomado de la canción Zaz Zuh Zaz, de Cab Calloway. Los "Zazous" expresan su anti-conformismo y su oposición al régimen de Vichy, organizando concursos de bailes, que a menudo los enfrentan a los soldados alemanes. Cuando las Leyes raciales Nazis y del Gobierno de Vichy obligan a los Judíos a llevar una estrella amarilla, por desafío numerosos "zazous" llevan también ese distintivo, en el que se puede leer la palabra "Zazou", "Swing" o "Goy". Los que lo llevan son arrestados y enviados al campo de Drancy, donde permanecen unos días. A los "Zazous" les gusta vestirse con largas prendas, aunque los tejidos estén racionados.

Llevan el pelo largo cuando un decreto del Gobierno de Vichy ordena recuperar todo el pelo cortado en las peluquerías, para utilizarlo como materia prima para la confección de zapatillas. ¡Se les puede ver paseando con un paraguas, que no abren jamás!

Los Alemanes obligan a los obreros franceses a ir a trabajar a Alemania. Muchos se niegan a ello y se esconden en las montañas o en los bosques. Se dice que "toman el maquis" o el monte bajo, por lo que se les llama "maquisards". Con paracaídas, aviones ingleses les arrojan armas. Los "maquisards", hacen descarrilar numerosos trenes que transportan tropas enemigas y hostigan incansablemente a los soldados alemanes. Los que son hechos prisioneros, son encerrados, maltratados y hasta torturados antes de ser fusilados. Otros son enviados a "campos de concentración" alemanes, donde mueren de hambre, frío y agotamiento. Por venganza, los Alemanes queman los pueblos y matan a sus habitantes como en Oradour-sur-Glane en el Lemosín, donde el 10 de junio 1944, destruyen trescientas veintiocho casas y asesinan a setecientos habitantes, entre ellos ancianos, mujeres y niños.

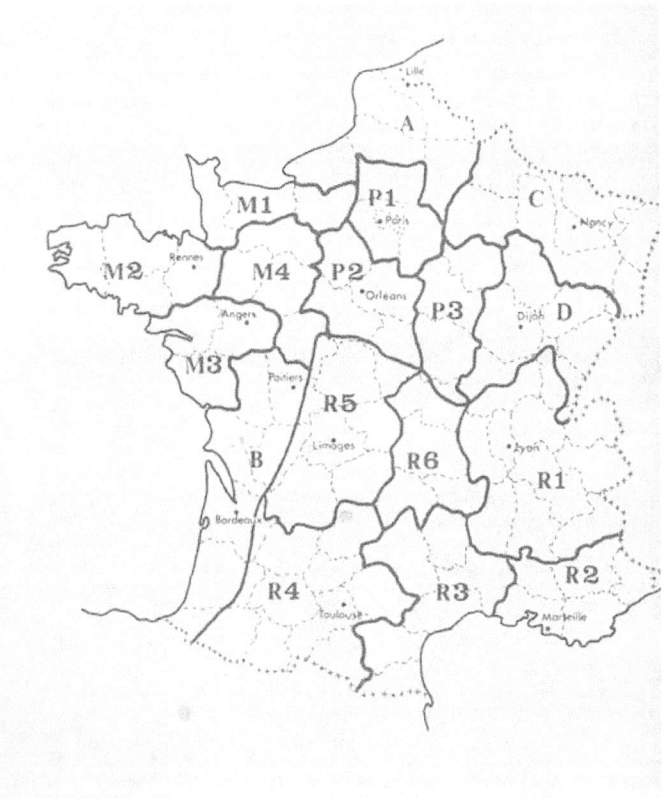

Organización geográfica de la Resistencia francesa

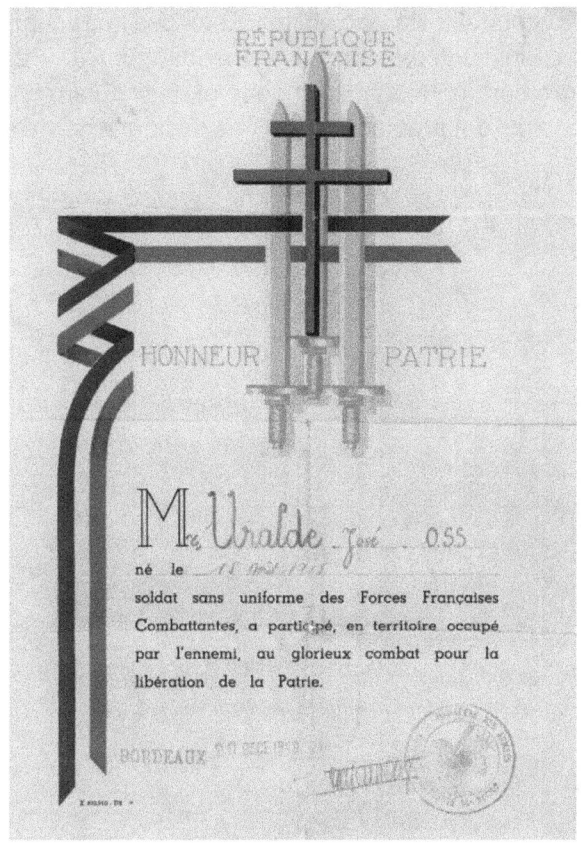
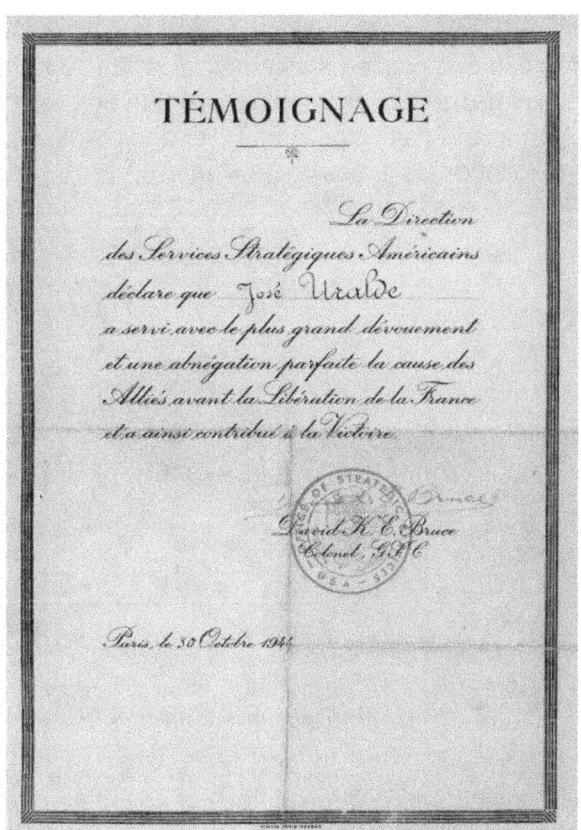

Izquierda: José Uralde, O.S.S., soldado sin uniforme de las Fuerzas Francesas Combatientes, ha participado en territorio ocupado por el enemigo, al glorioso combate por la liberación de la Patria. Firmado en Burdeos el 20 de diciembre 1949 y sellado por el Ministerio de la Armada – Francia Combatiente Región 18

Derecha: Testimonio – La Dirección de los Servicios Estratégicos Americanos declara que José Uralde, ha servido con la mayor entrega y una perfecta abnegación, la causa de los Aliados antes de la Liberación de Francia y así ha contribuido a la Victoria – Firmado por el Coronel David K.E. Bruce, el 30 de octubre 1944

Estos "maquisards", han salvado el honor de Francia. Han demostrado que un pueblo no está vencido, hasta que no se resigne a serlo. Han luchado por la libertad de la Patria.

El Holocausto

Toda la política de Hitler, se basa en el racismo. Hitler y los nazis consideraban que los alemanes, los Arios, pertenecían a una "raza superior", nacidos para dominar el mundo. Para ellos, otras razas y sobre todo los judíos, eran apenas seres humanos. Desde su llegada al poder en 1933, Hitler aplica las ideas racistas contenidas en su libro "Mein Kampf". Multiplica las persecuciones contra los judíos, organiza comandos nazis para impedir que los alemanes compren en tiendas judías y prohíbe los matrimonios entre judíos y alemanes. Más tarde, obliga a los judíos a llevar una estrella amarilla y las leyes de Nuremberg de 1935, privan a los judíos de la ciudadanía alemana.

Desgraciadamente, casi nadie se rebela contra esta violencia. Entonces, los nazis comprenden que pueden ir aún más lejos. En 1940, aíslan a los judíos en barrios llamados "guetos". Para Hitler y los nazis, los Israelitas representan un grave peligro para la raza aria en general, y singularmente para Alemania. Al año siguiente, Hitler decreta "la solución final del problema judío", es decir el exterminio masivo de todos los judíos.

Fotografía del Gobierno Federal de los EE-UU - Prisioneros judíos reducidos a la esclavitud, fotografiados en el momento de la liberación del campo de Buchenwald, por las tropas americanas de la 80 división

Ruinas del pueblo de Oradour-sur-Glane

Fotografía del Gobierno Federal de EE.UU.
Filas de detenidos, muertos en el campo de concentración de la Gestapo de Nordhausen

Al principio, se les amenaza en el ejercicio de su libertad religiosa, con ataques a mano armada e incendios. Se les amenaza en el ejercicio de su profesión, con medidas discriminatorias y también requisando sus bienes. Los que no logran huir de Alemania para refugiarse en países democráticos, son arrestados en masa y deportados hacia campos de la muerte, como Aushwitz. Allí, niños, ancianos, enfermos y la mayoría de las mujeres, son asfixiados con gases letales.

Los menos débiles, sirven para experiencias médicas o a veces, trabajan para grandes industrias alemanas, hasta morir de hambre y de agotamiento.

Entre 1940 y 1944, los judíos de Francia tienen que sufrir una doble persecución: la del Gobierno de Vichy y la de los Alemanes. Las deportaciones tienen la complicidad y la colaboración del Gobierno de Vichy, de la policía y de la gendarmería francesa. El 1 de junio 1942, una orden Alemana impone a los judíos de la zona ocupada, llevar una estrella de tela amarilla con la palabra "judío", escrita en letras góticas sobre la misma. En octubre 1940, una Ley de Vichy permite el internamiento de los judíos extranjeros, en campos de la zona no ocupada. En febrero 1941, ya han sido internados cuarenta mil judíos, de los cuales tres mil han fallecido por desnutrición o por enfermedad. En mayo 1941, los Alemanes con la ayuda de la policía francesa, proceden a los primeros arrestos masivos. En esa época, existen en Francia diez y siete campos de internamiento. Decidida por los Alemanes pero ejecutada por la policía francesa, los días 16 y 17 de julio 1942, se lleva a cabo en París la mayor redada, en la que por primera vez, también mujeres y niños son arrestados. Al alba, trece mil judíos extranjeros, entre los cuales cuatro mil niños, son arrestados y conducidos al velódromo de invierno. Se llamará a esta redada "la rafle du Vel' d'Hiv". Rápidamente, se agota la comida y el agua. Las condiciones de higiene son espantosas. Este infierno dura una semana, hasta que todos los arrestados son llevados a varios campos de exterminio de Alemania. Posteriormente, otra gran redada anti-judía se lleva a cabo el 20 de agosto 1941, durante la cual cuatro mil doscientos treinta y dos hombres son enviados al campo de Drancy.

Campo de concentración de Drancy

El Holocausto ha sido planificado y ejecutado por la Alemania nacional-socialista, como parte de un programa deliberado de exterminio que ha involucrado el asesinato sistemático de los judíos. La cifra de víctimas se calcula en unos seis millones. Si se consideran también las victimas polacas y otros pueblos eslavos y gitanos así como a los homosexuales, disminuidos físicos y mentales y testigos de Jehová, el total de las víctimas del Holocausto se puede estimar entre once y doce millones.

Los campos de concentración nazis son lugares donde los prisioneros son utilizados como mano de obra esclava, hasta que mueren de agotamiento o enfermedad. Los judíos y gitanos son encerrados en guetos antes de ser transportados a millares, en trenes de carga, hacia los campos de exterminio. Si sobreviven al viaje, la gran mayoría son asesinados en cámaras de gas. Todo el aparato burocrático alemán ha estado involucrado en la logística del asesinato masivo, convirtiendo al país en lo que ha sido llamado: un "Estado genocida".

Construcción del muro del Gueto de Varsovia entre Marzo y Octubre 1940 (USA Holocaust Memorial Museum)

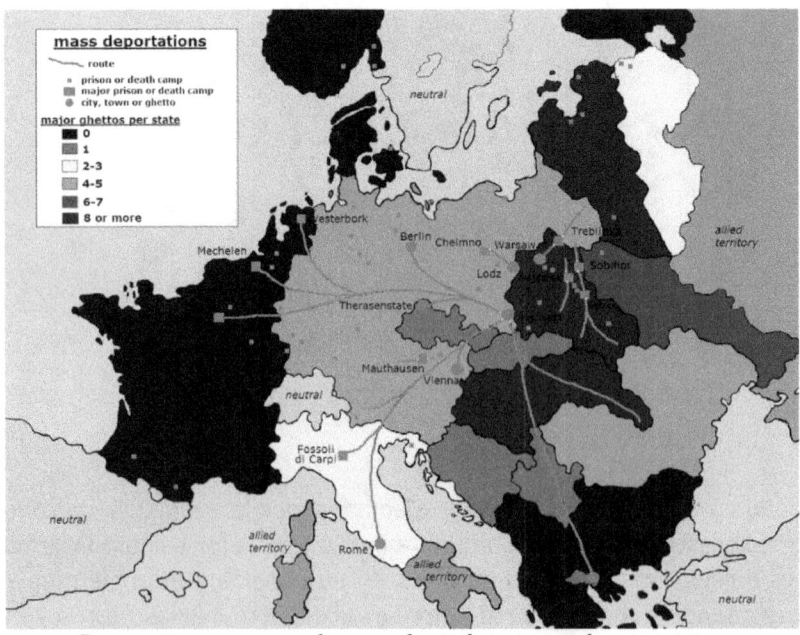

Deportaciones en masa: las rutas hacia los campos de exterminio

Evidencia fotográfica - Un miembro del Einsatzgruppe D, se dispone a asesinar a un civil judío en Vinnitsa (Ukrania), en 1942 (USA Holocaust Memorial)

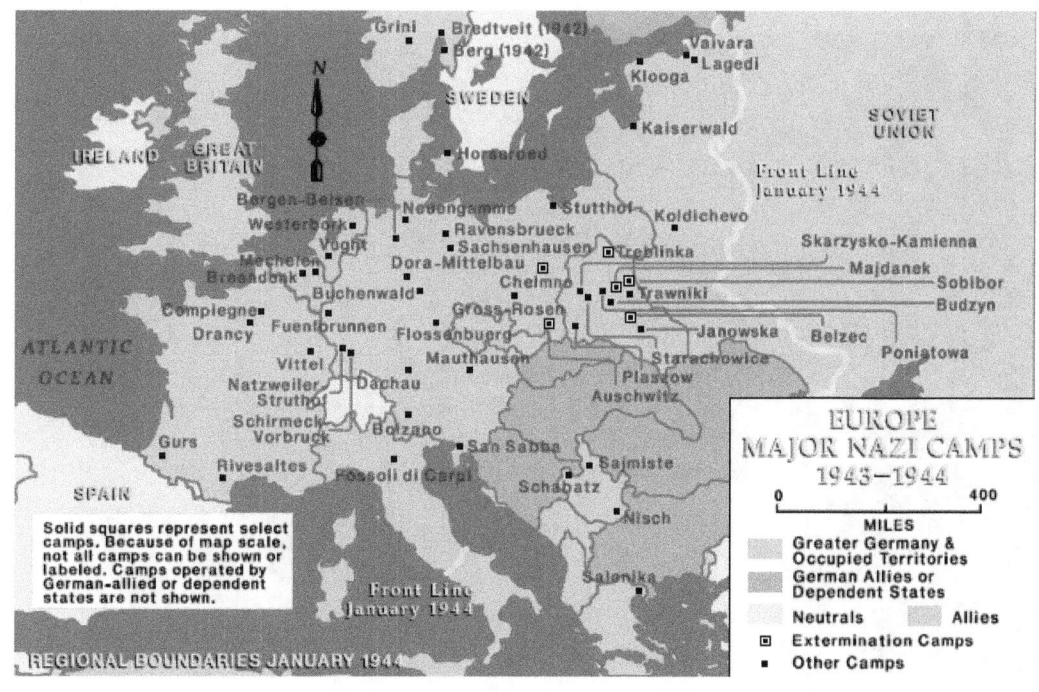

Campos de concentración en Europa (United States Holocaust Museum)

*Niños de Auschwitz después de la liberación del campo por el Ejército Soviético
(United States Holocaust Memorial Museum)*

Cámara de gas del campo de exterminación de Majdanek – En esta cámara, los prisioneros fueron asesinados con monóxido de carbono. Tomaba alrededor de 40 minutos matar a una persona con monóxido de carbono y solo 10, con Zyklon B

La "Brausebad" ("Ducha"), infame camara de gas de Dachau

El 16 de abril 1945, en el crematorio del campo de concentración de Buchenwald, los soldados americanos confrontan ciudadanos de Weimar con los cuerpos encontrados en dicho campo. Esta fue la primera foto de Buchenwald que fue publicada en el London Times el 18 de abril 1945 (U.S.Federal Government)

Soldados americanos de la 7ª Armada U.S., fuerzan a jóvenes que sospechaban ser miembros de las Juventudes Hitlerianas, a examinar los vagones de tren, que contenían los cuerpos de prisioneros muertos de hambre por los S.S.
(U.S. Federal Government)

LOS ALIADOS

Después de la derrota de Francia, Inglaterra continúa la guerra en solitario negándose a negociar con Hitler. Conducida por Winston Churchill, resiste victoriosamente contra los ataques despiadados de la aviación alemana. Hitler no podrá desembarcar en Inglaterra. Intenta provocar una hambruna en Inglaterra, hundiendo sus barcos con submarinos alemanes. A pesar de espantosas pérdidas, la marina inglesa continúa abasteciendo al país. ¡Pronto Inglaterra ya no estará sola!

Humo sobre St. Katharine Docks (Londres) después del primer ataque del 7 de septiembre 1940
(United States Federal Government)

En 1941, Hitler ataca Rusia gobernada por el mariscal Iósif Stalin. El ejército alemán, al principio victorioso, se adentra profundamente al interior del país. Los soldados rusos aplastan a los Alemanes en 1942, ante de la ciudad de Stalingrado. Empieza entonces para el ejército de Hitler, una larga y mortal retirada.

Al final de 1941, los Estados Unidos de América gobernados por el presidente Franklin Delano Roosevelt, declaran la guerra a Alemania al mismo tiempo que luchan contra Japón, que les ha atacado por sorpresa. La guerra se extiende por el mundo entero. A partir de 1942, los Alemanes tienen que luchar contra soldados más numerosos y mejor armados que los suyos.

En noviembre 1942, las tropas americanas desembarcan en Argelia, donde vencen a los Alemanes con la ayuda de los Franceses y de los Ingleses. Durante el verano de 1943, las tropas aliadas desembarcan en Italia. El 5 de junio 1944 por la tarde, la BBC difunde un mensaje codificado: "Los largos sollozos de los violines del otoño hieren mi corazón con monótona languidez...". Oyendo estos versos de Verlaine, del poema "Canción de Otoño", los franceses miembros de la Resistencia, saben que el día "D" ha llegado. La operación " Overlord" ha comenzado.

Desembarco de tropas de la 1ª División de la Armada Americana, la mañana del 6 de junio 1944 en la playa de Omaha (U.S. Federal Government)

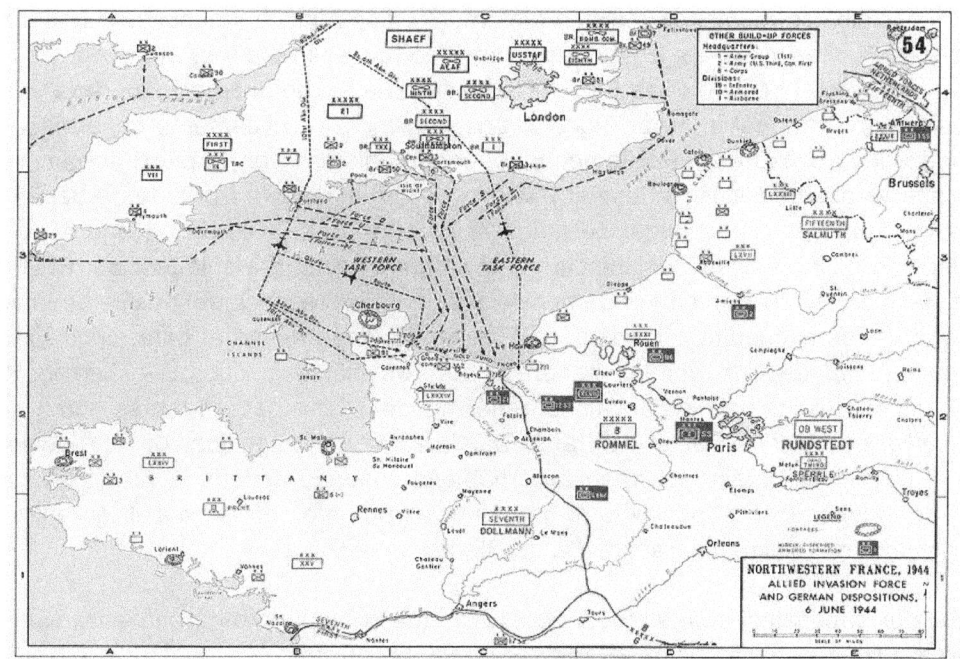

Plan de ataque del Desembarco de Normandía (Día D) 6 de junio 1944 (U.S. Federal Government)

Por fin el 6 de junio 1944, después de un intenso bombardeo, Americanos, Ingleses, Canadienses y Franceses desembarcan en Normandía, entre las ciudades de Caen y Cherburgo. La llegada de los refuerzos alemanes se ve retrasada por los bombardeos aliados y por los sabotajes de la Resistencia.

La misma tarde, de Gaulle toma la palabra en la radio inglesa y dice: « La batalla suprema se ha iniciado... Es la batalla de Francia para los hijos de Francia, dondequiera que estén, cualesquiera que sean, el deber simple y sagrado es el de combatir al enemigo por todos los medios... Detrás de la nube tan pesada de nuestra sangre y de nuestras lágrimas, de repente reaparece el sol de nuestra grandeza ». La mañana del 14 de junio de 1944, de Gaulle pone pie sobre las playas del Desembarco. Hace exactamente cuatro años menos tres días, que de Gaulle dejó Francia. Ninguna unidad francesa se encuentra aún en Normandía. ¡Los franceses no habían visto aún la cara del General, solo habían oído su voz por la radio!

Desembarco de tropas y material en las playas de Normandía (U.S. Federal Government)

Al principio, los Alemanes resisten ferozmente. Los Aliados, después de haber tomado las ciudades de Rennes, Nantes y Angers, continúan su camino hacia el Este y el 24 de agosto, la segunda división blindada del general Leclerc y los F.F.I. (Fuerzas Francesa del Interior), liberan Paris donde ha estallado la insurrección nacional el 19 de agosto. Los Parisinos, prácticamente desarmados, levantan barricadas que defienden con ahínco. Por la noche, el general alemán von Choltitz, firma con Leclerc un cese-el-fuego. La amenaza de Hitler de destruir París, no se ha cumplido. Por la tarde del 25 de agosto, de Gaulle entra en París. En primer lugar se dirige al ministerio de la Guerra, luego al Ayuntamiento donde es acogido por los jefes de la Resistencia y por una muchedumbre enloquecida. El 26 de agosto, dos millones de Parisinos se reúnen en los Campos-Elíseos, para presenciar el desfile de la victoria. A la cabeza de la comitiva, se encuentra el general de Gaulle que llega de Argel para dirigir Francia con el apoyo de la Resistencia, seguido por los generales de sus ejércitos y los jefes de la Resistencia. Desciende los Campos-Elíseos bajo los aplausos frenéticos de una verdadera marea humana. Después, se dirige a la catedral de Notre-Dame de París, para cantar un magníficat de agradecimiento. Los hombres de la 4ª división de infantería americana, habiendo llegado a París el 25 de agosto, dejan al Ejército francés de la Liberación el privilegio de penetrar los primeros en la capital, garantizando así la imagen de una victoria esencialmente francesa en la liberación de París.

Este éxito constituye un símbolo poderoso, que contribuye a garantizar el sitio de Francia entre las fuerzas aliadas y en el campo de los vencedores del conflicto.

Escuadrón 161 de los Servicios Especiales Británicos, delante de su avión Halifax. Lanzaban armas, munición, explosivos, baterías, bicicletas, comida etc., a las tropas aliadas en Francia, Bélgica, Dinamarca, Holanda y Noruega (Sargento J. Roberts 1943 – 3º de derecha a izquierda, fila del medio)

Una parada militar Franco-americana fue organizada el 29 de agosto, después de la llegada de la vigésimo octava división de Infantería del Ejército americano. Mientras que los vehículos circulaban en las calles de Paris, una muchedumbre enloquecida acogía al Ejército de la Liberación y a los Americanos, como a los "libertadores".

Desfile de la 2ª División Blindada del general Leclerc, por los Campos Elíseos de París el 26 de agosto 1944 (U.S. Federal Government)

(U.S. Federal Government)
Desfile de las tropas de la 28ª División de Infantería del Ejército de EE.UU por los Campos Elíseos de París, el 29 de agosto 1944

Unos días antes, concretamente el 15 de agosto 1944, el Primer Ejército francés del general de Lattre de Tassigny y el ejército americano del general Patch, desembarcan en las costas de Provenza. Los Alemanes son atacados por todas partes, debiendo retroceder. La guerra no ha terminado y para cruzar el Rin, los combates son durísimos. Después de su victoria en Stalingrado, los Rusos vuelven a recuperar todas las ciudades ocupadas por el enemigo. Posteriormente, penetran en Alemania y en el mes de mayo 1945, se apoderan de Berlín, donde Hitler se suicida.

Portada del periódico "The Stars and Stripes" 2 de mayo 1945, anunciando la muerte de Adolf Hitler (US Federal Government)

Los Aliados continúan con su ofensiva y atraviesan el Rin, reuniéndose con los Rusos en Berlín después de haber destruido numerosas ciudades alemanas con su aviación. Los últimos bombardeos sobre Alemania son terribles. La ciudad de Dresde, arde durante una semana. Ciento treinta y cinco mil personas morirán en dicho ataque. Los jefes militares alemanes firman la capitulación en Reims, el 8 de mayo 1945.

Las tropas americanas liberadas después de la derrota de Alemania, son transferidas a China y a las islas del Océano Pacifico, para luchar contra Japón. El 6 de agosto, la primera bomba atómica lanzada por los Americanos, destruye la ciudad de Hiroshima. Los atemorizados Japoneses, capitulan inmediatamente.

Los tres grandes artífices de la victoria.

A la izquierda, Churchill, primer ministro inglés; en el centro, Franklin D. Roosevelt, presidente de los Estados Unidos y el mariscal Joseph Stalin, jefe de la U.R.S.S. a la derecha, en Yalta (1945)

Después de la liberación, el Gobierno provisional presidido por el general de Gaulle, decide consultar al pueblo Francés sobre el mantenimiento de la Constitución de 1875. Dicha constitución se suprime y se nombra a una Asamblea Nacional Constituyente. Una nueva Constitución se aprueba el 27 de octubre 1946 en la que las mujeres se convierten en electoras y elegibles. Igualmente, todo el mundo tiene derecho al trabajo, puede sindicarse y hacer huelga.

La electricidad, el gas, las minas de hulla, los seguros y algunos bancos son nacionalizados.

Francia sigue siendo una república. ¡Es el principio de la Cuarta República!

La Asamblea nacional y el Consejo de la República, se encargan de elaborar las Leyes pero el Consejo de la República únicamente presenta una serie de advertencias. Actúa como una "cámara de reflexión". Se nombra al presidente de la República por un periodo de siete años. Este designa al presidente del Consejo de ministros, que es investido por la Asamblea nacional.

La Constitución organiza la formación de la "Unión francesa". En su preámbulo, la Constitución de 1946 precisa que Francia forma una Unión con los pueblos de ultramar, que anteriormente formaban parte del imperio francés. Esta Unión se fundamenta sobre la igualdad de derechos y de deberes de sus participantes, sin distinciones de raza ni religión. Los pueblos de la Unión ponen en común sus recursos y unen sus esfuerzos para asegurar su bienestar y su defensa. Francia desea liderar los pueblos que forman parte de la Unión para que puedan administrarse ellos mismos. La Unión respeta sus costumbres, sus tradiciones y sus creencias.

LA POSGUERRA

Francia se encuentra completamente arrasada después de la guerra. La reconstrucción del país, que durará más de treinta años, podrá llevarse a cabo gracias al plan Marshall, ofrecido por los Americanos el 5 de junio 1947. La situación es complicada. El país está al borde de la ruina económica. La industria está reducida a la mitad con relación a 1939. Los medios de transporte son casi inexistentes. Por todas partes hay que reconstruir viviendas, puentes, caminos, puertos y vías férreas. A finales de julio 1945, el mariscal Pétain es reconocido culpable de alta traición y condenado a muerte. Esta sentencia es conmutada en exilio a vida, en la isla de Yeu en Vendée, donde morirá en 1951.

La industria, orientada hacia la producción de armas de guerra, se ve reorganizada y modernizada. La nueva empresa nacionalizada de Renault, lanza el modelo muy económico "Cuatro Caballos", para responder a las necesidades esenciales del pueblo. De Gaulle vuelve a poner el país en movimiento. A partir de febrero 1945, los asalariados se benefician de la seguridad social. Pronto los grandes sectores de la economía, como la producción de carbón, de electricidad y de gas, son nacionalizados. El 21 de octubre 1945, siguiendo el deseo de De Gaulle, los Franceses eligen a nuevos diputados.

LA RENOVACIÓN

Los Franceses demuestran un extraordinario apetito de renovación, que se manifiesta en la vida familiar con una recuperación de la natalidad que se llamará el "baby-boom". La vida de los Franceses se transforma al descubrir el "American way of life", y la moda.

MODA Y ESCENAS DE LA VIDA EN FRANCIA, DURANTE LA POSGUERRA

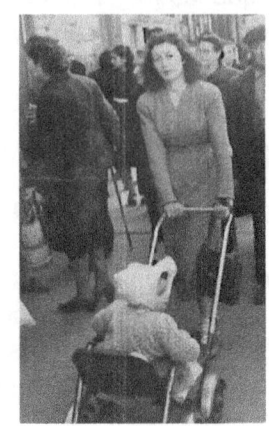

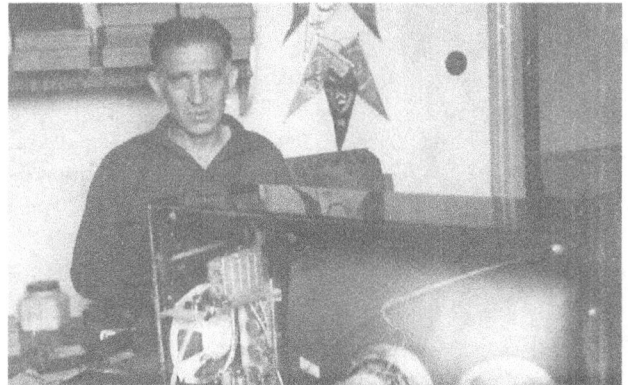
E. Bajo, técnico en electrónica, montando un aparato de Televisión en 1960

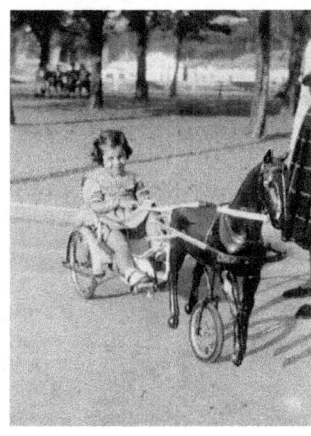
Caballito con asiento y pedales (1952)

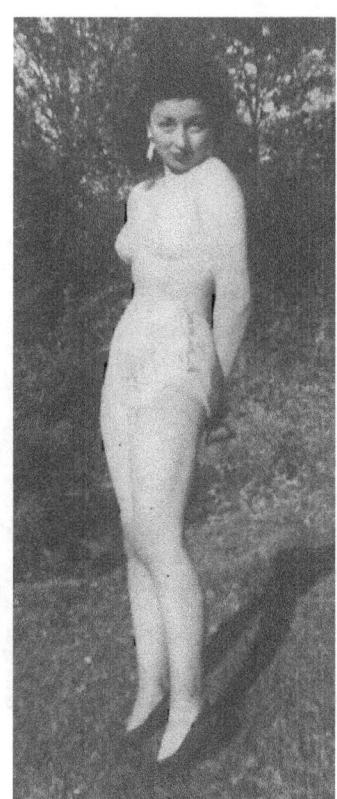
Joven luciendo una copia del modelo « Atomo » de J.Heim (1945)

Bikini en la playa de San-Juan-de-Luz (1947)

André Vajda, Maestro de alta costura (Rue Caumartin – Paris), con sus modelos, durante una pausa (1957)

Solange Guichard, llevando modelos del diseñador André Vajda, en 1957

El 13 de noviembre 1945, de Gaulle es elegido jefe del gobierno. La Asamblea nacional tiene mucho poder y el jefe del gobierno no puede realmente decidir nada por sí mismo. De Gaulle no desea gobernar en esas condiciones, considerando que los partidos políticos se oponen a él. En enero 1946, se retira a la ciudad de Antibes para reflexionar. El domingo 20 de enero, después de convocar a sus ministros y sin ni siquiera invitarles a sentarse, les anuncia su dimisión.

La Cuarta República y el problema Argelino

El sufragio universal se extiende a las mujeres. En 1944, el general de Gaulle concede el derecho de voto sin discriminación, a todas las mujeres.

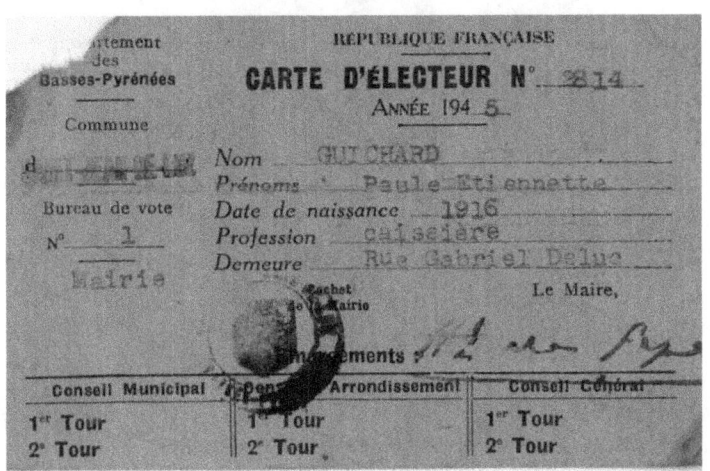

Tarjeta de elector de Paule Guichard 1945

Por referéndum, se vota la Cuarta República. Vincent Auriol es el primero de sus presidentes. Se trata de un régimen de partidos donde, no teniendo ninguno de ellos la mayoría, las decisiones se pueden tomar únicamente después de haber establecido frágiles alianzas. Los gobiernos se suceden y se hace patente su inestabilidad política.

En 1954, estalla una revuelta en Argelia donde viven un millón de "pieds-noirs". En esta época, Argelia es territorio francés dividido en tres departamentos. Los nueve millones de personas originarias de Argelia, no tienen los mismos derechos que el millón de Europeos instalados en el país. Muchos Argelinos desean ser independientes de Francia.

El día de Todos los Santos de 1954, la situación se deteriora. Los Argelinos organizan un ejército clandestino, llamado F.L.N. (Frente de Liberación Nacional). Debido a los actos violentos perpetrados en el país, el Gobierno Francés decide enviar a los militares para controlar esta revuelta. Es el principio de la guerra de Argelia.

"Grupo de los Seis" jefes del FLN (1 de noviembre de 1954)
De pié, de izquierda a derecha: Rabah Bitat, Mostefa Ben Boulaïd, Didouche Mourad y Mohamed Boudiaf.
Sentados: Krim Belkacem a la izquierda y Larbi Ben M'Hidi a la derecha

Los "pieds-noirs", apoyados por una parte del pueblo francés, están decididos a conservar Argelia a cualquier precio. Durante la primavera de 1958, una fuerte tensión reina en Argelia. El 15 de mayo en Argel, el general Salan se dirige al pueblo y grita "!Viva de Gaulle!". Ese mismo día por la tarde, el general de Gaulle declara que una vez más, está dispuesto a asumir "los poderes de la República". El 29 de mayo, el presidente de la República René Coty, invita "al más ilustre de los Franceses" a encabezar el gobierno. Los diputados dan su conformidad por mayoría. El 4 de junio, de Gaulle vuela hacia Argel donde recibe una extraordinaria acogida. Ante una muchedumbre enloquecida, proclama: "¡Os he comprendido!", pero ni una sola vez habla de integrar los tres departamentos argelinos a la Francia metropolitana, tal y como lo desean los seguidores de la "Argelia francesa".

Discurso de Charles de Gaulle en Argel, el 15 de mayo 1958 « !Os he comprendido! »

¡La guerra de Argelia pone fin a la Cuarta Republica!

LA QUINTA REPÚBLICA

El 28 de septiembre 1958, los electores franceses se expresan sobre la nueva constitución propuesta por el general de Gaulle: 79% la aprueban. Las instituciones cambian drásticamente. Se entra en la Quinta República. El presidente de la República tiene ahora muchos más poderes que antaño. Puede ahora decidir sobre política nacional y puede también disolver la Asamblea y convocar nuevas elecciones. Nombra al Primer ministro y preside el Consejo de Ministros. Puede también consultar directamente por referéndum a los electores. Con esta nueva constitución, el general tiene la intención de restaurar la grandeza de Francia y terminar con el drama argelino. El 8 de enero 1959, el general de Gaulle asume oficialmente sus funciones de presidente de la República en el Elíseo. El 16 de septiembre 1959, anuncia públicamente que Francia dará el derecho de determinación al pueblo argelino. Solo la palabra "autodeterminación", provoca la ira de los Franceses de Argelia. Para ellos, de Gaulle es un traidor. En enero 1960, el General debe enfrentarse a una primera insurrección contra el gobierno, por parte de los seguidores de una "Argelia francesa". La "Semana de las Barricadas", ocasionará catorce muertos y ciento veintitrés heridos. ¡Es la primera vez que en Argelia, Franceses matan a otros Franceses!

El 8 de enero 1961, de Gaulle organiza un referéndum sobre la cuestión Argelina, preguntando: ¿Aprueba el pueblo francés el derecho de autodeterminación para los Argelinos? 75% de los Franceses contestan que "Si". Se entablan negociaciones para lograr la paz con el FLN. Los más extremistas de los seguidores de la Argelia Francesa, se agrupan en una Organización Armada Secreta, llamada O.A.S., que multiplica sus atentados en Argelia y en Francia. El 22 de abril 1961, cuatro generales llamados Challe, Zeller, Salan y Jouhaud, organizan en Argelia un verdadero golpe de fuerza que se llamará el "putsch". Tienen el apoyo de una gran parte de los Europeos y esperan arrastrar con ellos al entero ejército, para hacer fracasar las negociaciones con el F.L.N.

Insurrección de la semana de las barricadas en enero 1960

París tiembla. Se teme la llegada de los "putschistas", que se supone, deberían ser lanzados en paracaídas sobre París. Durante la noche del 23 de abril, de Gaulle pronuncia un discurso en el que exhorta a los soldados a no seguirles. El presidente americano Kennedy, apoya a de Gaulle. En Francia, la opinión pública sigue a de Gaulle pero la alerta ha sido fuerte. Cinco generales y doscientos oficiales son arrestados. El 3 de julio 1962, se proclama la independencia de Argelia. Habrá costado ocho años de conflicto, decenas de millares de muertos del lado francés y quizás, diez o veinte veces más del lado argelino.

Entre 1958 y 1960, Francia experimenta un fuerte empuje económico. De Gaulle ha sabido modernizar la Constitución y la economía pero sobre todo, ha vuelto a dar ánimo a los Franceses así como el respeto por ellos mismos. No obstante, sigue habiendo problemas: los precios han aumentado cuando los sueldos no se han movido. Esta situación causa mucho descontento y durante el año 1963, los sindicatos no paran de llamar a los trabajadores a la huelga.

El general de Gaulle anuncia su candidatura a las elecciones presidenciales de 1965 pero decide quedarse al margen de la campaña electoral. Los otros candidatos, particularmente el socialista François Mitterrand así como Jean Lecanuet, utilizan al máximo los medios de comunicación. El general de Gaulle por su parte, se contenta con dos breves intervenciones en la televisión. Esta táctica no funciona para el general por no ser habitual ver aparecer en la pequeña pantalla a hombres políticos de la oposición, atacando al general de Gaulle. El efecto es explosivo. El resultado de la primera vuelta es prueba de ello. François Mitterrand consigue 32% de los votos y Charles de Gaulle únicamente 43%. Al no haber mayoría absoluta, se procede a una segunda vuelta. De Gaulle es elegido con 54,49% de los votos, pero el fracaso está ahí y el General ya no es la imagen de jefe indiscutible.

Mayo 1968

En 1968, reina un profundo malestar entre los estudiantes. Afluyen en masa a la universidad, donde faltan locales y profesores. Muchos estudiantes encuentran la enseñanza universitaria mal adaptada a las necesidades de un país moderno. Critican también la sociedad en la que viven. Les atraen las ideas de extrema-izquierda y la acción política. Quieren cambiar el mundo. La agitación gana al mundo entero. Después de las revueltas de Méjico, Praga y Ámsterdam, los estudiantes franceses reivindican nuevos derechos, como el derecho de poder cohabitar en alojamientos universitarios mixtos y el de participar en la administración de sus universidades. Lo que más choca, es esta nueva forma de actuar entre los estudiantes. Al margen de los problemas políticos que agitan a la izquierda y a la derecha, los estudiantes quieren "cambiar la vida". Brota la violencia. Las paredes se cubren de anuncios. Los eslóganes políticos se adornan con flores y frases inesperadas, que expresan el sueño de los estudiantes: "La imaginación al poder", "Bajo los adoquines, la playa", "está prohibido prohibir"... Los estudiantes se tienen que replegar en el Barrio latino, en pleno centro de París, donde manifestaciones y peleas se suceden. Los adoquines vuelan, los coches son incendiados y la bandera negra de la anarquía flota sobre los tejados.

"Metro, boulot, dodo" (metro, curro, catre), es el eslogan que resume la critica violenta del movimiento estudiantil contra la sociedad de consumo. Los obreros se ponen en huelga y ocupan las fábricas. Toda Francia se ve paralizada y el gobierno se encuentra desbordado por los acontecimientos. Se oye por las calles: "¡De Gaulle, dimisión!". No obstante, el general de Gaulle y su gobierno, van a volver a controlar la situación. El 27 de mayo, los "acuerdos de Grenelle" se firman con los sindicatos: éstos obtienen aumentos importantes de salarios así como la mejora de las condiciones de trabajo. Poco a poco en el mes de junio, se vuelve al trabajo. El general de Gaulle pronuncia un discurso por la radio y disuelve la Asamblea nacional. Los franceses deben elegir a nuevos diputados y votan masivamente por la vuelta al orden. Sin embargo, Francia ha cambiado. Mayo del 68 ha permitido la afirmación de nuevas aspiraciones, la formación profesional de los jóvenes, la posición de las mujeres en el trabajo, la educación sexual y la ecología. Poco a poco, estas ideas van a sacudir el espíritu de los Franceses.

El cambio

La crisis de mayo 68 ha pasado. Francia ha vuelto al trabajo. Se convocan nuevas elecciones y los tres cuartos de los nuevos diputados elegidos por los Franceses, son favorables al general de Gaulle. El General comprende que la crisis de 1968, ha sido un grito de indignación contra la sociedad moderna, mecanizada, industrial e inhumana. El 27 de abril 1969, De Gaulle propone un referéndum para que los Franceses puedan dar su opinión sobre la "regionalización". Se trataría de ya no decidir en París los asuntos de toda Francia, sino de permitir que cada región pueda administrar una buena parte de sus asuntos. Los Franceses contestan "Si", solo en un 48%. Para el presidente de Gaulle, el mensaje está claro: el pueblo francés ya no le otorga su confianza. La misma noche, envía un comunicado a la prensa que dice: "Ceso en el ejercicio de mis funciones de presidente de la República. Esta decisión toma efecto a partir de hoy a las doce del mediodía". De Gaulle se retira definitivamente y nunca más tomará públicamente la palabra para opinar sobre asuntos del país. Un antiguo primer ministro de De Gaulle, Georges Pompidou, será presidente de la República entre 1969 y 1974. Su política es una prolongación del Gaullismo. Hombre muy cultivado y aficionado al arte contemporáneo, dejará en Paris un Centro que lleva su nombre y donde la cultura es accesible a todos. Morirá durante su mandato. Le sucederá otro antiguo ministro de De Gaulle llamado Valery Giscard d'Estaing, tercer y más joven presidente de la quinta República. Él no es Gaullista, pero tiene el apoyo de una gran coalición de derecha que engloba a los Gaullistas. Su mandato se extiende entre 1974 y 1981. Estos dos "herederos del Gaullismo", tienen el mismo concepto del poder que el general de Gaulle, aunque llevando una política exterior diferente, particularmente en el campo Europeo.

La reorganización del partido socialista y su alianza con el partido comunista desde 1972, crean las condiciones adecuadas para permitir la primera alternancia después de 23 años de gobierno de la derecha. François Mitterrand, candidato de la Unión de la izquierda, apoyado por los votos de su partido así como por los del partido comunista, será el próximo presidente en 1981. Este último, quien ha manifestado continuamente su hostilidad contra el régimen, va a ejercer plenamente sus prerrogativas presidenciales siguiendo un molde gaullista, al principio de su mandato. El gobierno Mauroy (1981-1984), en el que participan ministros comunistas, así como el de Laurent Fabius (1984-1986), serán ampliamente sometidos a la voluntad presidencial. Las elecciones legislativas de 1986 darán la mayoría a la derecha, lo que conducirá al nombramiento como Primer ministro de Jacques Chirac, jefe de fila de la derecha, por parte del presidente Mitterrand. Esta situación inédita en la historia de la Quinta Republica, acarrea una modificación en la interpretación de la Constitución pues debe permitir al Primer ministro, ejercer plenamente sus funciones constitucionales de jefe del ejecutivo. Jacques Chirac "cohabitará" con el presidente Mitterrand, en lo que se ha llamado: "una Republica con dos cabezas". La reelección de François Mitterrand en mayo 1988 y el nombramiento de Michel Rocard como Primer ministro, pondrá fin a la cohabitación. Su mandato terminará en 1995. La Quinta República ha demostrado su gran solidez en su buen funcionamiento, ya que la alternancia se ha efectuado sin desordenes en el país. Jacques Chirac será presidente entre 1995 y 2007 y será reemplazado por Nicolas Sarkozy, miembro de los partidos conservadores RPR (Rassemblement pour la République) y UMP (Union pour un mouvement populaire) del que fue presidente entre 2005 y 2007, quien ganará las elecciones presidenciales de 2007 frente a la candidata socialista Ségolène Royal. Tomará posesión de su cargo como vigésimo tercer presidente de la República francesa y sexto presidente de la Quinta República, el 16 de mayo de 2007. Candidato a las elecciones presidenciales de 2012 para una segunda legislatura a la cabeza del Estado, el 6 de mayo de 2012 pierde en la segunda vuelta frente al candidato socialista François Hollande, quien actualmente es el séptimo presidente de la Quinta República y el vigésimo cuarto presidente de la República francesa. La toma de poder se lleva a cabo el 15 de mayo de 2012.

¡La historia de Francia continua!

Vistas de Paris, hoy en día

Torre Eiffel

Arco de Triunfo de l'Étoile

Pabellón de la Reina, Place des Vosges

Jardines de las Tullerías – Museo de Orsay

Palacio y Jardines de Luxemburgo

Escalera de la Rue Barsacq

Escuela Militar – Campo de Marte – Torre Eiffel – La Défense

Iglesia del Sacré Coeur (Montmartre)

Los Inválidos

Paris años 30/40

Cronología

52 a. JC	Conquista de la Galia por Julio César – Derrota de Vircingetórix en Alesia – La Galia romana
Hacia 275 d.JC	Primeras invasiones bárbaras en la Galia
410	Grandes invasiones en la Galia – Primeros reinos bárbaros
451	Los Hunos y Atila vencidos
481	Clodoveo, rey de los Francos – Galia franca
496	Victoria de Tolbiac – Clodoveo se convierte al catolicismo
639	Muerte de Dagoberto – Los reyes vagos
732	Victoria de Carlos Martel sobre los Árabes en Poitiers
771	Carlomagno, único rey de los Franco
800	Carlomagno, coronado emperador de Occidente por el papa
843	Tratado de Verdún – División del imperio en tres reinos
987	Advenimiento de Hugo Capeto y de la dinastía Capeta
1154-1259	Guerra entre Capetos y Plantagenets
1214	Gran victoria de Felipe Augusto en Bouvines
1270	San Luís muere en Tunez, durante una cruzada
1302	Felipe IV, el Hermoso, reúne los Estados Generales por primera vez
1328	Advenimiento de Felipe VI de Valois
1337-1453	Guerra de los Cien años (Juana de Arco es quemada viva en 1431)
1346	Victoria de Crécy
1356	Derrota de Poitiers-Maupertuis
1370-1372	Du Guesclin y Carlos V expulsan a los Ingleses
1415	Derrota de Azincourt – Un tercio de Francia ocupado
1429	Juana de Arco – Liberación de Orléans
1453	La Victoria de Castillon libera por completo a Francia
1494	Inicio de las expediciones francesas a Italia
1515	Victoria de Francisco I en Marignan – El siglo XVI es el siglo del Renacimiento
1559	Tratado de Cateau-Cambrésis – Fin de las guerras de Italia
1562-1598	Guerras de religión en Francia
1572	Masacre de la San Bartolomé
1589	Asesinato de Enrique III – Enrique de Borbón (Enrique IV) rey
1598	Firma del edicto de Nantes – Enrique IV concede libertad de consciencia a los protestantes
1610	Asesinato de Enrique IV
1635	Francia entra en la guerra de los Treinta años
1648	Tratado de Westfalia que da la Alsacia a Francia
1659	Tratado de los Pirineos
1661	Luís XIV gobierna solo
1685	Revocación del edicto de Nantes
1713-1714	Tratados de Utrecht y de Rastatt
1745	Victoria de Luís XV en Fontenoy
1763	Tratado de Paris – Francia pierde India y Canadá
1774-1789	Crisis económica
1789	Comienza la gran Revolución francesa - Toma de la Bastilla – Los Derechos del Hombre
1792	Caída de la monarquía el 10/08 – La Convención proclama por primera vez la República el 22 de septiembre
1793	Ejecución de Luís XVI el 21 de enero subleva Europa contra Francia – El Terror
1799	Golpe de estado de Bonaparte el 18 de brumario
1804	Napoleón Bonaparte, emperador
1805	Victoria de Austerlitz
1812	La retirada de Rusia – El emperador Napoleón I derrotado
1814	Abdicación de Napoleón I – Regreso de los Borbones
1815	Fin del Imperio después de la derrota de Waterloo – se restaura la monarquía
1830	Una revolución expulsa al rey Carlos X - Caída de los Borbones – Luís Felipe, rey de los franceses
1848	Una revolución expulsa a Luís Felipe – Se proclama la 2ª República (23-02). Sufragio universal
1852	Luís-Napoleón Bonaparte se hace proclamar emperador Napoleón III – Empieza el Segundo Imperio
1870-1871	La guerra estalla entre Alemania y Francia – Desastre de Sedan – El 4-09-1870 se proclama la III República
1881-1886	Jules Ferry organiza la enseñanza primaria
1884	Se vota la Ley sobre los sindicatos profesionales
1885	Pasteur descubre la vacuna contra la rabia
1890	Construcción de los primeros automóviles

1914	Empieza la Primera Guerra Mundial. Dura 4 años – Victoria del Marne sobre los Alemanes el 12 septiembre
1916	Victoria de Verdún
1918	El armisticio – Los aliados, victoriosos
1939	Estalla la Segunda Guerra Mundial
1940	Francia aplastada y ocupada – De Gaulle en Londres
1944	Los aliados desembarcan en Normandía el 6 de junio
1945	Alemania capitula sin condiciones el 8 de mayo
1954-1962	Guerra de Argelia
1958	De Gaulle al poder
1968	Jornadas de desordenes por toda Francia
1969	Dimisión del general de Gaulle
1969-1974	Gobierno de Georges Pompidou
1974-1981	Gobierno de Valéry Giscard d'Estaing
1981-1995	Gobierno de François Mitterrand
1995-2007	Gobierno de Jacques Chirac
2007-2012	Gobierno de Nicolas Sarkozy
2012	François Hollande es elegido Presidente